Nicolas Krauer
LabVIEW für Einsteiger

Bleiben Sie auf dem Laufenden!

Hanser Newsletter informieren Sie regelmäßig über neue Bücher und Termine aus den verschiedenen Bereichen der Technik. Profitieren Sie auch von Gewinnspielen und exklusiven Leseproben. Gleich anmelden unter
www.hanser-fachbuch.de/newsletter

Nicolas Krauer

LabVIEW für Einsteiger

Mit Übungen für die Praxis

Mit 276 Bildern, 27 Tabellen und 38 Übungsaufgaben

HANSER

Dipl-Ing. Nicolas Krauer
Krauer Engineering GmbH, Rapperswil-Jona (Schweiz)

ISBN: 978-3-446-45906-9
E-Book-ISBN: 978-3-446-45946-5

Bibliografische Information der Deutschen Nationalbibliothek:
Die Deutsche Nationalbibliothek verzeichnet diese Publikation in der Deutschen Nationalbibliografie; detaillierte bibliografische Daten sind im Internet über http://dnb.d-nb.de abrufbar.

Alle in diesem Buch enthaltenen Programme, Verfahren und elektronischen Schaltungen wurden nach bestem Wissen erstellt und mit Sorgfalt getestet. Dennoch sind Fehler nicht ganz auszuschließen. Aus diesem Grund ist das im vorliegenden Buch enthaltene Programm-Material mit keiner Verpflichtung oder Garantie irgendeiner Art verbunden. Autor und Verlag übernehmen infolgedessen keine Verantwortung und werden keine daraus folgende oder sonstige Haftung übernehmen, die auf irgendeine Art aus der Benutzung dieses Programm-Materials oder Teilen davon entsteht. Ebenso übernehmen Autoren und Verlag keine Gewähr dafür, dass beschriebene Verfahren usw. frei von Schutzrechten Dritter sind.

Die Wiedergabe von Gebrauchsnamen, Handelsnamen, Warenbezeichnungen usw. in diesem Werk berechtigt auch ohne besondere Kennzeichnung nicht zu der Annahme, dass solche Namen im Sinne der Warenzeichen- und Markenschutz-Gesetzgebung als frei zu betrachten wären und daher von jedermann benutzt werden dürften.

Dieses Werk ist urheberrechtlich geschützt.
Alle Rechte, auch die der Übersetzung, des Nachdruckes und der Vervielfältigung des Buches, oder Teilen daraus, vorbehalten. Kein Teil des Werkes darf ohne schriftliche Genehmigung des Verlages in irgendeiner Form (Fotokopie, Mikrofilm oder ein anderes Verfahren), auch nicht für Zwecke der Unterrichtsgestaltung – mit Ausnahme der in den §§ 53, 54 URG genannten Sonderfälle –, reproduziert oder unter Verwendung elektronischer Systeme verarbeitet, vervielfältigt oder verbreitet werden.

© 2019 Carl Hanser Verlag München
Internet: www.hanser-fachbuch.de

Lektorat: Manuel Leppert, M.A.
Satz und Herstellung: le-tex publishing services GmbH, Leipzig
Coverrealisierung: Stephan Rönigk
Druck und Bindung: Hubert & Co. GmbH & Co. KG BuchPartner, Göttingen
Printed in Germany

Vorwort

Dieses Lehrbuch entstammt einem Skript, welches speziell für den LabVIEW-Unterricht an Berufs- und höheren Fachschulen konzipiert wurde. Dabei stand ein starker Bezug zur Praxis und der täglichen Arbeit mit LabVIEW im Vordergrund.

Meine Tätigkeit als Dozent an der höheren Fachschule Uster sowie die Erfahrung als Dienstleister für LabVIEW-Applikationen erlauben einen Blick auf die Thematik von unterschiedlichen Seiten. Das gibt mir die Chance, die Grundlagen so vermitteln, wie sie auch in der Praxis später zur Anwendung kommen.

Dies ist auch der Hauptunterschied zu anderen Lehrmitteln, welche teils sehr vertieft die theoretischen Grundlangen von LabVIEW thematisieren. Dies hat durchaus seine Berechtigung, wenn man sich über einen längeren Zeitraum Wissen aneignen will, ist allerdings für einen raschen Einstieg mit baldigen Programmiererfolgen eher ungeeignet.

Der Inhalt besteht sowohl aus der Beschreibung grundsätzlicher Konzepte grafischer Programmierung als auch weiterführenden Anwendungen und Best-Practice-Anwendungen aus der Industrie. Dabei erhebt das Buch keinerlei Anspruch auf Vollständigkeit, was aufgrund des großen Anwendungsbereichs und der vielfältig nutzbaren Funktionen auch nicht realistisch ist. Behandelt werden die aus meiner Sicht grundlegenden Thematiken, die es dem LabVIEW-Einsteiger ermöglichen, möglichst schnell und mit Rücksicht auf aktuelle Designrichtlinien lauffähige Mess- und Testumgebungen zu realisieren. Sehr spezifische Themen werden dabei nicht berücksichtigt. Bedingte Grundkenntnisse über programmiertechnische Begriffe werden allerdings vorausgesetzt. Es wird speziell darauf geachtet, einen konsequenten Programmierstil, wie ihn National Instruments vorschlägt, umzusetzen.

Jedes Kapitel enthält eine Sammlung von Übungen, welche dem Benutzer die jeweils praktische Umsetzung der in diesem Buch behandelten Themen in LabVIEW ermöglichen. Es wird sehr empfohlen, diese Übungen durchzuführen, um sich nach und nach mit LabVIEW vertraut zu machen. Die Grundlagen der ersten Kapitel werden für die Durchführung von Übungen späterer Kapitel benötigt.

Die Musterlösungen zu sämtlichen Übungen sowie zusätzliche Demos zu einzelnen Kapiteln lassen sich als Softwarepaket unter https://www.krauer-engineering.ch/labview-fuer-einsteiger/ herunterladen. Zur Bearbeitung benötigen Sie lediglich ein Tool, um die ZIP-Datei zu entpacken, sowie die Entwicklungsumgebung LabVIEW, welche Ihnen mit diesem Buch zur Verfügung gestellt wird. Die Lösungen der Übungen stellen immer nur eine mögliche Variante dar. Es gibt fast immer mehrere Lösungswege und Möglichkeiten, eine Aufgabe zu bearbeiten.

Sämtliche Illustrationen wurden mit der englischen Version LabVIEW 2015.0f2 generiert. Da die englische Version in der Industrie weit verbreitet ist, sind die meisten spezifischen Begriffe ebenfalls in Englisch gehalten. Eine Vermischung kann allerdings nicht vollkommen vermieden werden, weshalb sich durchaus auch deutsche Begriffe für Elemente und Funktionen in LabVIEW in diesem Buch wiederfinden.

Danksagungen möchte ich vor allem Manuel Leppert vom Hanser Verlag aussprechen. Er hat sich für dieses Buchprojekt viel Zeit genommen und war mir stets eine verlässliche Anlaufstelle bei Fragen. Ein ebenso großer Dank gebührt all den Studierenden, die mich auf Fehler oder Ungereimtheiten in meinem Unterrichtsskript hingewiesen und damit zur wesentlichen Verbesserung in Form dieses Lehrmittels beigetragen haben.

Abschließend möchte ich Dr. Fabian Wehnekamp von National Instruments für die Unterstützung dieses Buchprojekts danken.

Ich wünsche allen Leserinnen und Lesern viel Erfolg mit der Arbeit dieses Buches.

Rapperswil-Jona, im November 2018   Nicolas Krauer

■ Hinweis des Verlags

Sehr geehrte/r Leser/in,

die für das Selbststudium mit diesem Buch notwendige Software LabVIEW können Sie über die folgenden Optionen beziehen:

1. Bezug der Student Install Option:

Als Student einer Hochschule, welche eine Academic Site Licence vorhält, haben Sie die Möglichkeit über die sog. Student Install Option eine jährliche Lizenz über ihre Hochschule zu beziehen, so lange Sie bei dieser eingeschrieben sind. Die Student Install Option umfasst das gleiche Softwarepaket wie die Academic Site Licence (http://www.ni.com/white-paper/8115/en/). Informationen hierzu finden Sie unter dem folgenden Link (https://knowledge.ni.com/KnowledgeArticleDetails?id=kA00Z0000019MbaSAE). Der Bezug dieser Lizenz erfolgt direkt über Ihre Hochschule und nicht über National Instruments. Bitte kontaktieren Sie hierfür Ihre Lokale IT oder Ihren LabVIEW Academy Instructor.

2. Bezug einer Evaluierungslizenz:

Sie haben die Möglichkeit über ni.com/download die aktuellste LabVIEW Version zur Evaluierung herunterzuladen. Nach der Installation können Sie die Software 7 Tage lang kostenfrei nutzen. Durch die Verknüpfung der Installation mit einem ni.com-Profil haben Sie die Möglichkeit, die Evaluierung auf 45 Tage zu verlängern.

3. Bezug der LabVIEW Student Edition/LabVIEW Home Edition:

Sie haben die Möglichkeit, eine Lizenz der Software über den lokalen Reseller, https://www.conrad.de zu erwerben. Hierbei haben Sie die Wahl zwischen der LabVIEW Student Edition (erfordert einen Immatrikulationsnachweis) oder der LabVIEW Home Edition. Diese Softwarepakete umfassen das LabVIEW Full Development System, das Control Design and Simulation sowie das MathScript RT Module.

Wir wünschen Ihnen viel Erfolg beim Einstieg in die Welt der grafischen Programmierung.

Carl Hanser Verlag

Inhalt

1 Entwicklungsumgebung 11
   1.1 Was ist LabVIEW? 11
   1.2 Grundeinstellungen 12
   1.3 Bestandteile eines VIs 13
        1.3.1 Frontpanel 14
        1.3.2 Blockdiagramm 17
        1.3.3 Symbol und Anschlussblock 19
   1.4 Kontexthilfe 21
   1.5 Paletten 22
   1.6 Werkzeuge 27
   1.7 Projekt Explorer 28
        1.7.1 Organisation mit virtuellen Ordnern 29
        1.7.2 Arbeiten mit dem Projekt Explorer 31
        1.7.3 Erstellen von Exe-Files 34
        1.7.4 Erstellen von Installern 37
   1.8 Tipps und Tricks beim Arbeiten mit LabVIEW 42
   1.9 Übungsaufgaben 44

2 Grundlegende Konzepte 49
   2.1 Datenfluss 49
   2.2 Datentypen 51
        2.2.1 Numerische Datentypen 51
        2.2.2 Boolean 57
        2.2.3 String 58
        2.2.4 Path 60
        2.2.5 Enum & Ring 62
        2.2.6 Weitere Datentypen 64
   2.3 Übungsaufgaben 65

3 Debugging … 69
- 3.1 Fehlerhafte VIs … 69
- 3.2 Debugging-Methoden … 70
  - 3.2.1 Highlight Execution … 71
  - 3.2.2 Retain Wire Values … 71
  - 3.2.3 Stepping … 71
  - 3.2.4 Breakpoints … 72
  - 3.2.5 Probes … 72
- 3.3 Übungsaufgabe … 74

4 Modularität und SubVIs … 75
- 4.1 Prinzip der Modularität … 75
- 4.2 Erstellung von SubVIs … 77
- 4.3 Einbettung von SubVIs … 80
- 4.4 Dokumentation … 82
  - 4.4.1 Dokumentation von SubVIs … 82
  - 4.4.2 Dokumentation von Elementen … 83
  - 4.4.3 In-Code-Dokumentation … 84
  - 4.4.4 Best Practice Dokumentation … 85
- 4.5 Übungsaufgaben … 86

5 Loops … 89
- 5.1 While-Loops … 89
- 5.2 For-Loops … 90
- 5.3 Timing von Loops … 91
- 5.4 Tunnel … 92
- 5.5 Schieberegister … 95
- 5.6 Übungsaufgaben … 96

6 Entscheidungsstrukturen … 101
- 6.1 Case-Struktur … 101
- 6.2 Eventstruktur … 103
  - 6.2.1 Verwendung der Eventstruktur … 103
  - 6.2.2 Melder- und Filter-Events … 106
- 6.3 Übungsaufgaben … 107

7 Strukturierte Daten ... 111

- 7.1 Arrays ... 111
  - 7.1.1 Darstellung ... 111
  - 7.1.2 Statische Erstellung von Arrays ... 112
  - 7.1.3 Programmatische Erstellung von Arrays ... 113
  - 7.1.4 Bearbeitung und Manipulation von Arrays ... 114
  - 7.1.5 Polymorphie bei Arrays ... 115
- 7.2 Cluster ... 117
  - 7.2.1 Erstellung von Clustern ... 117
  - 7.2.2 Sortierung von Clustern ... 118
  - 7.2.3 Verwendung von Clustern ... 119
- 7.3 Error-Cluster ... 121
- 7.4 Typdefinitionen ... 124
  - 7.4.1 Erstellung einer Typdefinition ... 125
  - 7.4.2 Unterscheidung zwischen Control, Type Def und Strict Type Def ... 126
- 7.5 Variant ... 128
  - 7.5.1 Verwendung von Variant ... 128
  - 7.5.2 Attribute von Variant ... 129
- 7.6 Übungsaufgaben ... 130

8 Visualisierung von Daten ... 135

- 8.1 Eigenschaften von grafischen Anzeigen ... 136
- 8.2 Arten von grafischen Anzeigen ... 138
  - 8.2.1 Waveform Chart ... 138
  - 8.2.2 Waveform Graph ... 140
  - 8.2.3 XY-Graph ... 142
- 8.3 Übungsaufgaben ... 143

9 Dateibearbeitung ... 147

- 9.1 Schreiben und Lesen von Dateien ... 147
- 9.2 Spreadsheets ... 150
- 9.3 Pfade ... 152
- 9.4 Technical Data Management Streaming (TDMS) ... 153
  - 9.4.1 Aufbau der TDMS-Struktur ... 153
  - 9.4.2 Anwendung von TDMS ... 154
  - 9.4.3 Eigenschaften ... 156
- 9.5 Konfigurationsfiles ... 157
- 9.6 Best Practice File-I/O ... 159
- 9.7 Übungsaufgaben ... 160

10 Steuerung der Benutzeroberfläche ... 167
10.1 VI-Server-Architektur ... 167
10.2 Property Nodes ... 169
  10.2.1 Implizite Property Nodes ... 169
  10.2.2 Explizite Property Nodes ... 170
  10.2.3 Anwendung von Property Nodes ... 170
10.3 Invoke Nodes ... 172
10.4 Übungsaufgaben ... 173

11 Datenerfassung mit NI-Hardware ... 185
11.1 Übersicht über die Hardware ... 185
11.2 Measurement & Automation Explorer ... 186
11.3 Die DAQmx-Palette ... 189
  11.3.1 Task erstellen ... 190
  11.3.2 Task lesen (Analog Input) ... 192
  11.3.3 Task schreiben (Analog Output) ... 193
  11.3.4 Task löschen ... 193
11.4 Übungsaufgaben ... 194

12 Synchronisation von Prozessen ... 199
12.1 Synchronisation ohne Datenaustausch ... 200
  12.1.1 Occurrence ... 200
  12.1.2 Semaphore ... 201
  12.1.3 Rendezvous ... 202
12.2 Synchronisation mit Datenaustausch ... 203
  12.2.1 Notifier ... 204
  12.2.2 Queues ... 206
12.3 Übungsaufgaben ... 209

13 Entwurfsmuster (Design Patterns) ... 211
13.1 State Machine ... 211
  13.1.1 State Machine mit Enum ... 213
  13.1.2 State Machine mit String ... 215
13.2 Queued Message Handler ... 216
13.3 Übungsaufgaben ... 217

Index ... 231

1 Entwicklungsumgebung

Dieses Kapitel dient als Einstieg in die Entwicklungsumgebung. Es werden die grundlegenden Funktionen erklärt, der Umgang mit den Tools von LabVIEW erläutert und erste Projekte erstellt. Mit den Übungsaufgaben am Ende des Kapitels kann das LabVIEW-Handling geübt und das angeeignete Wissen vertieft werden.

■ 1.1 Was ist LabVIEW?

LabVIEW ist eine grafische Programmierumgebung zum Entwickeln von anspruchsvollen Mess-, Prüf-, Steuer- und Regelaufgaben. Dabei wird auf die sogenannte *Virtual Instrumentation* (virtuelle Instrumentierung) von Messgeräten gesetzt, also reale Messgeräte durch Softwaretools abgebildet und miteinander kombiniert. So können nicht wie bei einem konventionellen Multimeter nur Strom und Spannung gemessen, sondern auch gleich noch ein Oszilloskop, ein Generator oder andere beliebige Messgeräte in einer einzigen Applikation verwendet werden (Bild 1.1).

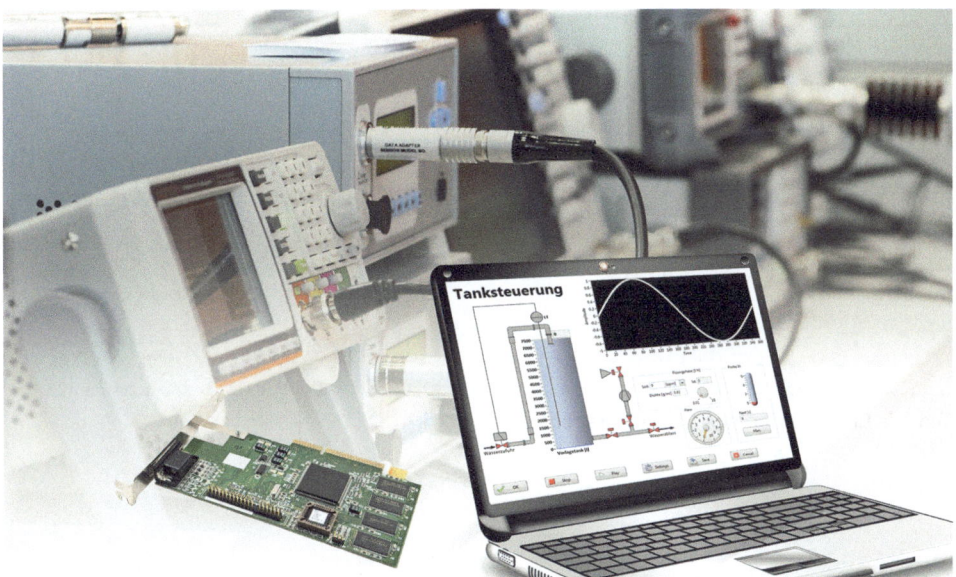

Bild 1.1 Eine einzelne Applikation zur Erfassung, Auswertung und Darstellung

Ein LabVIEW-Programm oder eine einzelne Datei oder Funktion wird deshalb auch als VI *(Virtual Instrument)* bezeichnet. Die Dateiendung solcher Dateien lautet ebenfalls *.vi*.

Es findet also mit LabVIEW eine Vernetzung von klassischen Messgeräten mit der IT-Welt statt. Dabei können, sofern es die entsprechende Hardware zulässt, eine sehr große Anzahl von Datenkanälen parallel erfasst und verarbeitet werden. LabVIEW arbeitet mit einer Vielzahl an Hardwareprodukten und beinhaltet eine große Anzahl von Analysefunktionen.

■ 1.2 Grundeinstellungen

Wer die Entwicklungsumgebung nach eigenen Vorlieben konfigurieren möchte, hat unter *Tools → Options* die Möglichkeit, verschiedenste Grundeinstellungen vorzunehmen. Auf der linken Seite wählt man die Kategorie, während rechts die Optionen zur entsprechenden Kategorie zu sehen sind (Bild 1.2).

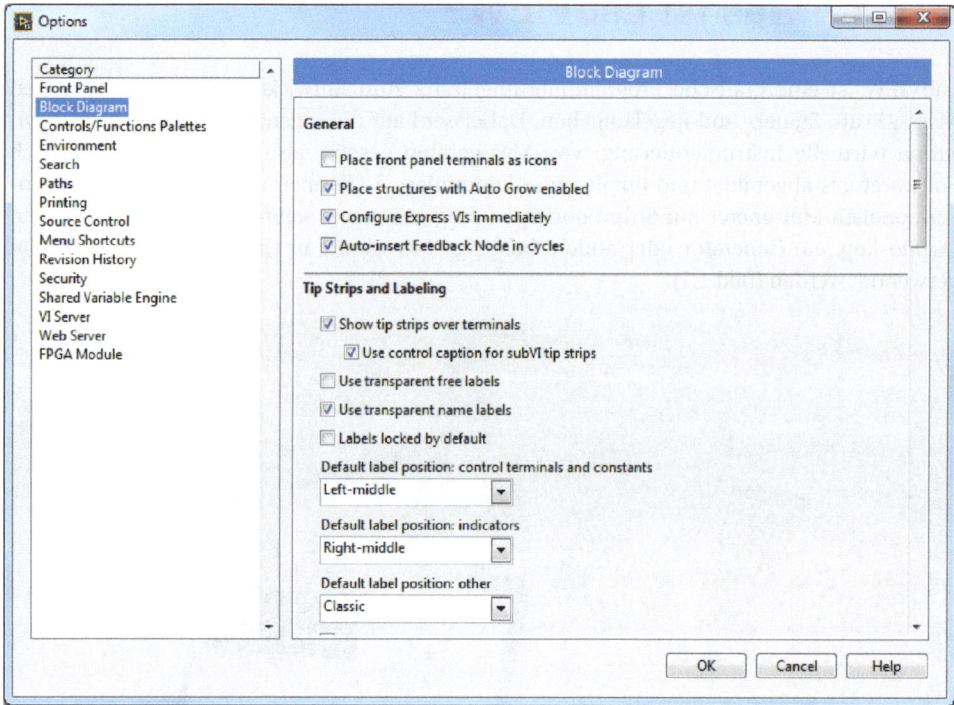

Bild 1.2 Einstellungen des Blockdiagramms

Die meisten Optionen können auf dem Standard belassen werden. Lediglich für das Blockdiagramm bietet es sich an, darauf zu achten, dass die Checkbox *Place front panel terminals as icons* nicht selektiert ist. Dies spart Platz und erhöht die Übersicht im Blockdiagramm.

■ 1.3 Bestandteile eines VIs

Ein LabVIEW-Programm kann unter Umständen aus nur einem einzigen VI, also einer einzelnen Datei bestehen. Das VI unterscheidet drei wesentliche Hauptbestandteile (Bild 1.3):

- **Frontpanel:** ist die Bedienoberfläche, enthält Controls (Bedienelemente, zur Eingabe von Daten) und Indicators (Anzeigeelemente, zur Ausgabe von Daten)
- **Blockdiagramm:** enthält den grafischen Quellcode und damit die Funktion des VIs, enthält Anschlüsse für Controls und Indicators auf dem Frontpanel
- **Symbol/Anschlussblock:** repräsentiert das VI und ermöglicht die Verwendung als SubVI, zeigt die Belegung der Ein- und Ausgänge des VIs an

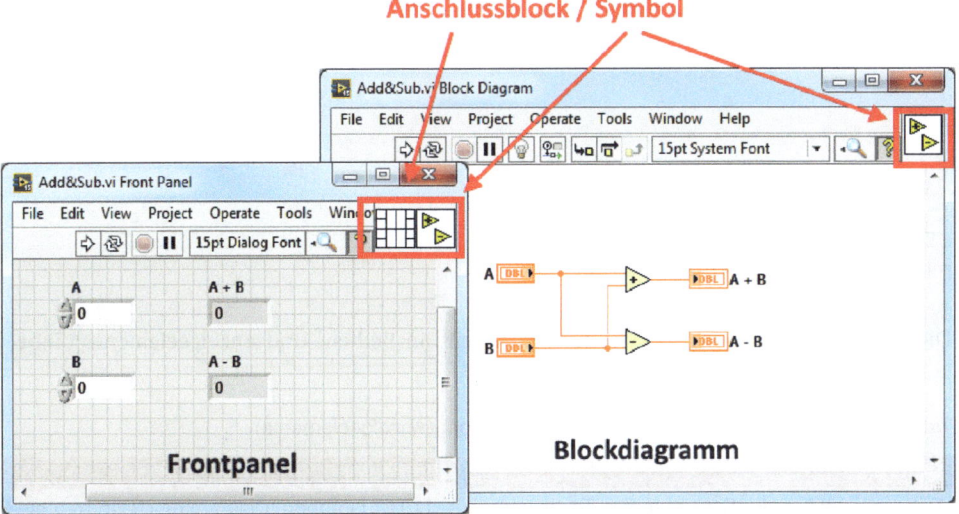

Bild 1.3 Hauptbestandteile eines VIs

1.3.1 Frontpanel

Das Frontpanel stellt in LabVIEW die Schnittstelle zum Benutzer dar oder zu anderen VIs. Es beinhaltet sämtliche Eingänge und Ausgänge, die für eine Interaktion mit der Welt außerhalb des VIs benötigt werden (Bild 1.4).

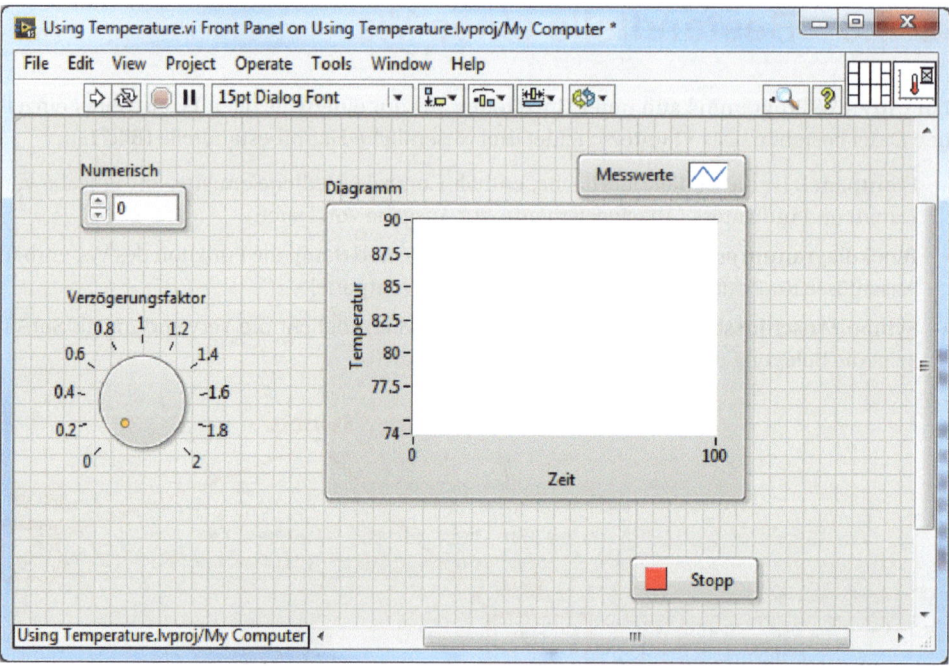

Bild 1.4 Frontpanel eines VIs

Die Elemente werden in zwei Gruppen unterteilt: in Bedien- und Anzeigeelemente (Tabelle 1.1).

Tabelle 1.1 Controls (Bedienelemente) und Indicators (Anzeigeelemente)

Controls	Indicators
Buttons, Drehknöpfe, Schieberegler, Texteingabefelder etc.	LEDs, Graphen, Diagramme, Textboxen etc.

Die Symbolleiste des Frontpanels enthält verschiedene Funktionen zur Ausführung des VIs sowie zur Gestaltung und Anordnung der vorhandenen Frontpanel-Elemente (Bild 1.5).

Bild 1.5 Symbolleiste des Frontpanels

Die in Tabelle 1.2 beschriebenen Buttons dienen der Kontrolle der Ausführung des entsprechenden VIs.

Tabelle 1.2 Funktionelle Buttons der Symbolleiste

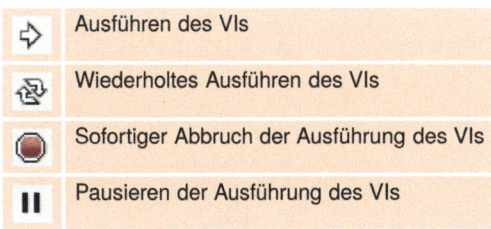

⇨	Ausführen des VIs
🔁	Wiederholtes Ausführen des VIs
⬤	Sofortiger Abbruch der Ausführung des VIs
‖	Pausieren der Ausführung des VIs

Mit dem Dropdown-Menü, gleich daneben, lassen sich Schriftarten der Frontpanel-Elemente und deren Aussehen verändern (Bild 1.6).

Bild 1.6 Schrifteditor

Die weiteren Funktionen dienen der optimierten Darstellung und der Ausrichtung der Elemente auf dem Frontpanel und haben keinen Einfluss auf das Programmverhalten des VIs. Trotzdem sollte ein Frontpanel ansprechend sein und alle Controls und Indicators nach einem übersichtlichen Muster angeordnet sein. Die folgenden Tools in Tabelle 1.3 helfen dem Programmierer bei der Gestaltung.

Die verschiedenen Datentypen werden auf dem Frontpanel als Controls und Indicators dargestellt (Tabelle 1.4).

Tabelle 1.3 Funktionen zur Darstellung und Ausrichtung von Frontpanel-Elementen

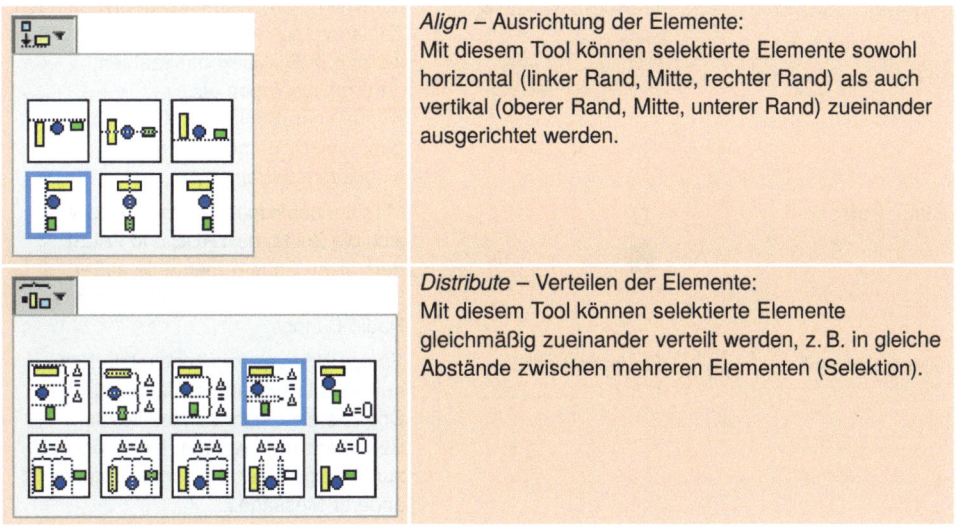

Align – Ausrichtung der Elemente:
Mit diesem Tool können selektierte Elemente sowohl horizontal (linker Rand, Mitte, rechter Rand) als auch vertikal (oberer Rand, Mitte, unterer Rand) zueinander ausgerichtet werden.

Distribute – Verteilen der Elemente:
Mit diesem Tool können selektierte Elemente gleichmäßig zueinander verteilt werden, z. B. in gleiche Abstände zwischen mehreren Elementen (Selektion).

Tabelle 1.3 Funktionen zur Darstellung und Ausrichtung von Frontpanel-Elementen (Fortsetzung)

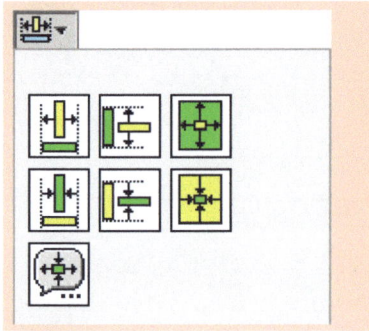	*Resize* – Größenanpassung von Elementen: Mit diesem Tool können selektierte Elemente auf die gleichen Dimensionen getrimmt werden.
	*Reorder* – Gruppieren und Ebenen festlegen: Mit diesem Tool können selektierte Elemente gruppiert und gelockt werden. Ebenfalls kann bei übereinanderliegenden Elementen die Reihenfolge bestimmt und Elemente in den Vorder- bzw. Hintergrund verschoben werden.

Tabelle 1.4 Controls und Indicators der gebräuchlichsten Datentypen in LabVIEW

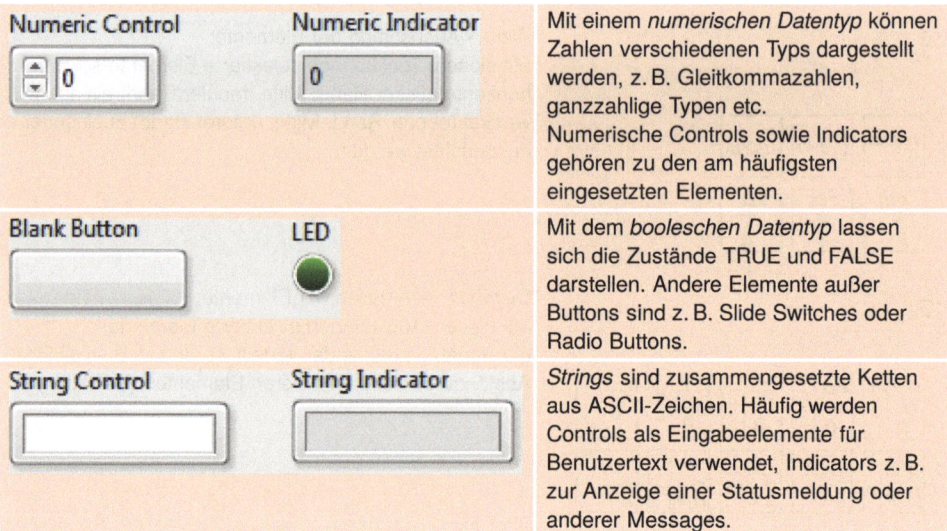

> Das *Frontpanel* dient als Benutzeroberfläche eines VIs.

1.3.2 Blockdiagramm

Hinter dem Blockdiagramm versteckt sich die eigentliche Funktionalität des VIs (Bild 1.7). Im Gegensatz zum Frontpanel ist das Blockdiagramm für den Benutzer zur Laufzeit nicht sichtbar. Zu typischen Objekten des Blockdiagramms zählen Anschlüsse, SubVIs, Funktionen, Konstanten, Strukturen und Wires (Verbindungen), über welche die Daten zwischen den Objekten des Blockdiagramms übertragen werden.

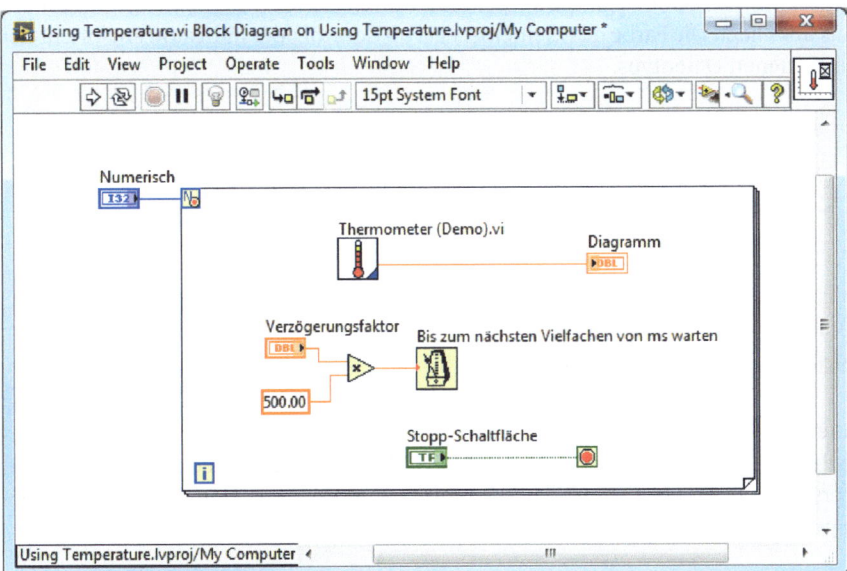

Bild 1.7 Blockdiagramm eines VIs

Die Symbolleiste des Blockdiagramms (Bild 1.8) enthält zum Teil dieselben Funktionen wie diejenige des Frontpanels, ist aber zusätzlich mit Debug- und Analysetools ausgerüstet (Tabelle 1.5).

Bild 1.8 Symbolleiste des Blockdiagramms

Tabelle 1.5 Debugging-Funktionen des Blockdiagramms

💡	*Highlight-Modus:* Ausführung des Programms wird extrem verlangsamt, sodass alle Werte auf den Wires sichtbar werden
🔗	*Verbindungswerte speichern:* Wenn eingeschaltet, behalten die Wires ihre Werte, auch wenn das Signal das Wire schon passiert hat
⬇️➡️⬆️	*Step into, step over, step out:* Programmausführung im Einzelschritt-Modus zur Kontrolle aller Signale

 Das *Blockdiagramm* enthält den Programmcode und die Funktionalität eines VIs.

Die Controls (Bedienelemente) und Indicators (Anzeigeelemente), welche bereits im Frontpanel eingesetzt wurden, müssen im Blockdiagramm natürlich funktional eingebunden werden.

In Bild 1.9 sind die gleichen Controls und Indicators abgebildet, welche im Frontpanel schon in Tabelle 1.4 aufgeführt wurden. Grundsätzlich unterscheiden sich Controls und Indicators im Blockdiagramm aufgrund der Position des schwarzen Anschlusspfeils (wo eine Verbindung erfolgen muss) sowie der Breite des Rahmens. Controls sind immer Datenquellen, weshalb der Ausgangsanschluss rechts liegt, Indicators sind die Verbraucher der Daten, weshalb der Eingang stets links liegt. Die Farbe des Elements, egal ob Control oder Indicator, entspricht der Farbe des enthaltenen Datentyps.

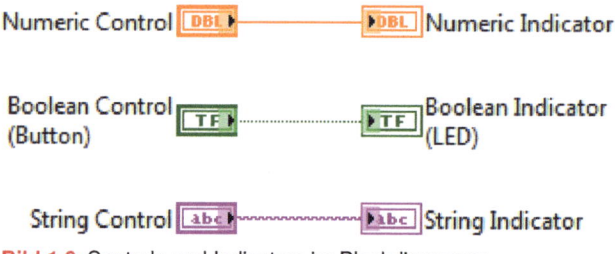

Bild 1.9 Controls und Indicators im Blockdiagramm

Die Elemente können im Blockdiagramm auch als Icons dargestellt werden (Bild 1.10). Eventuell ist dies bei der Installation auch so voreingestellt. Da diese Ansicht jedoch keinen Vorteil bringt und erst noch mehr Platz benötigt als die normalen Symbole, sollten die Anschlüsse nie als Icons angezeigt werden.

Bild 1.10 Darstellung der Elemente als Icons

Um einzelne Controls oder Indicators zu ändern, muss mit Rechtsklick auf das Element und unter *View As Icon* der Haken entfernt werden. Um die Einstellung für alle zukünftig platzierten Elemente zu setzen, muss unter *Tools → Options* in der Kategorie *Block Diagram* der entsprechende Haken entfernt werden (Bild 1.11).

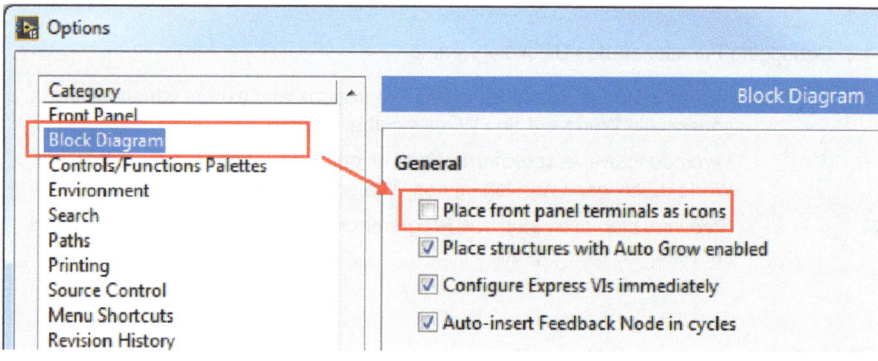

Bild 1.11 Options Dialog

1.3.3 Symbol und Anschlussblock

Jedes VI verfügt über ein Symbol und einen Anschlussblock. Wird ein VI im Programmcode (Blockdiagramm) eines anderen VIs verwendet, ist es wichtig, dass es auf den ersten Blick identifizierbar ist und der Programmierer anhand des Symbols erkennt, welche Funktion das VI übernimmt. In Bild 1.7 befindet sich ein VI mit dem Namen Thermometer (Demo).vi im Programmcode des Haupt-VIs. Anhand des Symbols ist klar, dass sich hinter dem VI eine Temperaturapplikation verbergen muss.

Das Symbol kann einfach über einen Doppelklick auf das VI-Symbol in der rechten oberen Ecke des Frontpanels oder des Blockdiagramms editiert werden. Darauf öffnet sich der Icon-Editor (Bild 1.12), wo Text und vordefinierte Icons im 32 × 32 Pixel großen Symbolfeld platziert werden können.

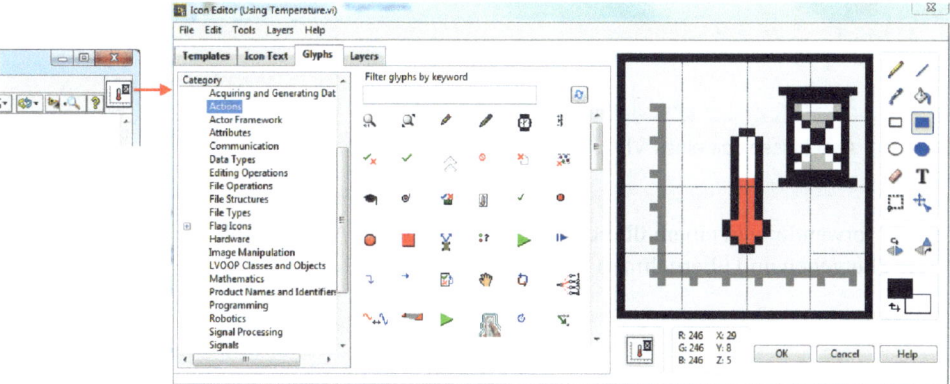

Bild 1.12 VI Icon-Editor

Das Symbol dient der einfachen Erkennung des VIs, wenn es innerhalb von anderen VIs verwendet wird. Dabei muss nicht zwingend eine Grafik als Symbol verwendet werden, es reicht auch eine kryptische Beschreibung oder eine Kombination von Symbol und Text. In Bild 1.13 sind Beispiele aussagekräftiger VI-Symbole dargestellt.

Bild 1.13 Beispiele von aussagekräftigen VI-Symbolen

 Jedes VI muss mit einem individuellen Symbol ausgestattet sein.

Der Anschlussblock eines VIs ist die Schnittstelle zu einem übergeordneten VI. Er definiert, an welchen Ein-/Ausgängen welche Daten dem VI übergeben bzw. vom VI zurückgegeben werden. Werden die einzelnen Felder des Anschlussblocks mit Frontpanel-Elementen verbunden, nehmen sie automatisch die Farbe des entsprechenden Datentyps an. Hierzu kann mit der Drahtrolle (automatisches Tool) auf ein leeres Feld des Anschlussblocks geklickt werden und danach auf das Frontpanel-Element, welches mit dem Feld verbunden werden soll (Bild 1.14).

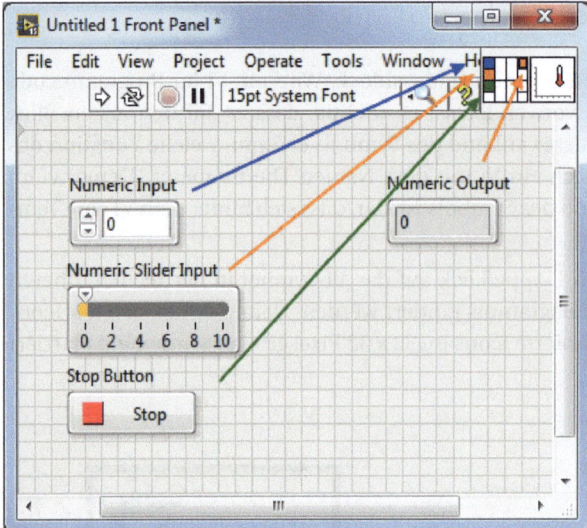

Bild 1.14 Anschlussblock eines VIs

Für die Verwendung in einem übergeordneten VI muss der Anschlussblock definiert sein, um Werte übergeben und übernehmen zu können.

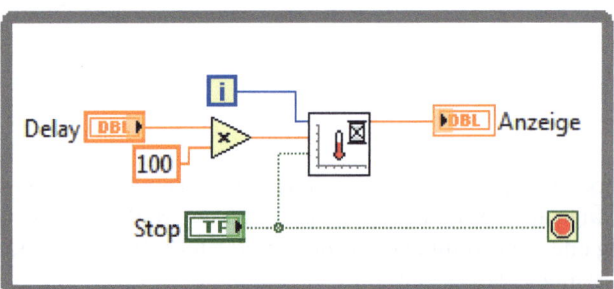

Bild 1.15 Verwendung eines VIs mit Ein- und Ausgängen

Für den Anschlussblock stehen verschiedene Muster mit einer kleineren bis größeren Zahl Anschlüsse zur Verfügung. Im Anschlussblock mit einem Rechtsklick auf *Patterns* lässt sich das Muster verändern (Bild 1.16).

In LabVIEW wird nach dem Datenflussprinzip programmiert (Kapitel 3). Das heißt, die Verarbeitung verläuft von links nach rechts. Deshalb ist es wichtig, diesem Prinzip auch bei der Belegung von Anschlussblöcken Rechnung zu tragen. Eingänge werden grundsätzlich auf der linken Seite verbunden, Ausgänge rechts, wie in Bild 1.17 dargestellt. Etwaige zusätzliche Anschlussfelder oben und unten werden erst verwendet, wenn die seitlichen Anschlüsse nicht mehr ausreichen.

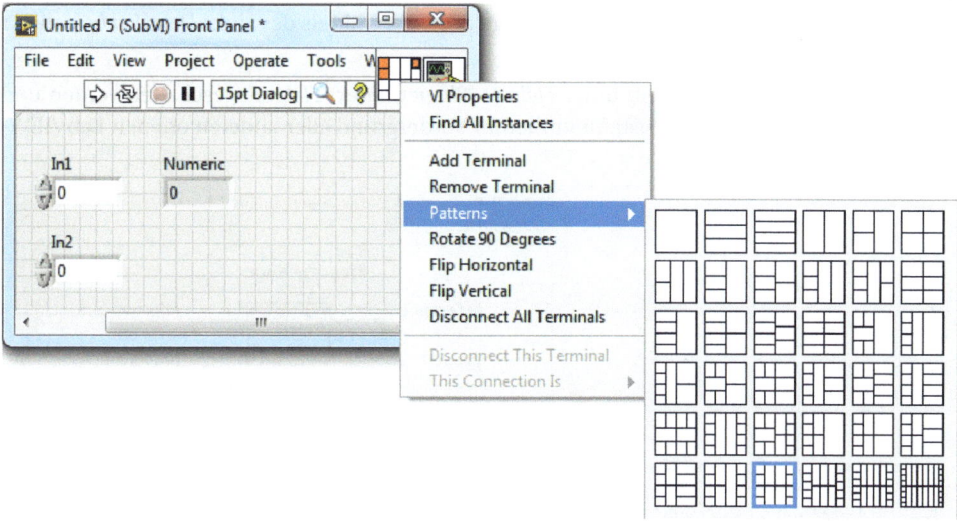

Bild 1.16 Vordefinierte Anschlussmuster

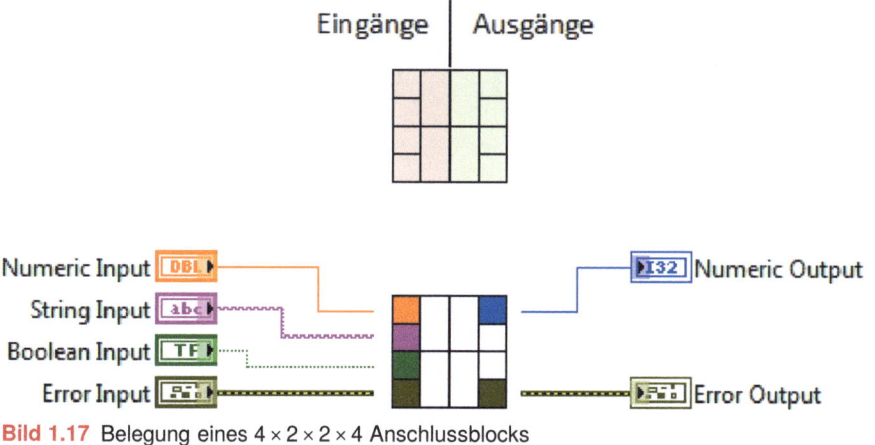

Bild 1.17 Belegung eines 4 × 2 × 2 × 4 Anschlussblocks

1.4 Kontexthilfe

Die Kontexthilfe ist ein Werkzeug zur schnellen Visualisierung von Informationen zu bestimmten VIs, Funktionen, Knoten etc. Sie zeigt jeweils immer gerade Informationen des Elements an, über welchem sich der Mauszeiger gerade befindet. In Bild 1.18 befindet sich der Mauszeiger über dem eingekreisten Eigenschaftsknoten, folglich zeigt die Kontexthilfe die Beschreibung von Eigenschaftsknoten an.

Reicht die angezeigte Information nicht aus, gelangt man mittels des Links *Detailed help* direkt in die ausführliche Hilfe des Objekts.

Die Kontexthilfe kann im Menu unter *Help* → *Show Context Help* eingeschaltet werden und befindet sich im aktivierten Zustand immer im Vordergrund aller anderen offenen LabVIEW-Fenster.

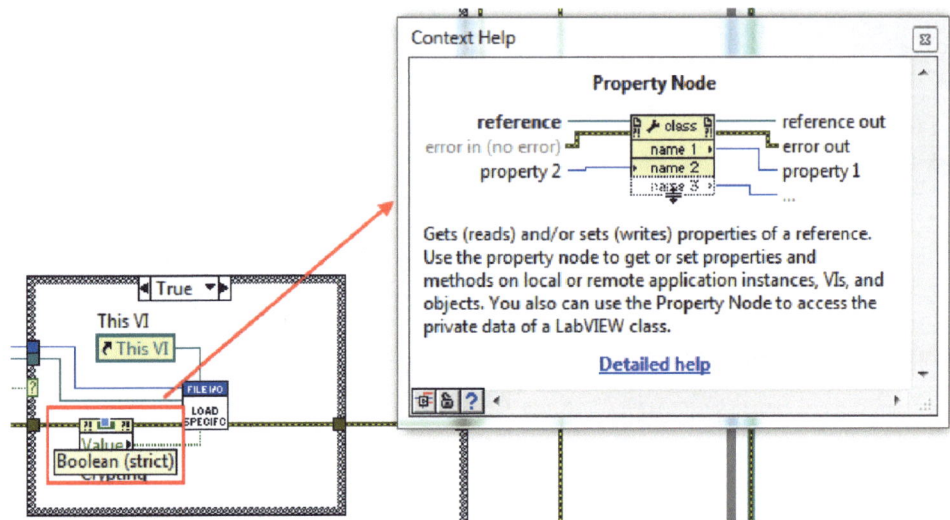

Bild 1.18 Kontexthilfe im Blockdiagramm

■ 1.5 Paletten

Sämtliche Funktionen, Elemente und Knoten sind in LabVIEW in sogenannten Paletten organisiert. Dies gilt sowohl für das Frontpanel (Elemente) als auch für das Blockdiagramm (Funktionen etc.).

Beim Öffnen oder Erstellen eines neuen VIs sind die *Controls Palette* (Frontpanel) und die *Functions Palette* (Blockdiagramm) unter Umständen noch nicht sichtbar. Ist dies der Fall, können sie unter *View* → *Controls Palette* und *View* → *Functions Palette* aktiviert werden.

Die zuoberst angeordnete Palette ist immer automatisch aufgeklappt, sodass schnell auf die Elemente und Funktionen zugegriffen werden kann. In Bild 1.19 ist dies die Palette *Silver*. Die anderen sichtbaren Paletten (hier: *Modern* und *User Controls*) werden bei einem Anwählen aufgeklappt. Der Benutzer kann per Drag & Drop die Paletten innerhalb der Liste verschieben und die von ihm bevorzugte Palette ganz oben platzieren.

Es besteht die Möglichkeit, die zu Beginn sichtbaren Paletten zu ändern. Unter *Customize* → *Change Visible Palettes...* werden einfach diejenigen Paletten angewählt, die immer sichtbar sein sollen (Bild 1.20). In der Regel sind das nur zwei bis drei, nämlich diejenigen, mit denen der Programmierer oft arbeitet.

1.5 Paletten

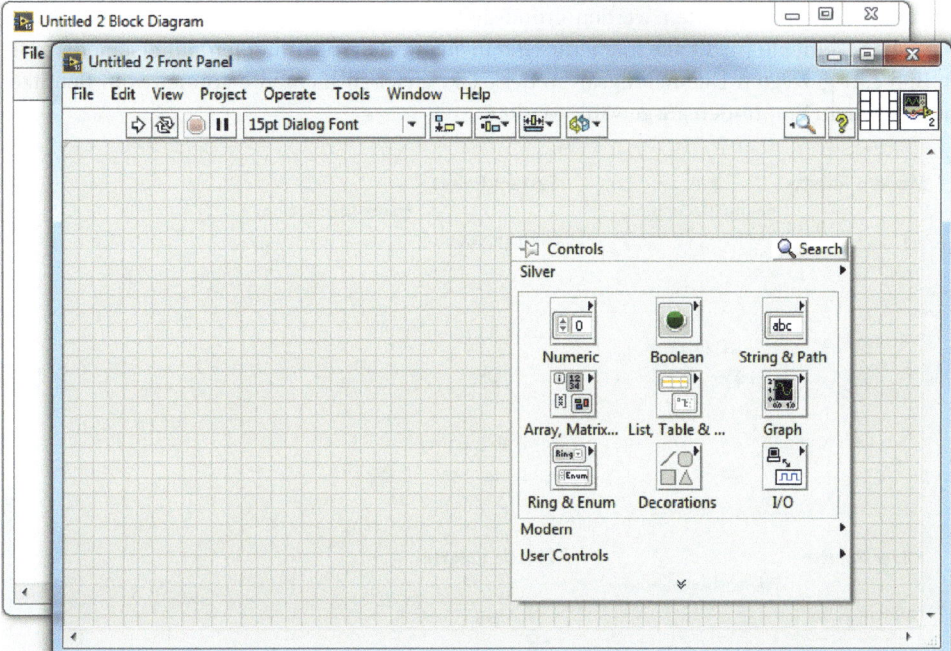

Bild 1.19 Controls-Palette des Frontpanels

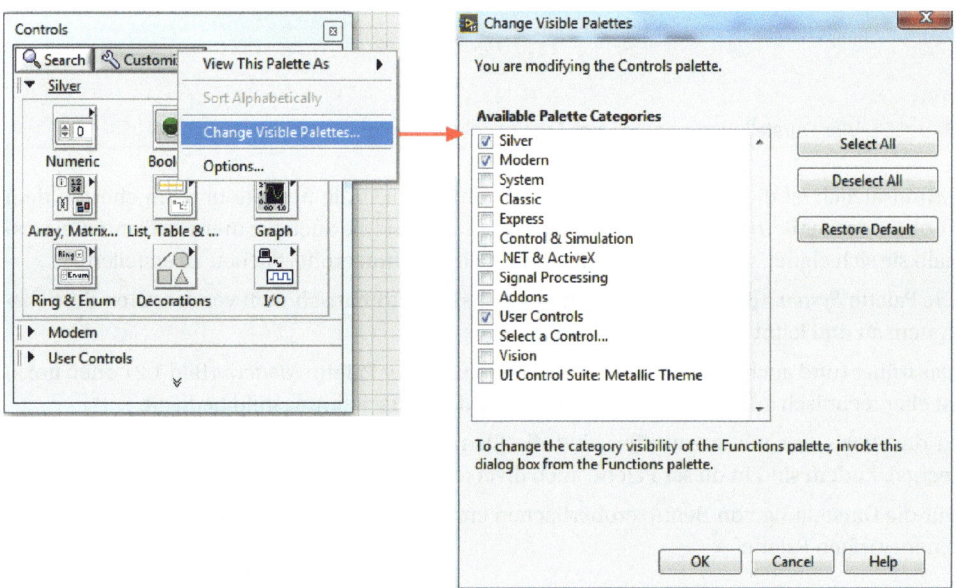

Bild 1.20 Änderung der sichtbaren Paletten

Bei den Frontpanel-Paletten werden grundsätzlich vier verschiedene Darstellungsarten für dieselben Elemente (nicht alle Elemente sind in allen Paletten vorhanden) unterschieden. Die in Bild 1.21 gezeigten Darstellungsarten der exakt gleichen Elemente können vom Benutzer nach eigenem Empfinden ausgewählt werden.

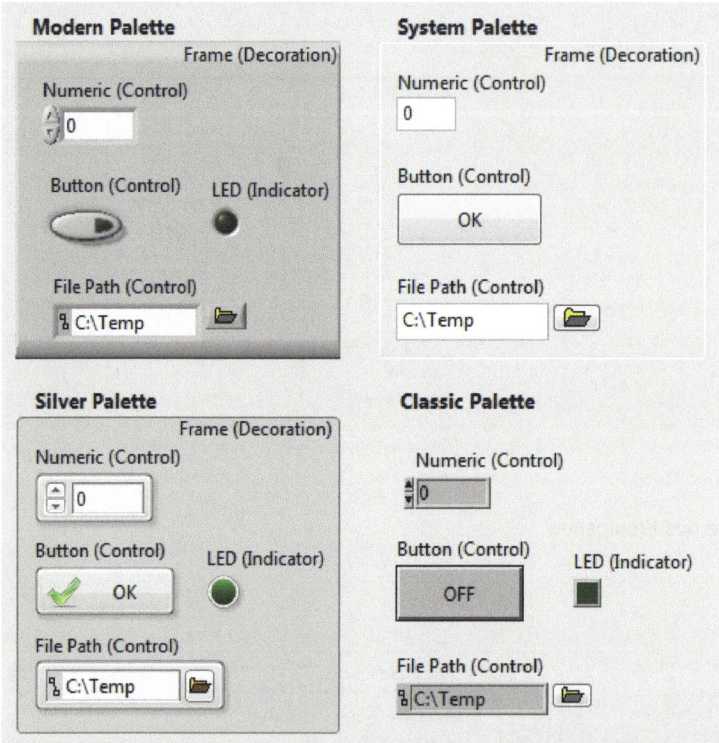

Bild 1.21 Vier Darstellungsvarianten der Frontpanel-Elemente

Grundsätzlich ist die Palette *Silber* (Bild 1.21 unten links) die neueste und am ehesten dem Look moderner Betriebssysteme angepasst. Dazu umfasst sie auch die meisten Elemente, weshalb sie sich eignet, um übersichtliche und gefällige Benutzeroberflächen zu erstellen.

Die Palette *System* (Bild 1.21 oben rechts) passt sich automatisch dem verwendeten Betriebssystem an und lehnt sich an dessen Design an.

Das früher (und auch heute noch) oft verwendete Set der Palette *Modern* (Bild 1.21 oben links) ist eher technisch ausgelegt und nicht so sehr auf das Erscheinungsbild bedacht.

In der Praxis fast nie anzutreffen sind die Elemente der Palette *Klassisch* (Bild 1.21 unten rechts). Zudem sind in dieser Palette auch diverse Controls anderer Paletten nicht verfügbar.

Für die Darstellung von Benutzeroberflächen empfiehlt sich die Verwendung von Elementen einer einzigen Palette.

 Aufgabe 1.1: Sichtbare Paletten

Im Blockdiagramm stehen ebenfalls verschiedene Paletten zur Verfügung (Bild 1.22). Im Gegensatz zum Frontpanel sind sie allerdings in ihrer Funktion alle einzigartig. In den allermeisten Fällen sind die gebräuchlichen Funktionen in der Palette *Programming* und einer der Untergruppen abgelegt, auf welche später kurz eingegangen wird. Die weiteren Paletten beinhalten spezialisierte Funktionen z. B. zur Ansteuerung von Hardware, fortgeschrittenen mathematischen Analysefunktionen oder Datenkommunikation mit Datennetzwerken.

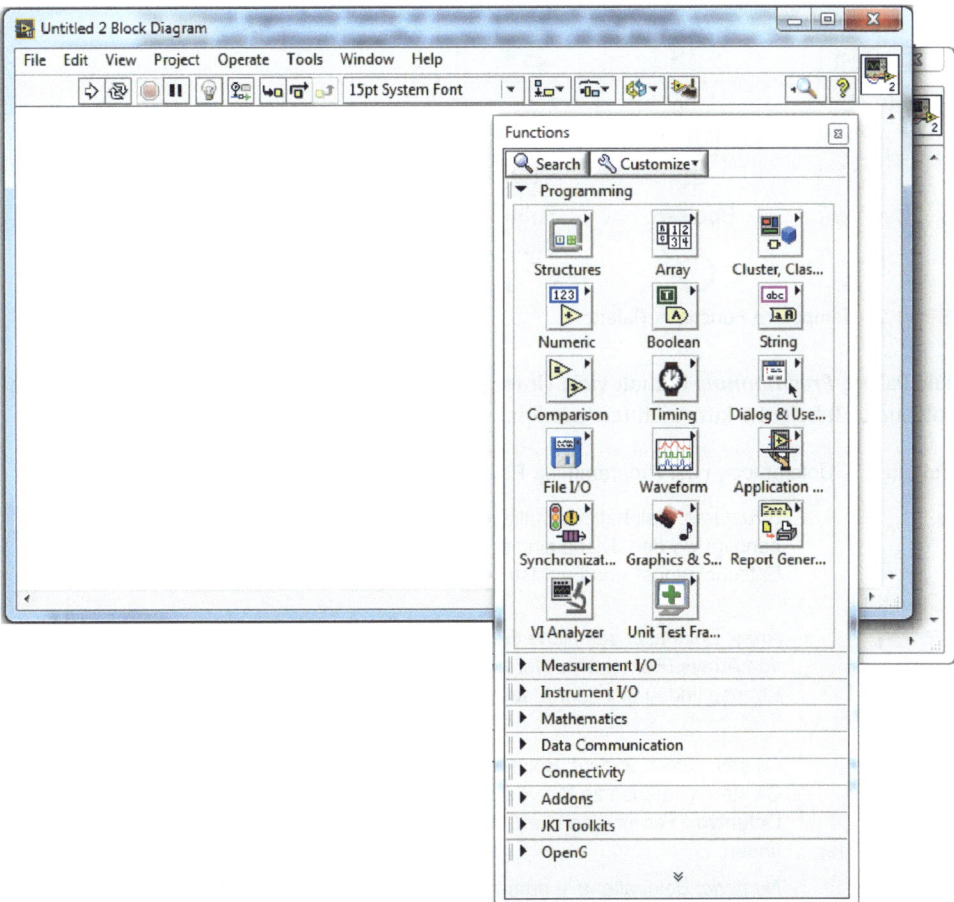

Bild 1.22 Functions-Palette des Blockdiagramms

Auch hier kann der Benutzer die Paletten so anordnen und anpassen, wie sie für ihn am besten zu bedienen sind, es empfiehlt sich allerdings die Palette *Programming* stets zuoberst geöffnet zu haben.

Da die Palettenfenster relativ viel Platz beanspruchen, können sie auch temporär für die Platzierung von Elementen und Funktionen geladen werden. Hierzu sollte der Nutzer einfach einen Rechtsklick auf eine leere Stelle im Blockdiagramm oder im Frontpanel ausführen, und die Palette wird angezeigt sowie nach der Auswahl eines Elements oder einer Funktion automatisch wieder geschlossen.

Wenn temporär angezeigte Paletten nicht wieder verschwinden sollen (z. B. wenn man mehrere Elemente derselben Gruppe platzieren möchte, ohne dass sich das Fenster wieder schließt), kann man die Palette mit dem Nagel in der linken oberen Ecke festpinnen (Bild 1.23).

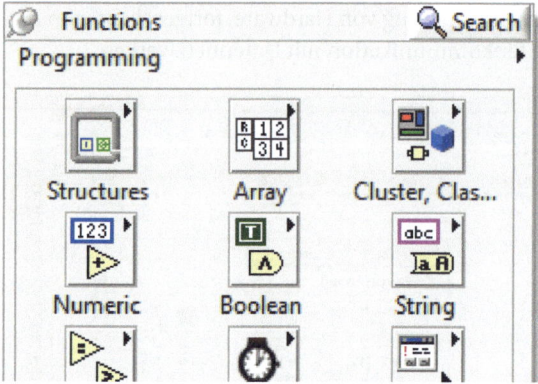

Bild 1.23 Temporäre Functions-Palette

Die Palette *Programming* enthält viele Untergruppen, von denen die gebräuchlichsten nachfolgend in Tabelle 1.6 kurz erläutert werden.

Tabelle 1.6 Untergruppen der Programming-Palette

Structures	*Structures:* Beinhaltet sämtliche Strukturen, welche für den Programmablauf benötigt werden. Diese sind z. B. For- und While-Schlaufen sowie Entscheidungs- und Eventstrukturen.
Array	*Array:* Beinhaltet sämtliche Elemente, welche zur Erstellung und Manipulation von Arrays (Pakete von Werten des gleichen Datentyps) zur Verfügung stehen. Ebenso finden sich hier Matrizenoperationen.
Cluster, Clas...	*Cluster, Class, Variant:* Beinhaltet Funktionen zur Erstellung und Bearbeitung von Clustern (Datensätze mit verschiedenen Datentypen) sowie Variant (beliebiger Datentyp). Ferner sind hier Elemente der objektorientierten Programmierung zu finden.
Numeric	*Numeric:* Beinhaltet alle numerischen Operationen. Dazu zählen grundlegende Rechenoperationen (Add, Sub, Multi etc.) sowie Naturkonstanten (π, e etc.).
Boolean	*Boolean:* Enthält die booleschen Konstanten und alle logischen Operationen sowie einige Konvertierungsoptionen zum Übertragen von booleschen Werten nach numerischen Datenwerten oder Bit-Arrays.

Tabelle 1.6 Untergruppen der Programming-Palette (Fortsetzung)

String	*String:* Enthält sämtliche Funktionen, die für das Bearbeiten und Editieren von Zeichenketten vorhanden sind. Ebenfalls sind Konvertierungen in andere Datentypen in dieser Untergruppe abgelegt.
Comparison	*Comparison:* Enthält Funktionen zum Vergleichen von Werten. Diese Funktionen arbeiten mit verschiedenen Datentypen, so können sowohl Strings als auch numerische Werte auf Gleichheit oder andere Merkmale überprüft werden.
Timing	*Timing:* Enthält Zeitfunktionen wie *Wait* und Funktionen zur Generierung und Bearbeitung von Zeitstempeln sowie Zeit-, Datumsinformationen.
File I/O	*File I/O:* Beinhaltet sämtliche Funktionen, die für eine Interaktion mit Dateien benötigt werden. Hier sind auch Konstanten und Funktionen zur Bearbeitung von Pfaden angesiedelt.
Waveform	*Waveform:* Enthält eine Palette von Funktionen, mit denen der zusammengesetzte Datentyp Waveform erstellt und bearbeitet werden kann. Dies ist insbesondere bei Messungen mit enthaltenen Zeitinformationen interessant.

■ 1.6 Werkzeuge

Um effizient mit LabVIEW arbeiten zu können, benötigt man verschiedene Werkzeuge, etwa zur Bearbeitung von Text, zum Verschieben von Elementen, zum Verbinden der Funktionen mit Wires etc.

Diese Funktionen finden sich sowohl im Frontpanel als auch im Blockdiagramm unter *View → Tools*. Das Fenster mit den Werkzeugen beinhaltet alle Tools, die man zur Bearbeitung von VIs benötigt und ist in beiden Fenstern absolut identisch (Bild 1.24).

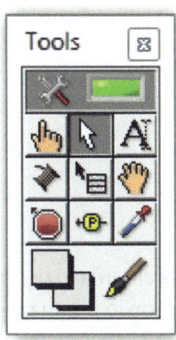

Bild 1.24 Tools-Palette

In Tabelle 1.7 werden die einzelnen Werkzeuge kurz beschrieben.

Tabelle 1.7 Werkzeuge der Tools-Palette

	Automatic Tool Selection: LabVIEW wechselt das Werkzeug, je nachdem, wo sich der Mauszeiger gerade befindet.
	Operate Value: Dateieingabe, z. B. zum Anklicken eines Datenfelds eines Bedienelements.
	Position/Size/Select: Auswählen von Objekten, Positionieren wie z. B. Verschieben; Größenänderung auf den Ecken des Objekts.
	Edit Text: Texteditor, auf einer freien Fläche geklickt, wird ein freies Textfeld zur Texteingabe erzeugt; Werkzeug zur Editierung von Elementnamen, Werten von Bedien- und Anzeigeelementen.
	Connect Wire: Drahtrolle zum Verbinden von Funktionen und Objekten im Blockdiagramm.
	Set/Clear Breakpoint: Setzen und Löschen von Breakpoint, zum Anhalten der Ausführung des Programms.
	Probe Data: Setzen einer Sonde zum Anzeigen des Werts in einem Wire.
	Set Color: Einfärben von Elementen, Hintergrund etc. Das linke Feld im Vordergrund repräsentiert den Rahmen eines Elements, das rechte im Hintergrund die Hintergrundfarbe. Eine Farbe kann mit einem Klick auf das jeweilige Quadrat ausgewählt werden.

In der Praxis hat sich die *Automatic Tool Selection* bewährt. Da oftmals Bearbeitungen mit wechselnden Tools hintereinander ausgeführt werden, z. B. das Verschieben eines Elements, das Umbenennen des Labels und danach das Wiring mit einer anderen Funktion, ist es umständlich, jedes Mal zwischen den Aktionen das Werkzeug zu wechseln. Mit dem automatischen Werkzeug kann ohne Zeitverlust alles hintereinander durchgeführt werden, je nach dem, wo man mit dem Cursor ansetzt.

So geht man beispielsweise im Frontpanel auf den Rahmen eines Bedienelements, um es zu verschieben, auf den Datenbereich, um Daten zu ändern oder auf das Label, um den Text darin zu ändern.

 Die automatische Werkzeugauswahl ermöglicht ein speditives Arbeiten und sollte, wenn immer möglich, eingeschaltet sein.

■ 1.7 Projekt Explorer

Oftmals besteht die Entwicklung von Applikationen in LabVIEW nicht bloß aus einem einzigen VI, sondern aus einer Vielzahl von Unterprogrammen, sogenannten SubVIs, sowie benutzerdefinierten Elementen und zugehörigen Dateien wie z. B. Bildern und anderen allgemeinen Dateien.

Um eine Organisation sämtlicher zur Applikation gehöriger Dateien herzustellen, stellt LabVIEW den *Projekt Explorer* zur Verfügung (Bild 1.25). Dieser fungiert dabei als Rahmen und ermöglicht später die Erstellung von ausführbaren Programmen (Exe-Files) und Installationspaketen. In Bild 1.25 bezeichnen die Ziffern

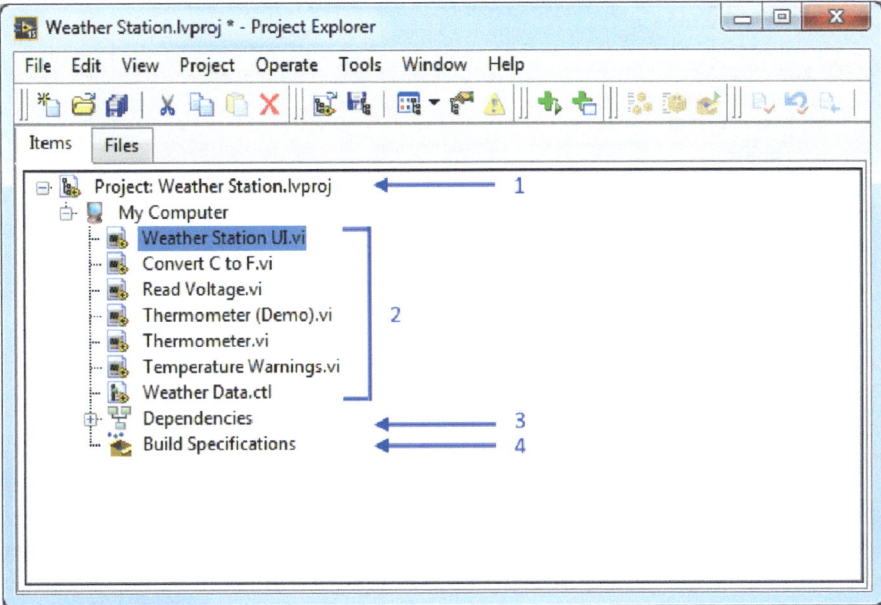

Bild 1.25 Projekt Explorer

1 die Projektdatei mit der Endung *.lvproj*,
2 alle dem Projekt zugeordneten Dateien (VIs, Controls, andere Dateien),
3 sogenannte *Dependencies*, d. h. Abhängigkeiten zu anderen Dateien, z. B. von LabVIEW zur Verfügung gestellte VIs, sowie
4 sogenannte *Build Specifications*, d. h. Spezifikationen zur Erstellung von Exe-Files und Installationsprogrammen.

1.7.1 Organisation mit virtuellen Ordnern

Der *Projekt Explorer* erlaubt dem Benutzer zur Organisation seiner VIs und Files, Ordner zu erstellen und so seine Dateien übersichtlich zu strukturieren. Dabei kann es sich um Ordner handeln, die sich direkt auf Ordner des Betriebssystems beziehen, oder um unabhängige virtuelle Ordner, welche nur innerhalb des LabVIEW-Projekts bestehen und nichts mit der Ordnerstruktur des Betriebssystems zu tun haben. Beide Typen werden als *Virtual Folder* bezeichnet, als virtuelle Ordner (Bild 1.26).

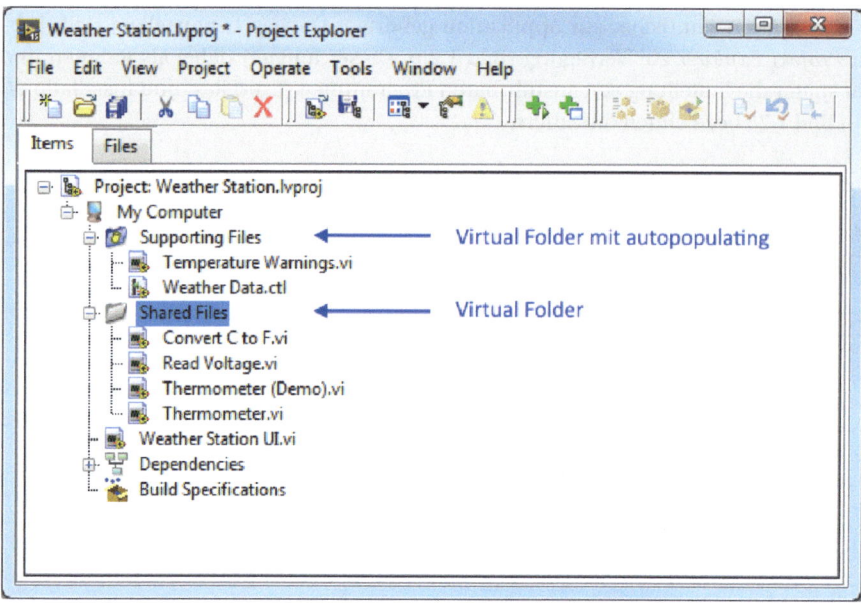

Bild 1.26 Virtuelle Ordner im Projekt Explorer

Der grundlegende Unterschied zwischen beiden Ordnerarten besteht im Verhalten und der Aktualisierung. Ein *Autopopulating Folder* (autoauffüllender Ordner bzw. im Folgenden Autopopulating-Ordner) muss einem bestehenden Ordner des Betriebssystems zugeordnet werden und bildet zu jedem Zeitpunkt den kompletten Inhalt dieses Ordners ab. Es ist nicht möglich, im Projekt Explorer Dateien oder VIs in diesem Ordner zu löschen, da dies auf der Betriebssystem-Ebene ebenfalls eine Entfernung der Datei zur Folge hätte.

Ein virtueller Ordner ohne Autopopulating-Funktion ist unabhängig vom Betriebssystem. Innerhalb des Projekt Explorers können VIs und andere Dateien daher frei in oder aus diesen Ordnern verschoben werden, ohne dass dies einen Einfluss auf den effektiven Speicherort der Betriebssystem-Ebene hat. Allerdings kann dies zur Folge haben, dass die Übersicht schwieriger wird und Dateien z. B. versehentlich an ganz anderen Orten gespeichert sind, als die Ordnerstruktur im Projekt Explorer vermuten lässt.

Die Erstellung beider Typen erfolgt mit Rechtsklick auf *My Computer* → *New* → *Virtual Folder*. Damit hat man einen Ordner ohne Autopopulating-Funktion erstellt. Will man diesen nun in einen Autopopulating-Ordner umwandeln, geschieht dies mit Rechtsklick auf den Ordner und *Convert to Autopopulating Folder*. Danach muss ein Ordner im Filesystem angegeben werden, der mit dem Virtual Folder verlinkt wird.

 Für eine mit dem Betriebssystem konsistente Dateiordnung eignen sich *Autopopulating-Ordner* am besten, für eine unabhängige und flexible Ordnung der Projektdateien wird mit *virtuellen Ordnern* gearbeitet.

 Aufgabe 1.2: Fragen zur Entwicklungsumgebung

1.7.2 Arbeiten mit dem Projekt Explorer

Beim Arbeiten mit LabVIEW empfiehlt es sich grundsätzlich immer, mit dem *Projekt Explorer* zu starten. Zwar kann ein VI auch selbstständig ausgeführt werden, aber sobald mehrere VIs miteinander verknüpft sind, braucht es ein Werkzeug, um die Zusammenhänge darzustellen – also einen Container, der alle Beziehungen unter den verwendeten VIs sichtbar macht. Außerdem ist es ohne den Projekt Explorer nicht möglich, später ausführbare Dateien (*.exe*) und Installationspakete zu erstellen.

> Jedes LabVIEW-Programm sollte innerhalb eines LabVIEW-Projekts realisiert werden.

Die Erstellung eines Projekts erfolgt aus dem Startup-Fenster von LabVIEW mittels *Create Project → Blank Project*. So wird ein leeres Projekt wie in Bild 1.27 erzeugt, das als Basis zur Entwicklung von VIs genutzt werden kann. Wichtig ist, das Projekt sofort mit *File → Save As* am dafür vorgesehenen Ort zu speichern. Der Stern in der Titelzeile bedeutet, dass Änderungen vorgenommen wurden, welche noch nicht gespeichert sind.

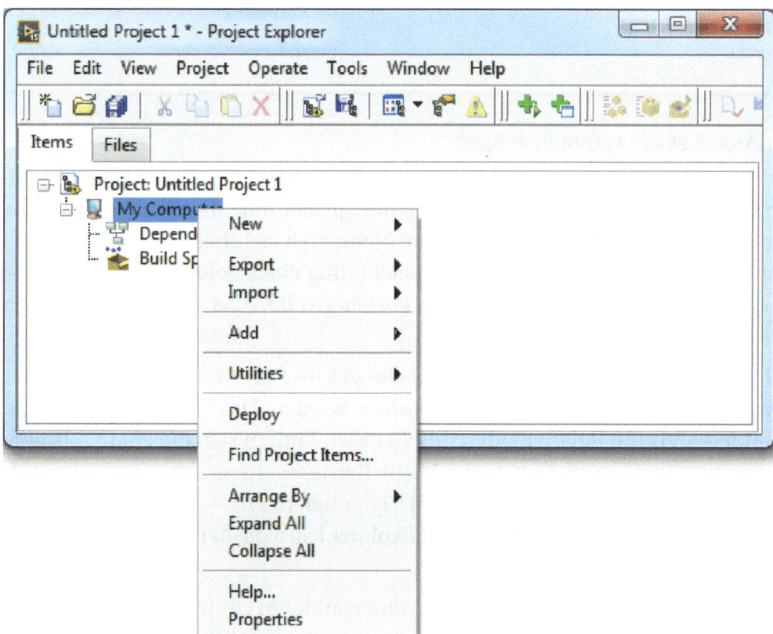

Bild 1.27 Leeres Projekt

Ist das Projekt erstellt, können mittels Rechtsklick auf *My Computer* entweder neue VIs erstellt (*New → VI*) oder bereits bestehende VIs und andere Dateien ins Projekt integriert werden (*Add → File/Folder*). Ebenfalls in diesem Kontextmenü werden virtuelle Ordner erstellt (*New → Virtual Folder*).

Normalerweise werden auf der obersten Ebene unter *My Computer* nur wenige, im besten Fall ein einziges VI erstellt. Alle anderen verwendeten VIs sind aus Gründen der Übersicht in virtuellen Ordnern abgelegt. Aus dem *Main.vi* (Bild 1.28) werden die Unterfunktionen (Autopopulating-Ordner: SubVIs) aufgerufen. Andere virtuelle Ordner können zudem benötigte Bilddateien (Ordner *Image*) oder benutzerdefinierte Elemente (Ordner *Controls*) enthalten.

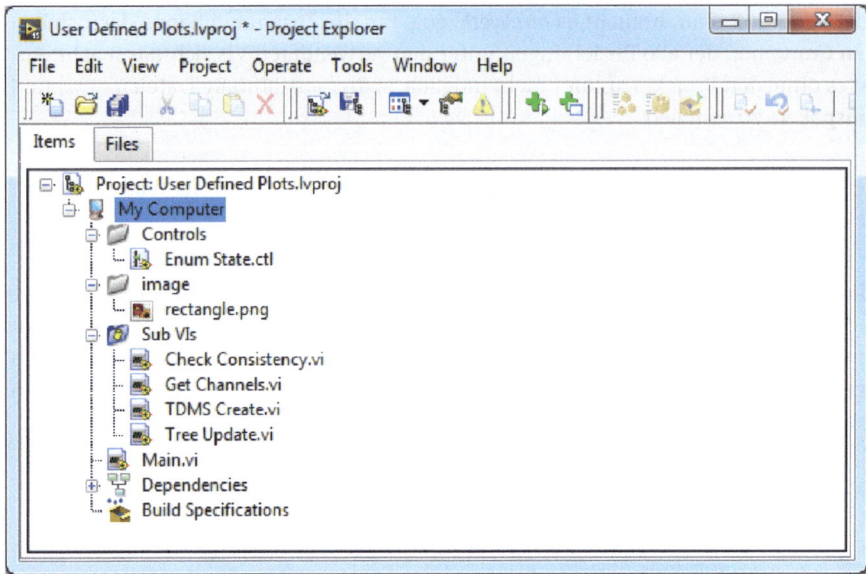

Bild 1.28 Ebenenstruktur in einem LabVIEW-Projekt

Für einzelne VIs und Controls gilt bei der Bearbeitung und Speicherung das Gleiche wie beim Projekt Explorer: Solange ein Stern im Titel neben dem Filenamen sichtbar ist, sind Änderungen noch nicht gespeichert worden. Bei der ersten Speicherung eines neuen VIs wird der Benutzer gefragt, wo er das VI ablegen möchte, danach speichert *File → Save* das VI immer am ursprünglich definierten Platz.

Möchte man ein VI verschieben oder umbenennen, sollte das im Projekt Explorer, auf keinen Fall aber im Filesystem des Betriebssystems vorgenommen werden. Das LabVIEW-Projektfile verknüpft die verwendeten VIs mit Relativpfaden miteinander. Ändern sich die Pfade z. B. aufgrund von Umbenennung oder Verschiebung eines VIs im Betriebssystem, treten Konflikte auf, weil das VI nicht mehr gefunden wird. Hierfür wird im VI der Befehl *File → Save As* verwendet, welcher den Dialog in Bild 1.29 hervorruft. Im Projekt Explorer kann die Aktion mit Rechtsklick auf das zu verschiebende VI gestartet werden.

Für eine Umbenennung oder Verschiebung des VIs an einen anderen Ort innerhalb des Dateisystems wählt man *Rename* und kann danach Dateinamen und neuen Pfad definieren.

Will man das VI kopieren, stehen einem drei Möglichkeiten zur Verfügung:

- *Substitute copy for original*: Das Original wird nach dem Kopieren geschlossen, es wird mit der neu erstellten Kopie weiter gearbeitet.
- *Create unopened disk copy*: Es wird weiter mit dem Original gearbeitet, die Kopie wird nicht geöffnet.
- *Open additional copy*: Das Original bleibt zur Bearbeitung geöffnet, die Kopie wird ebenfalls geöffnet, muss aber unter einem anderen Namen gespeichert werden.

1.7 Projekt Explorer

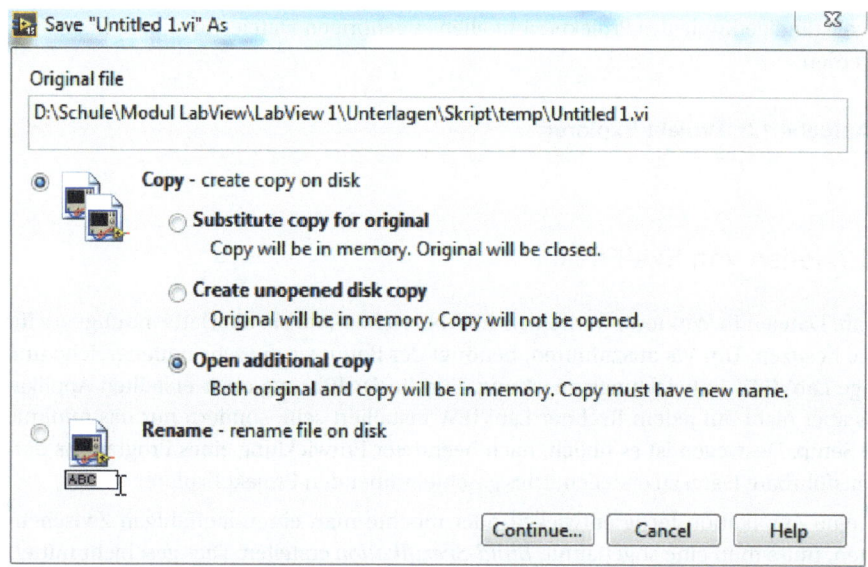

Bild 1.29 Der Befehl Save As

Wird ein ganzes Projekt kopiert, z. B. als Vorlage für ein neues Projekt, muss in der Regel darauf geachtet werden, dass alle VIs und alle Abhängigkeiten mitkopiert werden. Am einfachsten lässt sich dies mit der *Save As*-Option im Projekt Explorer bewerkstelligen. Wie in Bild 1.30 gezeigt, können mit *Duplicate .lvproj file and contents* sowie der Option *Include all dependen-*

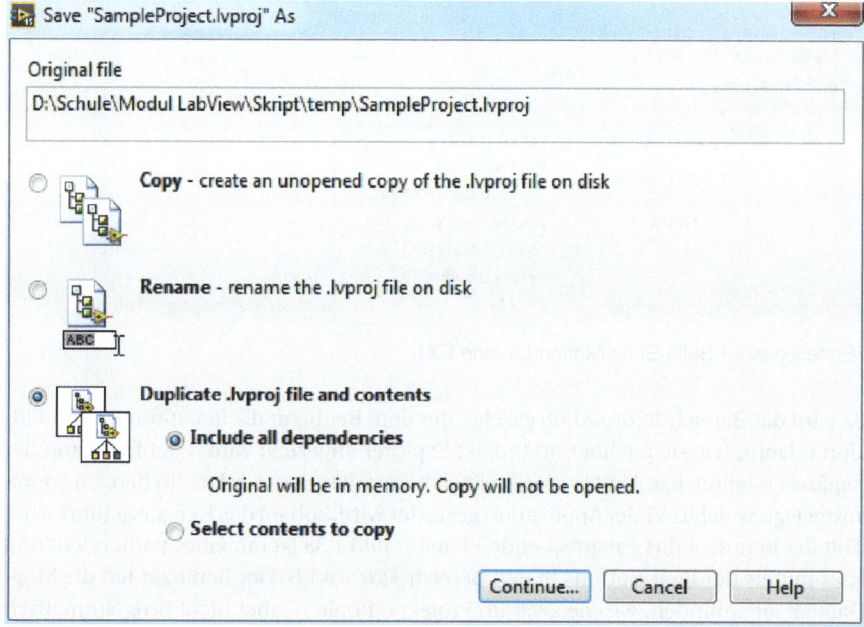

Bild 1.30 Der Befehl Save As zur Duplizierung eines Projekts

cies eine vollständige Kopie des Projekts samt allen zugehörigen Dateien an einem neuen Ort erzeugt werden.

 Aufgabe 1.3: Projekt Explorer

1.7.3 Erstellen von Exe-Files

Ausführbare Dateien in Windows werden als EXE bezeichnet, da sie die Dateiendung *.exe* für Executable besitzen. Um VIs auszuführen, benötigt der Benutzer die sehr umfangreiche und kostspielige LabVIEW-Entwicklungsumgebung. Für die Ausführung einer erstellten Applikation muss aber nicht auf jedem Rechner LabVIEW installiert sein, sondern nur das minimal benötigte Setup. Deswegen ist es üblich, nach beendeter Entwicklung eines Programms daraus eine ausführbare Datei zu erstellen. Dies geschieht über den Projekt Explorer.

Hat man eine Applikation fertig entwickelt oder möchte man einen lauffähigen Zwischenstand testen, muss man eine sogenannte *Build-Spezifikation* erstellen. Dies geschieht mittels Rechtsklick auf den entsprechenden Eintrag im Projekt Explorer (Bild 1.31) und dem Anwählen des Felds *Application (EXE)*. Das sich darauf öffnende Fenster besteht aus einer Navigation (links) mit mehreren Feldern sowie dem Auswahlbereich (rechts) jedes Navigationspunkts.

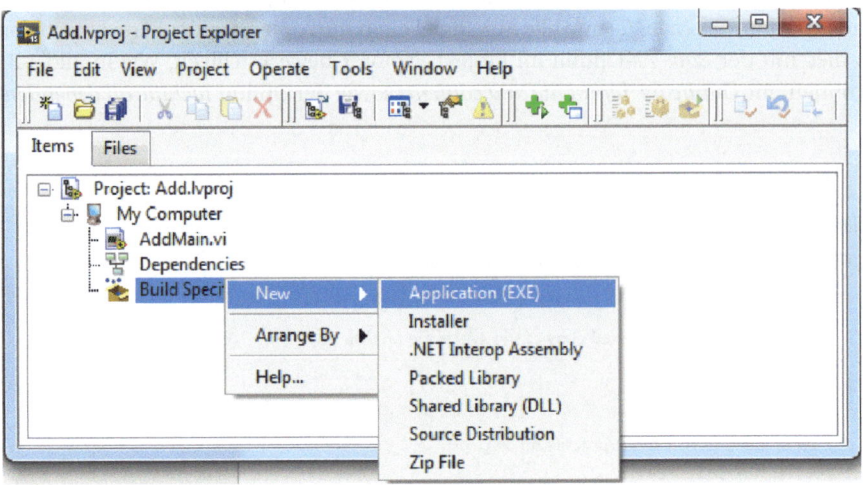

Bild 1.31 Erstellen einer Build-Spezifikation für eine EXE

In Bild 1.32 wird der Bereich *Information* gezeigt, der dem Benutzer die Benennung der Build-Spezifikation erlaubt, wie sie nachher im Projekt Explorer angezeigt wird. Ebenfalls kann der Name der später erstellten Exe-Datei sowie ihr Speicherort definiert werden. Im Bereich *Source File* wird festgelegt, welches VI der Applikation gestartet wird, sobald das EXE ausgeführt wird. Hierzu wählt der Benutzer das entsprechende VI an (in Bild 1.33 ist nur eines vorhanden) und verschiebt es mittels der Pfeil-Buttons in den Bereich *Startup VIs*. Der Benutzer hat die Möglichkeit, Dateien einzubinden, welche zwar im Projekt enthalten, aber nicht programmatisch verknüpft sind, indem er sie in den Bereich *Always Included* verschiebt.

1.7 Projekt Explorer

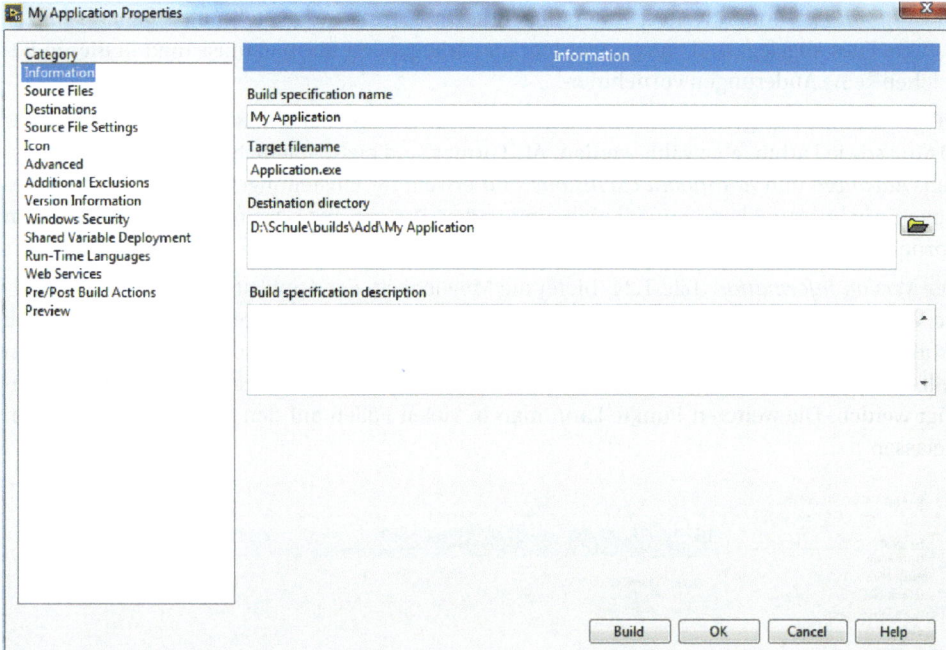

Bild 1.32 Build-Spezifikation: Information

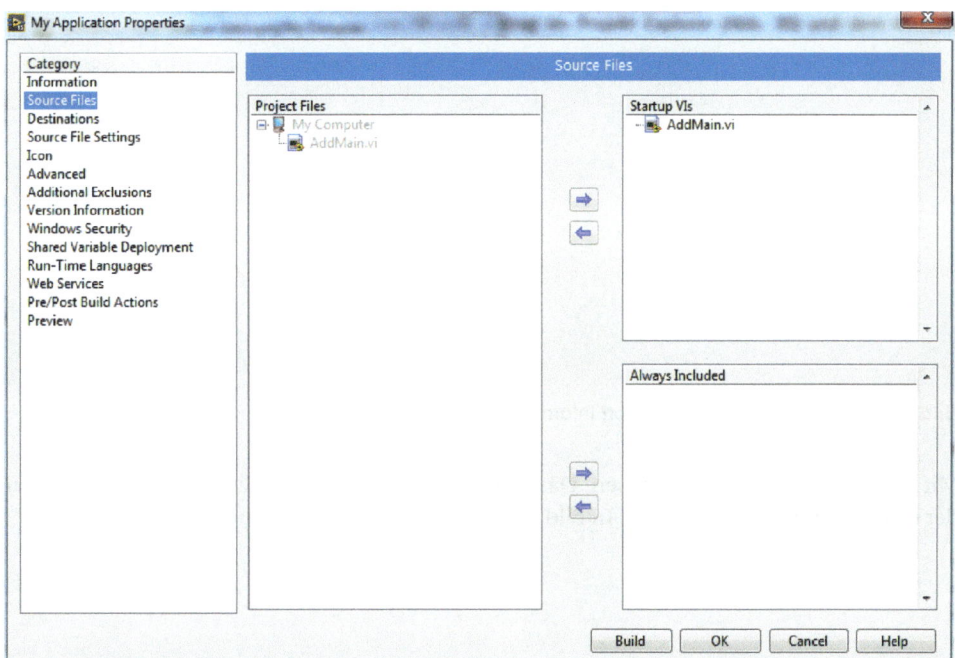

Bild 1.33 Build-Spezifikation: Source Files

In *Destinations* können weitere unterstützende Dateistrukturen erstellt und allenfalls hinzugefügte Files abgelegt und verteilt werden. Im vorliegenden Beispiel muss man in diesen Bereichen keine Änderungen vornehmen.

In *Icon* kann, wenn gewünscht, ein eigenes Icon für die Applikation ausgewählt und die Auflösung sowie Farbtiefe gewählt werden. Als Format sind ausschließlich ICO-Dateien zugelassen. *Advanced* und *Additional Exclusions* sind erweiterte Einstellungen, welche z. B. das Debugging in Exe-Applikationen erlauben und andere Performance-optimierende Anpassungen vornehmen.

Die *Version Information* (Bild 1.34) bietet die Möglichkeit, der Applikation bzw. dem *Build* eine Versionsnummer zuzuweisen. Dabei ist es dem Benutzer freigestellt, ob er inkrementell erhöhte Versionen exportieren oder jeder Version eine eigene manuelle Nummer zuweisen will. Ebenfalls können hier Produktnamen, Kommentare und beschreibender Text hinzugefügt werden. Die weiteren Punkte kann man in vielen Fällen auf den Standardeinstellungen belassen.

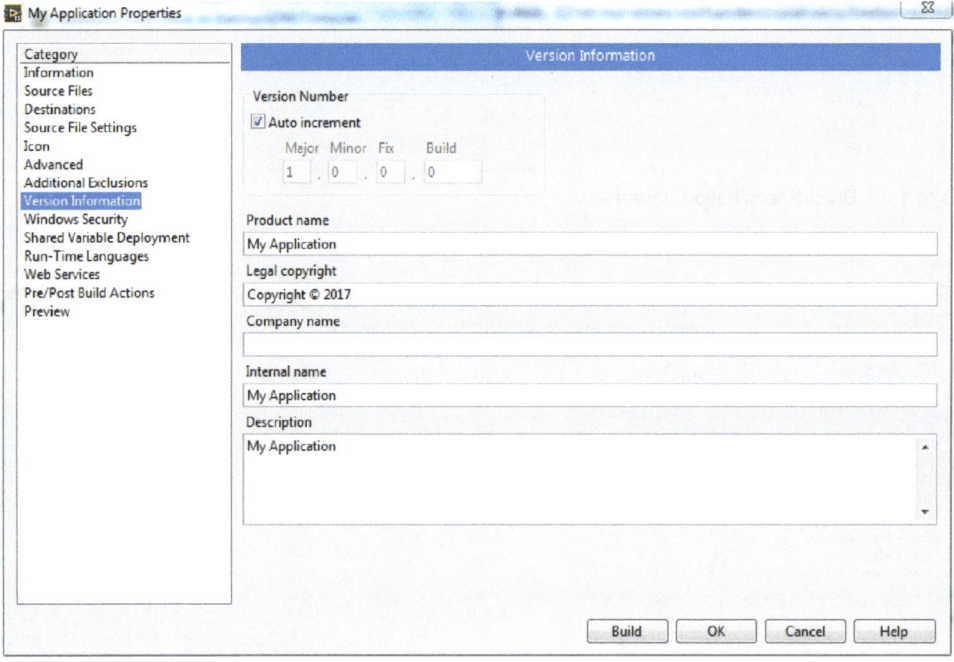

Bild 1.34 Build-Spezifikation: Version Information

Mit *Ok* wird der Dialog geschlossen. Das Projekt enthält nun einen Eintrag mit dem Namen der erstellten Build-Spezifikation. In Bild 1.35 hat sie den Standardnamen *My Application*.

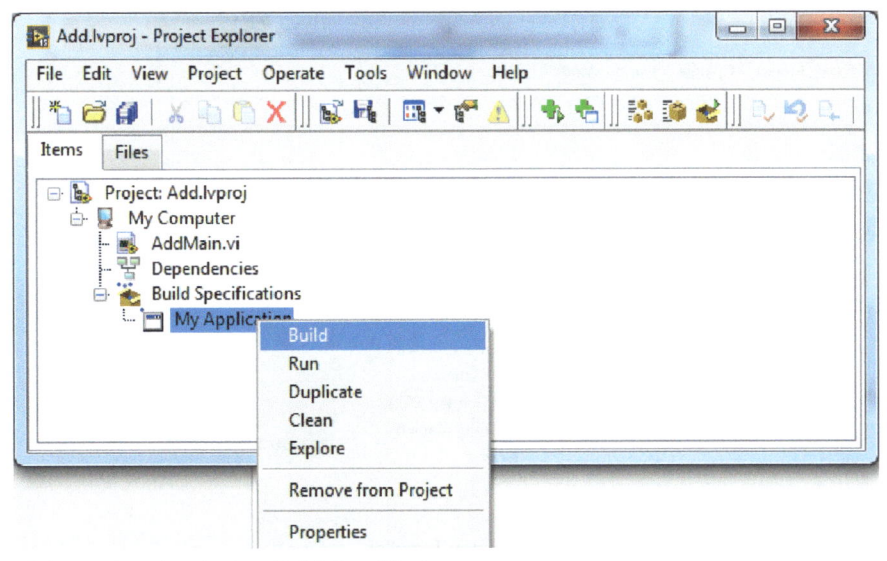

Bild 1.35 Projekt mit einer Build-Spezifikation

Mit einem Rechtsklick auf die Spezifikation und *Build* kann die Erstellung der ausführbaren Datei ausgelöst werden. Einige Sekunden später hat LabVIEW das EXE im definierten Verzeichnis erstellt. Da eine EXE für Benutzer erstellt wird, sind nur explizit gezeigte Frontpanels sichtbar, aber keine Blockdiagramme oder Frontpanels von SubVIs.

1.7.4 Erstellen von Installern

EXE-Dateien können auf Rechnern ausgeführt werden, auf denen bereits eine aktuelle LabVIEW *Runtime* installiert ist. Die *Runtime* kann kostenlos heruntergeladen und installiert werden, dies bedeutet jedoch einen zusätzlichen Aufwand.

Mit dem Erstellen eines *Installers* können alle zur Ausführung der Applikation benötigten Pakete auf einem beliebigen Rechner mitgeliefert und automatisch installiert werden, ohne dass der Benutzer noch zusätzliche Software installieren muss. Wie schon beim EXE-Programm muss auch für einen Installer eine Build-Spezifikation erstellt werden, welche sich sehr ähnlich konfigurieren lässt. Mit Rechtsklick auf *Build Specifications* → *New* → *Installer* wird eine neue Build-Spezifikation für einen Installer erstellt (Bild 1.36).

Das Konfigurationsfenster besitzt die gleiche Struktur wie dasjenige beim Erstellen einer Build-Spezifikation für ein EXE, allerdings noch ein paar Einträge mehr. Die meisten davon können auf den Standardeinstellungen belassen werden.

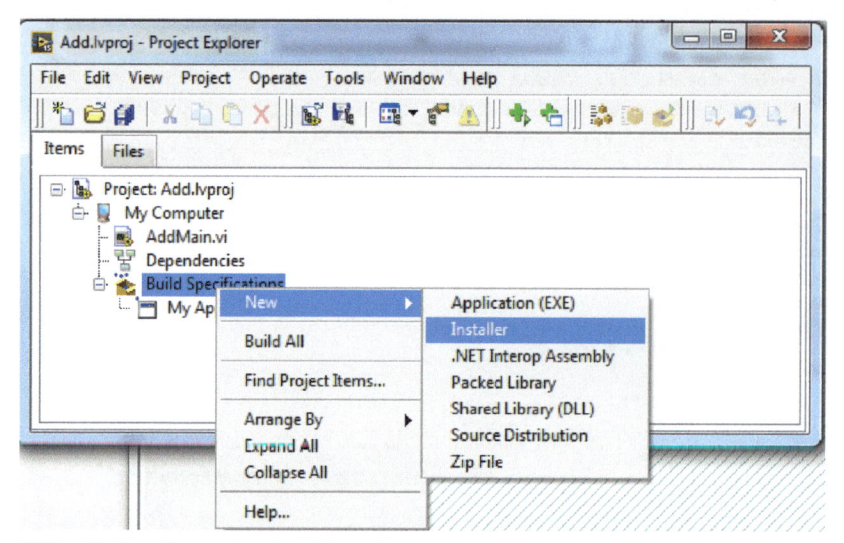

Bild 1.36 Erstellung einer Build-Spezifikation für einen Installer

Die Kategorie *Product Information* enthält den Namen der Build-Spezifikation, wie er im Projekt Explorer angezeigt wird, sowie den Produktnamen und das Verzeichnis, in der die Installationsfiles abgelegt werden sollen (Bild 1.37).

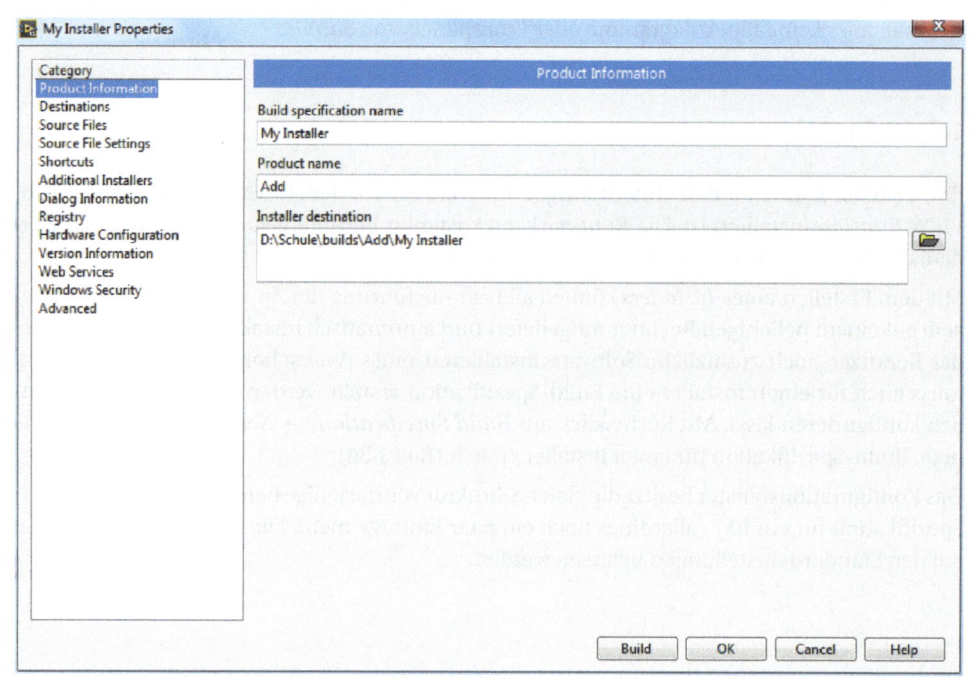

Bild 1.37 Build-Spezifikation: Product Information

Weiter wird unter *Destination* der Installationspfad ausgewählt, unter dem das Programm beim Start des Installers installiert wird. Es können hier auch neue Pfade erstellt werden. Per Standard wird eine LabVIEW-Applikation in den Ordner *Program Files* bzw. *Programme (x86)* installiert, je nach Sprache und Ausführung von Windows. Meist macht es Sinn, einen universellen Pfad (wie der in Bild 1.38 gezeigte Standardpfad) zu verwenden, vor allem wenn die Applikation auf mehreren, vielleicht leicht unterschiedlichen Zielsystemen installiert werden soll.

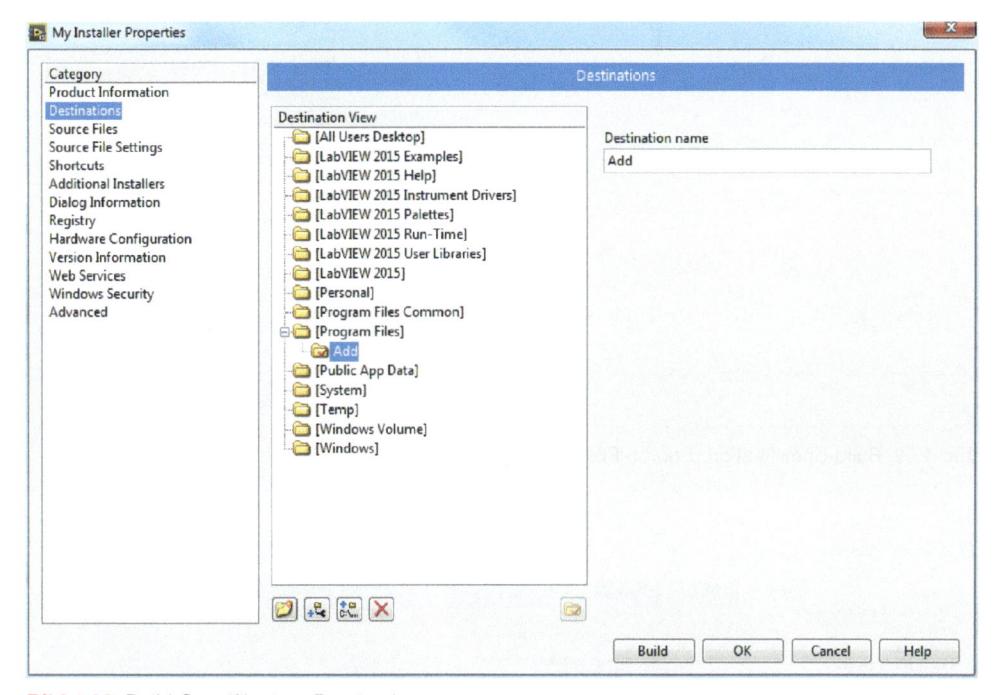

Bild 1.38 Build-Spezifikation: Destinations

Bei der Auswahl der *Source Files* kann das existierende EXE per Pfeil-Button nach rechts in die *Destination View* verschoben werden. Sie wird in den vorher ausgewählten Pfad kopiert und mit der Installation verknüpft (Bild 1.39). Unter *Shortcuts* kann man während der Installation für den Schnellzugriff Einträge im Startmenü und auf dem Desktop erstellen lassen.

Weiter gibt es die Kategorie *Additional Installers*. In der Regel ist die Checkbox *Automatically select recommended installers* gesetzt und die Liste der zusätzlichen Installer ausgegraut. LabVIEW entscheidet aufgrund der benutzten VIs und Funktionen, welche zusätzlichen Installer (z. B. cRIO Runtime für die Anbindung an cRIO-Module oder VISA für die Implementierung von seriellen Schnittstellen etc.) die Applikation benötigt und packt diese selbstständig in die Build-Spezifikation.

Will der Benutzer aus einem bestimmten Grund weitere Installer mitliefern, kann er dies tun, indem er die automatische Erkennung ausschaltet und manuell jedes zu installierende Paket anwählt, wie in Bild 1.40 dargestellt.

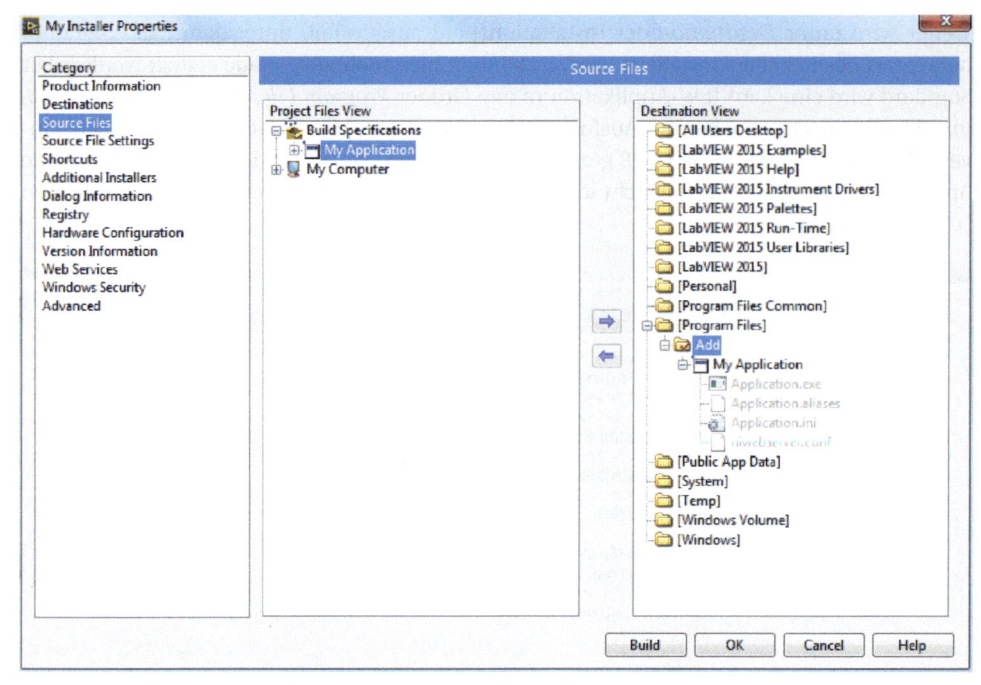

Bild 1.39 Build-Spezifikation: Source Files

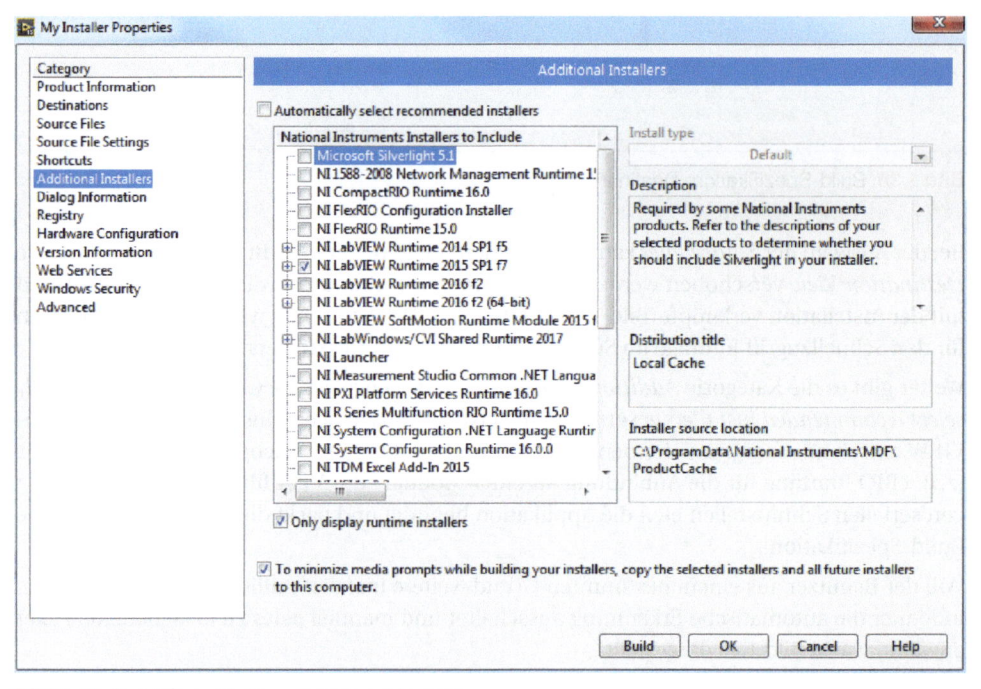

Bild 1.40 Build-Spezifikation: Additional Installers

Unter *Dialog Information* können dem Benutzer während der Installation Produktinformationen, ein Logo und Begrüßungstext angezeigt werden. In der Kategorie *Registry* können Einträge in der Registry eines Computers vorgenommen werden. Dies kann z. B. für die Lizenzierung von Applikationen eine Rolle spielen.

Hardware Configuration bietet die Möglichkeit, aus dem *Measurement & Automation Explorer* bestimmte Hardwarekonfigurationen zu übernehmen und mit der Installation auf den Zielrechner zu kopieren.

Die *Version Information* ist wie schon beim Erstellen der EXE dafür da, um Versionsnummern zu setzen und den Stand der Entwicklung zu überwachen. Auch hier kann dies automatisch bei jedem *Build* erfolgen, oder aber manuell, um größere Updates mit veränderter Versionsnummer anzuzeigen.

Web Services werden für internetfähige Applikationen benötigt, und Windows Security erlaubt das Hinzufügen von digitalen Signaturen. Unter *Advanced* kann die Mindestanforderung an das Windows-Betriebssystem definiert werden. Die Spezifikation wird mit *Ok* beendet und erscheint wie schon das EXE im LabVIEW Projekt Explorer als Installer (Bild 1.41).

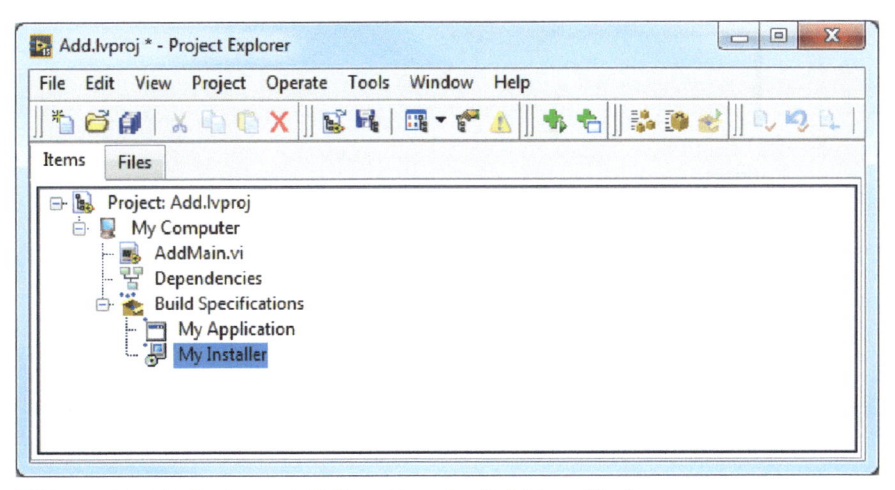

Bild 1.41 Projekt Explorer mit EXE und Installer-Build-Spezifikationen

Mit einem Rechtsklick auf *Build Specifications* kann die Erstellung der Installationsfiles ausgelöst werden. Je nachdem, welche Pakete integriert werden müssen, kann dies einige Sekunden bis Minuten in Anspruch nehmen. Danach sind die Dateien unter dem angegebenen Ordner verfügbar.

■ 1.8 Tipps und Tricks beim Arbeiten mit LabVIEW

Beim Arbeiten mit LabVIEW kann man mit einigen kleinen Tricks schnell viel Entwicklungszeit einsparen. Anstatt umständlich viele Klicks zur Konfiguration eines Elements auszuführen, stehen manchmal wesentlich einfachere und schnellere Varianten zur Verfügung, die im Folgenden vorgestellt werden.

Erstellen von Controls, Indicators und Konstanten mit dem korrekten Datentyp

Müssen aus einem Wire oder einem Anschluss ein Control, Indicator oder eine Konstante erstellt werden, muss nicht erst mittels Palette das entsprechende Element erstellt und der Datentyp definiert werden. Einfacher geht es, wenn man direkt mit *Rechtsklick → Create → Constant/Control/Indicator* das entsprechende Element mit dem richtigen Datentyp erstellt (Bild 1.42).

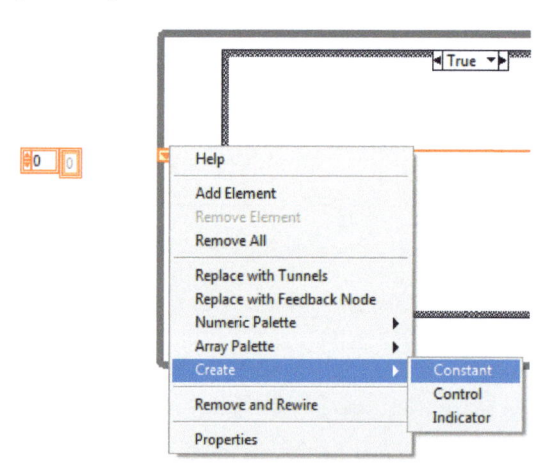

Bild 1.42 Das Erstellen von Elementen und Konstanten

Einfügen von Bausteinen in bestehende Wires

Wenn eine Funktion in ein Wire eingefügt werden muss, wird das Wire normalerweise gelöscht, die Funktion in der Palette geholt und wieder neu verbunden. Einfacher geht es, wenn mit einem Rechtsklick auf das Wire und *Insert* gerade aus den vorgeschlagenen Paletten die Funktion eingefügt wird. LabVIEW übernimmt die Neuverdrahtung automatisch.

Generelle Shortcuts (Auszug)

In der Tabelle 1.8 sind einige der am häufigsten verwendeten Tastenkombinationen mit einer kurzen Beschreibung deren Funktionalität aufgelistet.

Vollständige Shortcut-Listen finden sich im Online-Manual der jeweiligen LabVIEW-Version.

Tabelle 1.8 Gebräuchliche Shortcuts

Shortcut	Beschreibung
Ctrl + E	Wechsel zwischen Frontpanel und Blockdiagramm
Ctrl + B	Automatisches Löschen aller gebrochenen Wires
Shift + Rechtsklick	Ansicht eines temporären *Tools Palette* Fensters
Ctrl + T	Teilung des Bildschirms in Frontpanel und Blockdiagramm
Ctrl + Mausrad	Durchblättern (scrollen) der Cases von Case- und Eventstrukturen
Ctrl + Maus drag	Kopie eines Elements (Frontpanel, Blockdiagramm) – durch Ctrl + Drag & Drop mit der linken Maustaste wird das Element kopiert und ein weiteres Mal platziert
Shift + Mausclick	Selektion von mehreren Elementen und Bausteinen
Pfeiltasten	Verschieben von Objekten und Wires um ein Pixel
Shift + Pfeiltasten	Verschieben von Objekten und Wires um mehrere Pixel

Quick Drop (Schnelleinfügeleiste)

Das Quick Drop-Fenster ermöglicht dem Benutzer die schnelle, textuelle Suche nach einer Funktion, ohne dass er dafür die Paletten absuchen muss. Ist es zum Beispiel recht mühsam, den Sinusbaustein *Sine* aus der Palette *Mathematics → Elementary → Trigonometric → Sine* auszugraben, kann die Funktion mit minimalem Aufwand per *Quick Drop* platziert werden.

Öffnen lässt sich das Fenster mit Ctrl + Space. Es enthält zu Beginn die Auflistung sämtlicher LabVIEW-Funktionen in alphabetischer Reihenfolge geordnet (Bild 1.43, links). Mit dem Eintippen eines Stichworts reduziert sich die Anzahl der Funktionen auf diejenigen, die das Suchwort beinhalten. Die gesuchte Funktion kann mit den Pfeiltasten (oder der Maus) angewählt (Bild 1.43, rechts) und mit *Enter* direkt platziert werden.

Auch eigene VIs des aktuellen Projekts erscheinen in der *Quick Drop* Liste und können so platziert werden, ohne sie aus dem Projekt Explorer per Drag & Drop heraus zu ziehen.

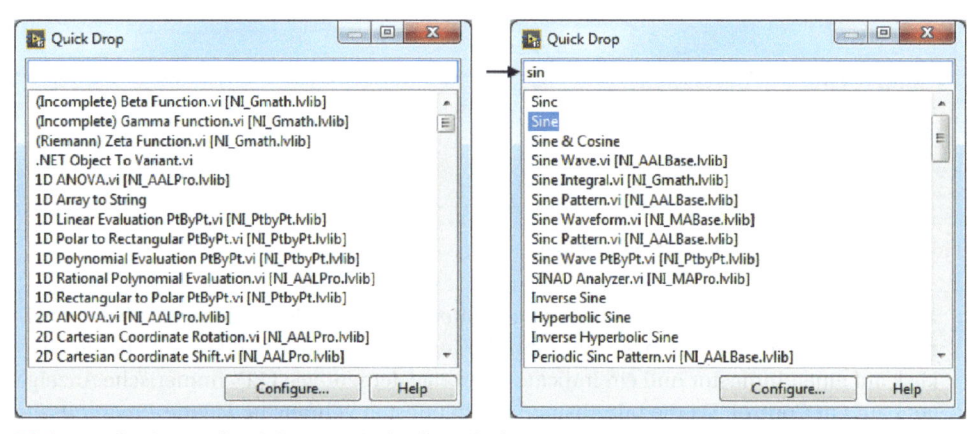

Bild 1.43 Suche mit Quick Drop nach der Sinusfunktion

> **Aufgabe 1.4: Berechnung eines Tiefpassfilters**

> **Aufgabe 1.5: Veloschloss**

■ 1.9 Übungsaufgaben

Aufgabe 1.1: Sichtbare Paletten

a) Ordnen Sie die sichtbaren Paletten des Frontpanels (Bild 1.44) so an, dass *Silver* und *Modern* zuoberst in der Liste auftauchen. Sorgen Sie mit *Customize* dafür, dass zu Beginn des Palettenaufrufs nur diese zwei Paletten sichtbar sind (*Change Visible Palettes*).

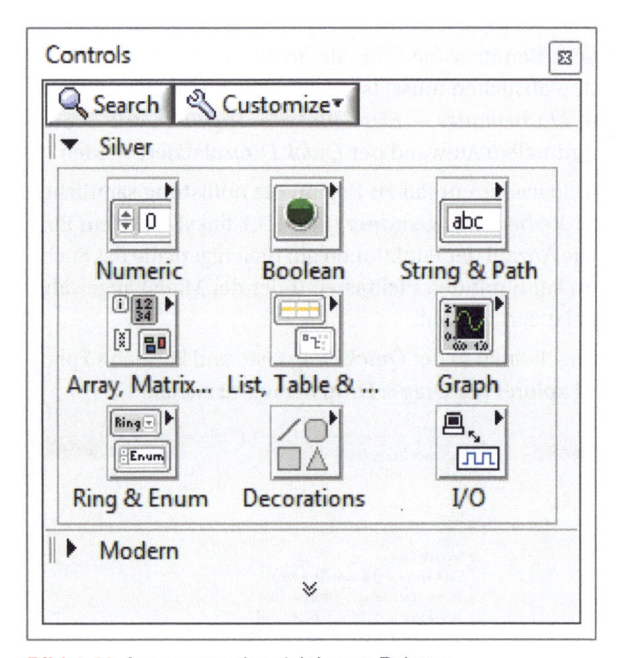

Bild 1.44 Anpassung der sichtbaren Paletten

b) Machen Sie sich mit den verschiedenen Elementen vertraut, indem Sie aus allen Paletten einige Controls setzen. Ändern Sie ein Control (Eingabeelemente wie Taster etc.) per Rechtsklick auf einen Indicator und ein Indicator (Anzeigeelement wie LED, numerische Anzeige etc.) auf ein Control. Da die mit Abstand am häufigsten gebrauchte Palette *Programming* im Blockdiagramm schon zuoberst erscheint, müssen Sie hier die Reihenfolge nicht ändern. Blenden Sie die Palette *Express* aus.

Aufgabe 1.2: Fragen zur Entwicklungsumgebung

a) Wie kann ich eine bestehende Datei unter einem anderen Namen speichern?
b) Wie kann ich ein geöffnetes VI laufen lassen?
c) Gibt es auch eine Online-Hilfe? Wo finde ich diese?
d) Wo finde ich die Werkzeug- und Funktionspaletten?
e) Wie kann ich schnell vom Frontpanel auf das Blockdiagramm umschalten?
f) Was macht die Kontexthilfe und wie öffne ich diese?
g) Wo finde ich einen Schiebeschalter als Bedienelement?
h) Meine Applikation ist „hängen geblieben". Wie kann ich diese beenden?
i) Kann ich die Schriftgröße und die Schriftart verändern? Wo werden diese Einstellungen vorgenommen?
j) Wie kann ich ein Projekt mit mehreren VIs verschieben, ohne dass Probleme mit Abhängigkeiten und verlinkten Files entstehen?

Aufgabe 1.3: Projekt Explorer

Öffnen Sie die Vorlage LabVIEW *Project.lvproj* und darin das *Main.vi*. Starten Sie das VI und testen Sie die Funktionen. Stoppen Sie das VI mit dem entsprechenden *Stop*-Button. Nun öffnen Sie das Blockdiagramm und sehen sich die verschiedenen Events an, welche je ein SubVI beinhalten. Wie Ihnen vielleicht aufgefallen ist, beinhaltet das Projekt aber lediglich ein einziges VI, das *Main.vi*. Sorgen Sie dafür, dass die File-Struktur im Projekt Explorer sowie im File-System ihres Rechners entsprechend geordnet wird.

a) Rechtsklicken Sie auf *My Computer* im Projekt Explorer und wählen Sie *Add → File...* Wählen Sie die VIs *Add.vi*, *Sub.vi*, *Multi.vi* und *Div.vi* aus. Danach sollten ihre VIs, wie in Bild 1.45 abgebildet, im Projektbaum erscheinen.

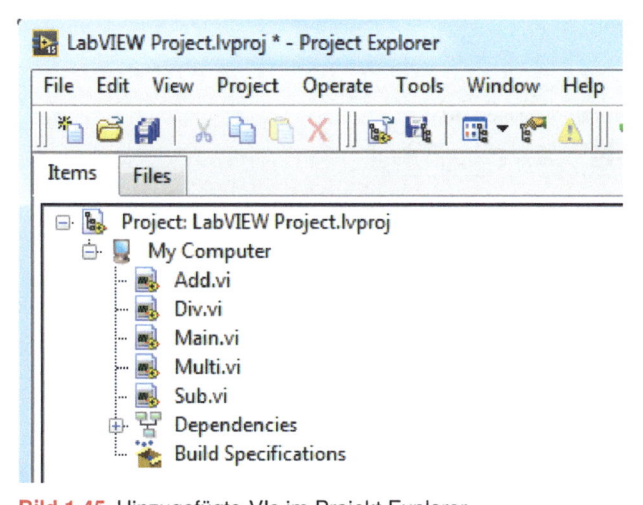

Bild 1.45 Hinzugefügte VIs im Projekt Explorer

b) Da es der Übersicht nicht gerade zuträglich ist, wenn alle SubVIs auf der obersten Ebene erscheinen, soll jetzt ein neuer virtueller Ordner erstellt werden. Rechtsklicken Sie auf *My Computer* und dann auf *New → Virtual Folder*. Benennen Sie SubVIs und verschieben Sie dann per Drag & Drop innerhalb des Projekt Explorers die SubVIs (alle außer *Main.vi*) in diesen Ordner (Bild 1.46).

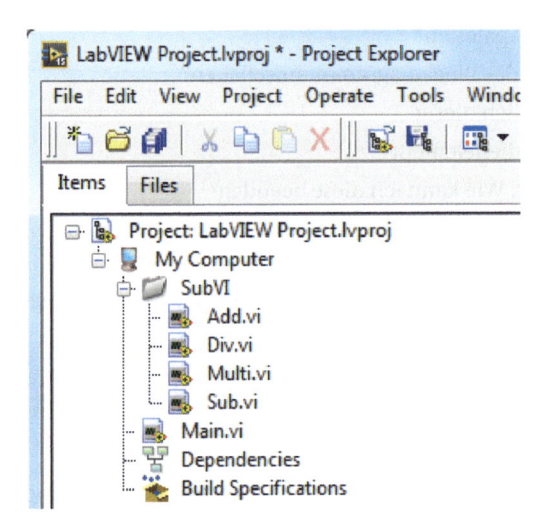

Bild 1.46 Verschiebung von SubVIs in einen virtuellen Ordner

c) Machen Sie aus dem virtuellen Ordner einen Autopopulating-Ordner mit Rechtsklick und *Convert to Autopopulating Folder*. Wählen sie den Ordner *SubVI*, der bereits existiert, aber leer ist. Sie werden merken, dass die SubVIs wieder in die oberste Hierarchieebene rutschen, da der Ordner *SubVI* leer ist.

d) Öffnen Sie jede der SubVIs einzeln und speichern Sie diese mit *File → Save As* und *Rename – rename file on disk* im bereits vorhandenen Ordner SubVIs (Ordner im Filesystem). Im Projekt Explorer werden die SubVIs danach auch im Autopopulating-Ordner, wie im Bild 1.47 dargestellt, angezeigt.

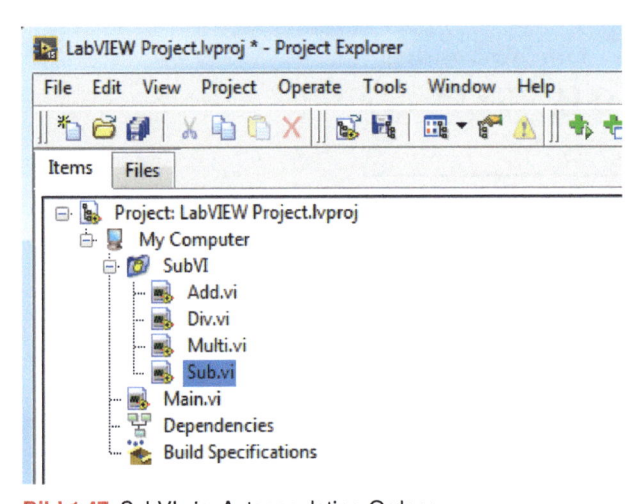

Bild 1.47 SubVIs im Autopopulating-Ordner

Aufgabe 1.4: Berechnung eines Tiefpassfilters

Erstellen Sie in LabVIEW ein VI, mit welchem ein RC-Tiefpassfilter berechnet werden kann.
Dazu folgende Details:

Eingaben: R (Ω)   Genauigkeit: 1 Stelle
           C (µF) Genauigkeit: 1 Stelle
Ausgabe: fg (Hz) Genauigkeit: 2 Stellen
Formel: $f_g = \frac{1}{2 \times \pi \times R \times C}$

Nach der Eingabe eines R- und C-Werts mittels der Controls *Widerstand R (Ohm)* und *Kapazität C (uF)* auf dem Frontpanel (Bild 1.48) kann das Programm durch den *Run*-Button gestartet werden. Dadurch wird die Berechnung einmalig ausgeführt und das Ergebnis angezeigt. Verwenden Sie Labels der Bedien- und Anzeigeelemente für die Dokumentation sowie freien Text im Blockdiagramm, mit dem Sie die Funktion beschreiben.

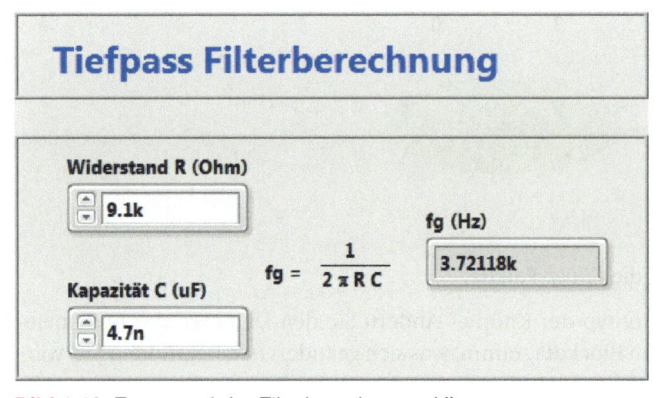

Bild 1.48 Frontpanel der Filterberechnungs-VIs

a) Ändern Sie die folgenden Eigenschaften der Bedien- und Anzeigeelemente mit der *Tools*-Palette:
   - Schriftgröße
   - Schriftart
   - Ausrichtung der Schrift links, zentriert, rechts
   - Farbe der Schrift
   - Objekt-Hintergrundfarbe
   - Objekt-Rahmenfarbe
   - Anzahl der Nachkommastellen
   - von *Double-Zahl* nach *Unsigned Integer*

b) Organisieren Sie die Funktion nachträglich in einem LabVIEW Projekt.

Aufgabe 1.5:   Veloschloss

Legen Sie ein neues LabVIEW-Projekt an, erstellen Sie ein neues VI und programmieren Sie ein virtuelles Zahlenschloss, bei dem Sie mit vier Knöpfen eine Zahlenkombination eingeben können. Stimmt die Kombination mit einer im Blockdiagramm eingestellten 4-stelligen Konstanten überein (z. B. 4895), leuchtet die normalerweise rote LED grün auf und trägt die Beschriftung *geknackt*, wie in Bild 1.49 dargestellt. Starten Sie das VI mit dem Button *Run Continuously*.

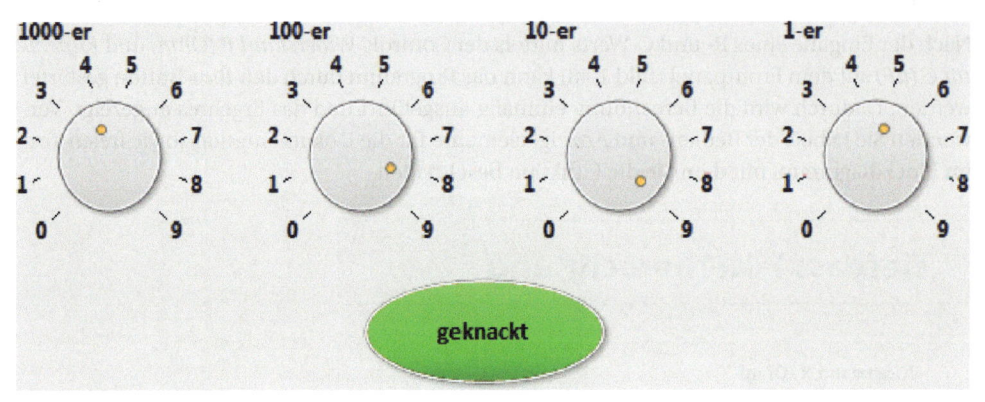

Bild 1.49 Veloschloss: Frontpanel

Verwenden Sie für die Elemente die *Silver*-Palette.

a) Was ist der vordefinierte Datentyp der Knöpfe? Ändern Sie den Datentyp der Bedienelemente und kontrollieren Sie im Blockdiagramm, was sich geändert hat. Begründen Sie, warum diese Änderung zustande gekommen ist.

b) Welcher Datentyp oder welche Datentypen eignen sich grundsätzlich nicht für diese Anwendung?

c) Der zu knackende Code soll nun nicht mehr im Blockdiagramm als Konstante hinterlegt werden, sondern auf dem Frontpanel als numerisches Control für den Benutzer sichtbar sein. Der Benutzer soll also seinen Code selbst definieren können. Verhindern Sie, dass man dieses Zahlen außerhalb des Bereichs der Schloss-Kombination 0…9999 wählen kann.

2 Grundlegende Konzepte

In diesem Kapitel werden die grundlegenden Konzepte der grafischen Programmierung mit LabVIEW erläutert. Diese unterscheiden sich signifikant von den Konzepten der meisten anderen z. B. textbasierten Programmiersprachen.

2.1 Datenfluss

Als grafische Programmiersprache unterscheidet sich LabVIEW wesentlich von textuellen und sequenziellen Programmiersprachen. Auch bezüglich des Ablaufs der Befehle und Operationen gibt es signifikante Unterschiede. Während textuell programmierte Anwendungen immer Zeile für Zeile abgearbeitet werden, richtet sich der Ausführungsablauf von LabVIEW nach dem sogenannten Datenfluss.

Dies bedeutet nichts anderes, als dass eine Knoten/VI/Operation erst ausgeführt werden kann, wenn an allen Eingängen des Knotens Daten anliegen. Als Beispiel dient eine einfache Funktion mit zwei mathematischen Operationen (Bild 2.1), welche aufgrund des Datenflussgesetzes nacheinander ausgeführt werden.

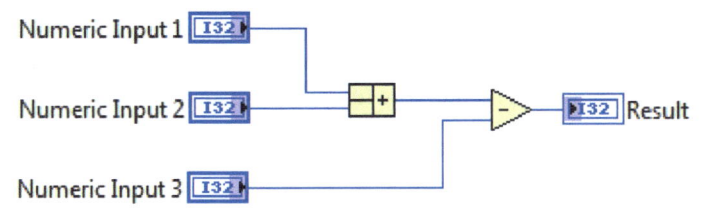

Bild 2.1 Datenfluss anhand einer einfachen mathematischen Funktion

Der obere Eingang der Minus-Funktion ist abhängig vom Ausgang der Plus-Funktion und wird erst einen gültigen Wert erhalten, wenn die Plus-Funktion beendet wurde. Dementsprechend kann im vorliegenden Beispiel die Minus-Funktion niemals vor der Plus-Funktion ausgeführt werden. Zwei Leitsätze fassen das Prinzip des Datenflusses zusammen:

1. Ein Knoten wird erst beim Anliegen sämtlicher Eingangsdaten ausgeführt.
2. Ausgangswerte werden erst nach dem Ausführungsende des Knotens ausgegeben.

Ein weiteres Beispiel ist in Bild 2.2 aufgezeigt. Hier bestehen einige Knoten zum Teil aus kompletten VIs, welche wiederum eine eigene Funktionalität beinhalten. Ein VI stellt seine Ausgänge ebenso wie ein einfacher Knoten, z. B. eine Addition, erst bereit, wenn das VI vollständig abgearbeitet wurde. So kann *VI 2* erst ausgeführt werden, wenn alle Eingangswires (pink, braun, blau) Daten geliefert haben, was wiederum bedingt, dass *VI 1* bereits ausgeführt wurde und somit Daten an dessen Ausgang verfügbar sind und durch die braune Verbindung an den Eingang von *VI 2* weitergeleitet wurden. *VI 3* wiederum kann erst ganz am Schluss ausgeführt werden, da es Werte des Ausgangs von *VI 2* benötigt.

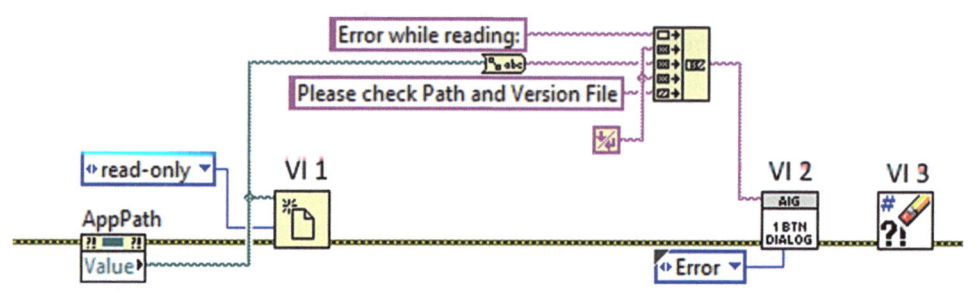

Bild 2.2 Datenflussprinzip in einem VI

Best Practice: Datenfluss und Wiring

Die grafische Programmierung macht es nötig, dass man sich insbesondere bei größeren VIs mit vielen Unterfunktionen Gedanken über die Lesbarkeit des Blockschaltbilds machen muss. Da gemäß Datenflussprinzip die Daten generell von links nach rechts weitergegeben werden, sollte dies auch im Wiring berücksichtigt werden.

Kreuzungen von Leitungen sind nicht zu vermeiden, sollten aber immer auf ein Minimum beschränkt sein. Ebenfalls sollte darauf verzichtet werden, Leitungen nicht sichtbar hinter Funktionsblöcken, Strukturen oder anderen Wires hindurch zu führen (Bild 2.3), da dies die Nachvollziehbarkeit der Signale erschwert.

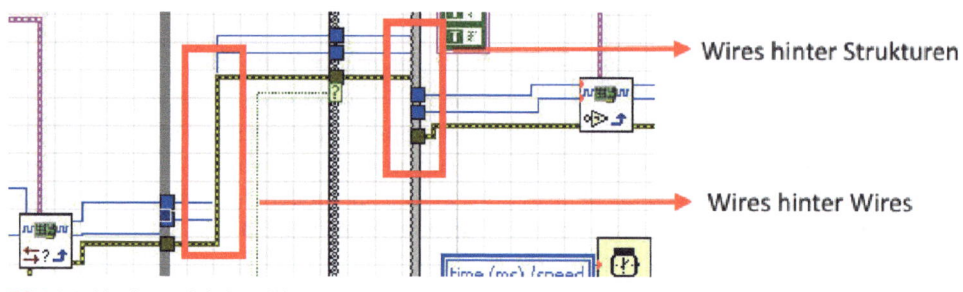

Bild 2.3 Unübersichtliches Wiring

Weiter zu beachten ist, dass Leitungen nicht von rechts nach links laufen sollten. Eine Verletzung der verschiedenen Datenflussregeln (Bild 2.4) hat zwar funktional keine Auswirkungen, zeugt aber von einem schlechten Programmierstil und erschwert die Übersichtlichkeit des Programmcodes unnötig.

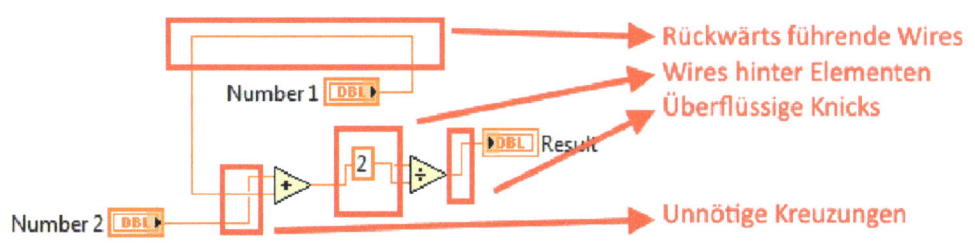

Bild 2.4 Verschiedene Verletzungen der Datenflussregeln

Die gleiche Funktion unter Berücksichtigung der Datenflussregeln ist in Bild 2.5 deutlich übersichtlicher dargestellt.

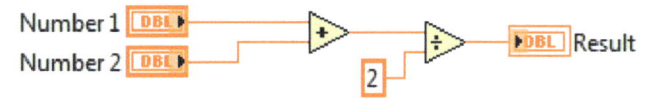

Bild 2.5 Programmierung nach Datenfluss

Aufgabe 2.1: Datenfluss

2.2 Datentypen

Wie in allen Programmiersprachen unterscheidet auch LabVIEW eine Anzahl unterschiedlicher Datentypen. Bei der Unterscheidung geht es hauptsächlich darum, für jede Anwendung den optimalen Datentyp zu verwenden und nicht mit der Wahl unnötig Speicherplatz zu verschwenden.

2.2.1 Numerische Datentypen

Innerhalb der numerischen Datentypen werden folgende Formate unterschieden:
- *Integer:* vorzeichenlos, ganzzahlig, blau dargestellt (U8…U64)
- *Integer:* vorzeichenbehaftet, ganzzahlig, blau dargestellt (I8…U64)
- *Fließkommazahlen:* orange dargestellt (SGL, DBL, EXT)
- *Fixkommazahlen:* grau dargestellt (FXP)
- *Komplexe Zahlen:* orange dargestellt (CSG, CDB, CXT)

Controls, Indicators oder Konstanten können mittels Rechtsklick auf *Representation* (Bild 2.6) von einem Datentyp in einen anderen umgewandelt werden. Die Farbe passt sich entsprechend dem Datentyp an.

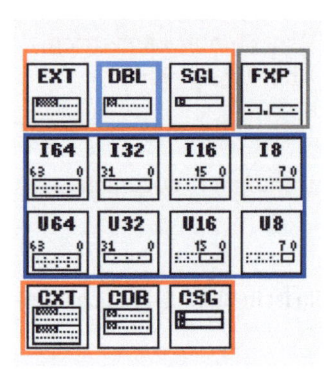

Bild 2.6 Numerische Datentypen

Vorzeichenlose Datentypen

Unsigned Integer Zahlen (U8, U16, U32, U64) bestehen aus den natürlichen Zahlen. Sie besitzen somit kein Vorzeichen und keine Kommastellen, beginnen bei 0 (Null) und enden bei $2^x - 1$. Bei U8 ist das beispielsweise $2^8 - 1$, also der Wertebereich {0...255}. Diese Zahlen werden häufig für Aufzählungen gebraucht, als Enumeratoren und als Zählvariablen. Die Nummernbezeichnung des Typs ist gleichbedeutend mit dem Platz (in Bit), der für die Speicherung der Zahl benötigt wird. Tabelle 2.1 zeigt die Wertebereiche der verschiedenen vorzeichenlosen, ganzzahligen Datentypen.

Tabelle 2.1 Wertebereiche von vorzeichenlosen Integer-Zahlen

Typ	Wertebereich
U8	0...255
U16	0...65'535
U32	0...4.2949E9
U64	0...18.4467E18

Vorzeichenbehaftete Datentypen

Signed Integer (I8, I16, I32, I64) sind ebenfalls ganzzahlig, aber vorzeichenbehaftet. Sie beginnen bei -2^{x-1} und enden bei $2^{x-1} - 1$. Für I8 bedeutet das beispielsweise den Wertebereich von $-2^7 ... 2^7 - 1$, also den Bereich {−128...127}. Auch bei vorzeichenbehafteten Zahlen bedeutet die Nummer des Datentyps den Speicherbedarf in Bit. Bei I16 werden also 16 Bit bzw. 2 Bytes benötigt. Tabelle 2.2 zeigt den Wertebereich der verschiedenen vorzeichenbehafteten, ganzzahligen Datentypen.

Tabelle 2.2 Wertebereiche von Integer-Zahlen mit Vorzeichen

Typ	Wertebereich
I8	−128…127
I16	−32'768…32'767
I32	−2.147E9 ··· +2.147E9 (gerundet)
I64	−9.223E18…9.223E18 (gerundet)

Fließkommazahlen

Mit Fließkommazahlen können Zahlen mit sehr hoher Genauigkeit dargestellt werden. Allerdings ist der Speicherbedarf höher als bei *Integer*. In der Regel ist das allerdings auf moderner Hardware kaum ein Problem, weshalb ein DBL *(Double Precision Floating Point)* mit einem Speicherbedarf von 64 Bit als Standard-Datentyp von LabVIEW definiert ist. Für Anwendungen mit höherer Genauigkeit kommen selten auch die Datentypen EXT für *Extended Precision*, für Aufgaben mit tieferer Genauigkeit SGL für *Single Precision* zur Anwendung.

Fixkommazahlen

Bei Fixkommazahlen muss der Benutzer seinen eigenen Wertebereich und eigene Genauigkeit definieren. Das Vorzeigen kann ebenfalls gewählt werden. Dieser Datentyp wird in der Praxis nur bei Echtzeit-Systemen und Anwendungen verwendet, bei denen sehr genau mit dem Speicherbedarf kalkuliert werden muss.

Komplexe Zahlen

Dabei handelt es sich um eine eher seltene Verwendung von komplexen Zahlen (0 + 0i). Auch hier werden die Typen in *Single*, *Double* und *Extended Precision* unterteilt, was wiederum Auswirkung auf den Speicherbedarf der komplexen Zahl hat.

Best Practice bei ganzzahligen Datentypen

Bei allen ganzzahligen Datentypen ist immer auf einen möglichen Überlauf zu achten. Wenn z. B. eine Zahl mit dem Wertebereich von U16 mit einer anderen U16-Zahl addiert wird, kann es durchaus vorkommen, dass die Summe höher ausfällt als im Werteberich U16 darstellbar. Hier findet ein Überlauf statt, das heißt, der Wertebereich wird überschritten, und es wird von Null wieder begonnen. Das Ergebnis ist somit falsch. Das Gleiche kann passieren, wenn eine Integer-Zahl in eine Integer-Zahl mit kleinerem Wertebereich (z. B. I32 nach U8) konvertiert wird.

Überläufe werden in LabVIEW nicht gemeldet und müssen durch den Benutzer mittels Wahl eines geeigneten Datentyps und/oder eigenen Mechanismen abgefangen werden.

> LabVIEW verwendet als Standard immer die numerischen Datentypen *DBL* und *I32*.

Darstellung numerischer Datentypen

Die Darstellung erfolgt im Frontpanel wie in Bild 2.7 immer als Control (Eingabeelement) oder Indicator (Ausgabeelement). Konstanten werden nur im Blockdiagramm angezeigt, da sie keine Schnittstellenfunktion zum Benutzer oder zu übergeordneten VIs übernehmen.

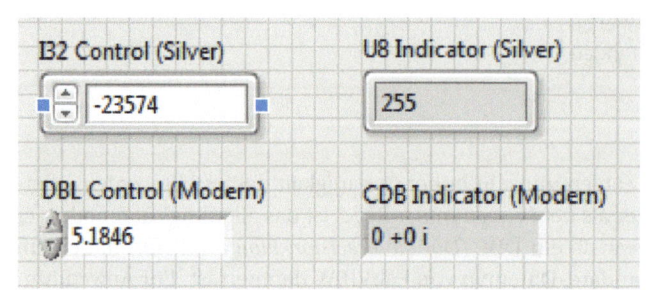

Bild 2.7 Numerische Datentypen als Control/Indicator im Frontpanel

Wie in Bild 2.8 zu sehen ist, kann der Datentyp aufgrund der Farbe und der Kennzeichnung im Blockdiagramm direkt erkannt werden. Im Frontpanel muss der Datentyp bei Bedarf über *Rechtsklick → Representation* abgefragt werden. Mit dieser Methode ist es auch möglich, den Datentyp zu ändern.

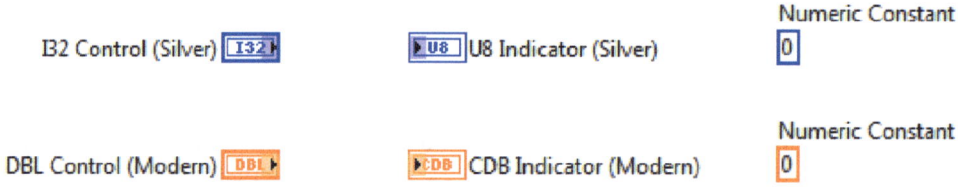

Bild 2.8 Numerische Datentypen im Blockdiagramm

Typkonvertierung innerhalb numerischer Datentypen

Werden numerische Datentypen miteinander verrechnet, müssen sie zuerst dem gleichen Datentyp entsprechen. Bei einfachen mathematischen Operationen wie Plus/Minus kann durchaus mit ganzzahligen Typen operiert werden. Hierbei muss allerdings darauf geachtet werden, ob die Operation negative Zahlen zur Folge haben könnte, wie am Beispiel in Bild 2.9 zu sehen ist.

Sobald eine etwas aufwändigere Rechenoperation wie beispielsweise eine Division verlangt wird, wird das Ergebnis automatisch als DBL-Fließkommazahl ausgegeben, auch wenn beide Eingänge mit ganzzahligen Typen gespeist werden.

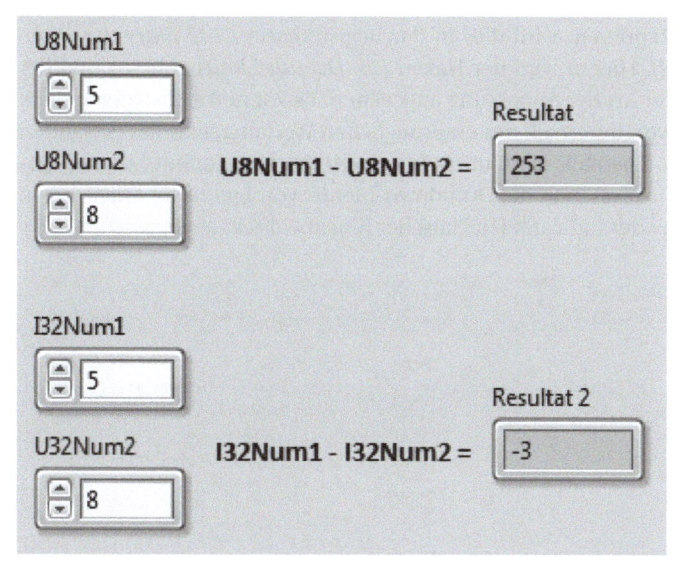

Bild 2.9 Subtraktion mit Überlauf (U8, oben) und korrekt ausgeführt (I32, unten)

Bild 2.10 Typumwandlung automatisch und manuell

Wie in Bild 2.10 links anhand der beiden roten Typumwandlungspunkte ersichtlich ist, wandelt LabVIEW beide ganzzahligen Datentypen bereits vor der Division in den passenden Datentyp um (per Default in DBL). Diese automatische Typumwandlung ist in den meisten Fällen nicht erwünscht, da sie sich der Kontrolle durch den Programmierer entzieht. Besser ist, wenn die Konvertierung manuell mit den entsprechenden Bausteinen vorgenommen wird (Palette *Numeric → Conversion*). Somit muss sich der Programmierer selbst Gedanken über Umwandlung und mögliche Typkonflikte machen und kann verhindern, dass fehlerhafte Konvertierungen vorgenommen werden.

> Typumwandlungen sollten wenn möglich immer manuell vorgenommen werden.

Eigenschaften numerischer Datentypen

Mit *Rechtsklick → Properties* ruft man das Eigenschaften-Fenster eines Controls oder Indicators auf (sowohl im Blockdiagramm als auch im Frontpanel). Damit lassen sich Eigenschaften individuell festlegen. Soll ein Control z. B. eine numerische Balkenanzeige als Datentyp

U8 nur Werte von 0...100 akzeptieren, wird dies in der Registerkarte *Data Entry* der *Properties* definiert (Bild 2.11, links). Hierzu wird der Haken *Use Default Limits* entfernt und der neue Wertebereich inklusive der Art der Anpassung angegeben. Es können selbstverständlich nur Minimum und Maximumwert innerhalb des ursprünglichen Wertebereichs des gewählten Datentyps eingegeben werden. Ebenfalls kann unter *Increment* das kleinste Intervall angegeben werden (z. B. bei DBL 0.1). Wenn man die Dropdown-Menüs von *Ignore* auf *Coerce* setzt, werden die Werte des Controls oder Indicators bei falscher Eingabe direkt angepasst.

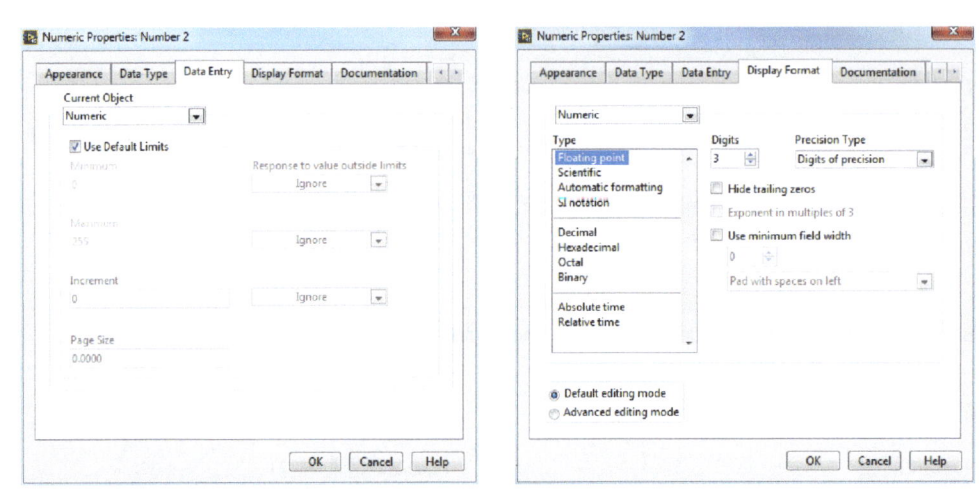

Bild 2.11 Data Entry (links) und Display Format (rechts) des Fensters Properties

Unter der Registerkarte *Display Format* wird eingestellt, wie die Zahl auf dem Frontpanel-Element dargestellt werden soll. Vordefinierte Formatierungen im Fenster *Type* können zusätzlich noch individuell verändert werden, indem z. B. Exponenten immer als Vielfaches von 3 angezeigt werden oder zwischen der totalen Anzahl an Stellen der Zahl und der Anzahl an Nachkommastellen umgeschaltet wird. Bild 2.12 zeigt verschiedene Darstellungsarten der gleichen Integer-Zahl.

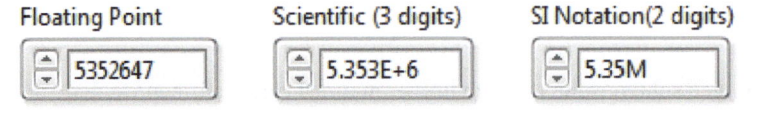

Bild 2.12 Anzeige-Format eines numerischen Elements

Weitere Darstellungsarten numerischer Elemente

Numerische Elemente können im Frontpanel nicht nur als Zahlenanzeige vorkommen, sondern auch als *Balkenanzeige, Slider* oder *Meter*. In Bild 2.13 ist eine kleine Auswahl an Controls und Indicators aus der Palette *Silver* zu sehen.

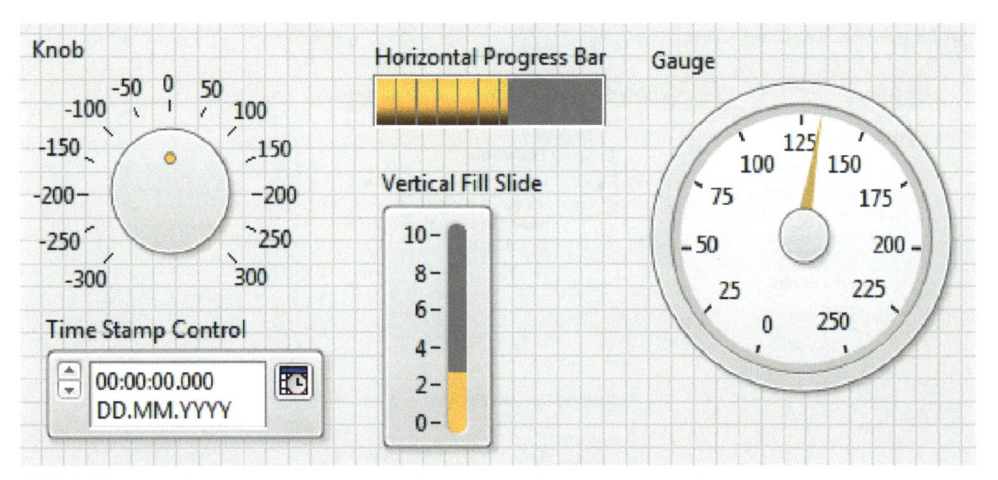

Bild 2.13 Darstellungsarten numerischer Elemente auf dem Frontpanel

2.2.2 Boolean

Boolesche Datentypen können nur die Werte TRUE und FALSE annehmen und sind in LabVIEW mit grüner Farbe gekennzeichnet. In den Paletten bestehen vielerlei verschiedene Darstellungsarten für boolesche Controls und Indicators. Allerdings spielt die Darstellungspalette auf dem Blockdiagramm wiederum keine Rolle, wie Bild 2.14 zeigt. Es wird nur zwischen Control, Indicator oder Konstante unterschieden.

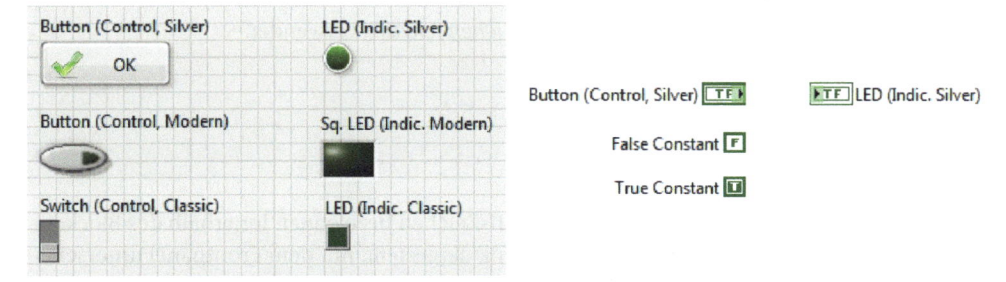

Bild 2.14 Boolesche Elemente verschiedener Paletten: Frontpanel (links), Blockdiagramm (rechts)

Wichtig ist es, zu definieren, ob ein boolesches Control als *Latch* (Taster) oder *Switch* (Schalter) funktionieren soll (Bild 2.15). Dieses Schaltverhalten wird in den Eigenschaften des Controls unter dem Reiter *Operation* definiert (Rechtsklick auf *Properties*) (Bild 2.15). Die gleiche Auswahl kann (nur im Frontpanel) auch direkt ohne das Properties-Fenster getroffen werden mittels Rechtsklick auf *Mechanical Action*.

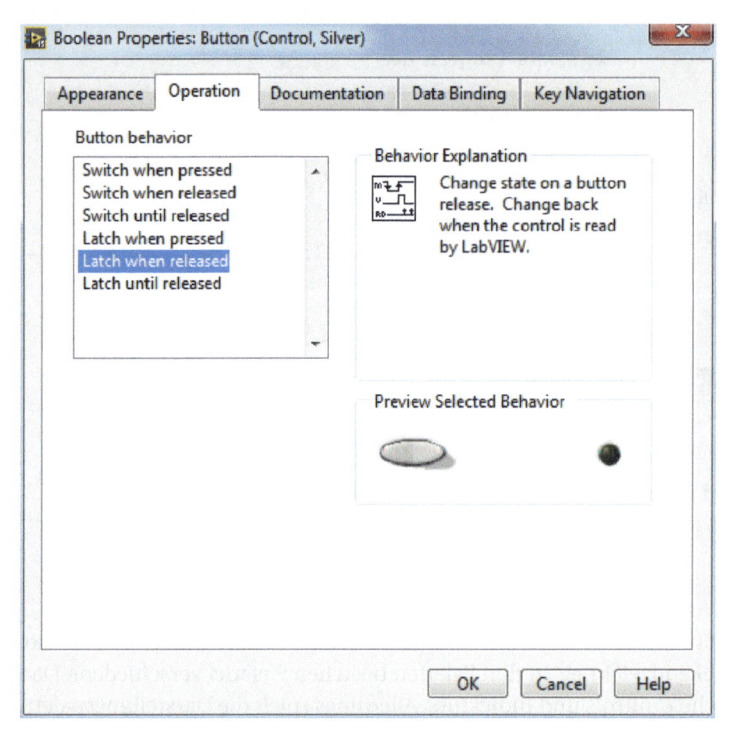

Bild 2.15 Schaltverhalten boolescher Controls

> In den allermeisten Fällen wird *Latch when released* verwendet.

2.2.3 String

Als String wird in LabVIEW eine Kette von ASCII-Zeichen bezeichnet. Innerhalb des Blockdiagramms werden Strings immer in der Farbe Pink dargestellt. Auf dem Frontpanel unterscheiden sich die Paletten wie in Bild 2.16 nur in der Darstellungsart (*Silver*, *Modern*, etc.).

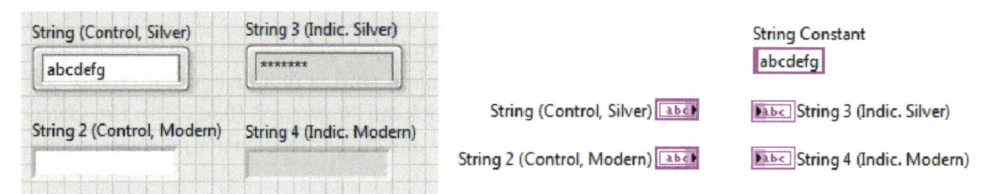

Bild 2.16 String-Elemente im Frontpanel (links) und Blockdiagramm (rechts)

2.2 Datentypen

Ein String kann eine beliebige Länge von Zeichen aufweisen; ebenso kann er leer sein, nur Zahlen, Groß- und Kleinbuchstaben, Sonderzeichen oder ein Mix von allem enthalten.

Die Palette *Programming → String* (Bild 2.17) enthält eine Vielzahl an Funktionen zur Bearbeitung von Strings, etwa dem Löschen/Ersetzen von Teilen des Strings, zum Ermitteln von bestimmten Zeichen oder zur Verkettung von String-Länge und Strings. Ebenfalls hilfreich sind die Unterpaletten *Path/Array/String Conversion* und *Number/String Conversion*, welche die Umwandlung von Strings in andere Datentypen erlauben.

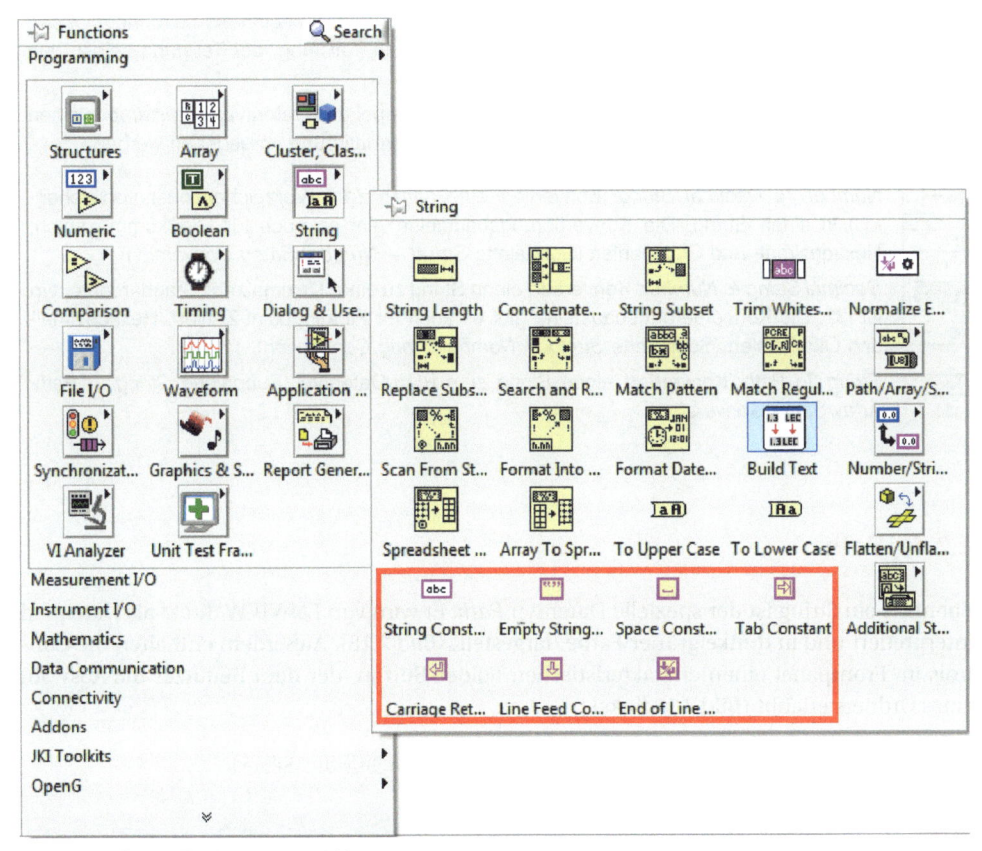

Bild 2.17 String-Funktionen und Konstanten

Rot eingerahmt finden sich zudem einige String-Konstanten wie z. B. *Space Constant* oder *End of Line*, die sich vor allem für das Zusammensetzen von Strings eignen.

Da der Datentyp String sehr flexibel ist und viele Möglichkeiten bietet, ist dementsprechend auch die Palette der Funktionen relativ groß. In Tabelle 2.3 werden häufig verwendete Funktionen kurz erläutert.

Tabelle 2.3 Häufig verwendete String-Funktionen

	String Length: Ermittelt die Länge (Anzahl der Zeichen) des verbundenen Strings und gibt diese als I32 aus.
	Concatenate Strings: Funktion zum Zusammensetzen zweier oder mehrerer Strings; kann um beliebig viele Eingänge erweitert werden.
	String Subset: Gibt einen Teilstring der Länge *Length* (Input) des Originalstrings zurück, beginnend beim Input *Offset*.
	Match Pattern: Sucht nach einem Teilstring in einem String, beginnend beim Input *Offset*; Rückgabewerte sind der String vor dem gefundenen Teilstring, der Teilstring selbst, und der Rest des Strings.
	Format Date/Time String: Konvertiert einen Zeitstempel des Datentyps *timestamp* in einen String. Mit dem Input *time format string* kann die Formatierung vorgegeben werden.
	Number To Decimal String: Konvertiert eine ganze Zahl (Vorzeichen oder vorzeichenlos) in einen String. Die Konvertierungsbausteine gibt es auch für Fließkommazahlen, Hexadezimal- und Oktalzahlen (Subpalette String → Number/String Conversion).
	Decimal String to Number: Konvertiert einen String zu einer Dezimalzahl. Standarddatentyp ist I32. Die Konvertierungsbausteine gibt es auch für Floatingpoint-Zahlen, Hexadezimal- und Oktalzahlen (Subpalette String → Number/String Conversion).
	String To Path: Konvertiert einen String zum Pfad-Datentyp (Subpalette String → Path/Array/String Conversion).

2.2.4 Path

Ebenfalls ein String ist der spezielle Datentyp *Path*. Er wird von LabVIEW direkt als Dateipfad interpretiert und in dunkelgrüner Farbe dargestellt (Bild 2.18). Außerdem enthalten die Controls im Frontpanel einen charakteristischen Folder-Button, der dem Benutzer die Auswahl eines Ordners erlaubt (Bild 2.19 links).

Bild 2.18 Path Control und Indicator im Blockdiagramm

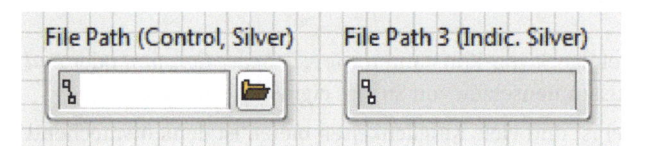

Bild 2.19 Path Control und Indicator im Frontpanel

Für die Erstellung von Pfaden im Blockdiagramm stehen unter *Programming* → *File I/O* → *File Constants* einige Konstanten als Standardordner unter Windows zur Verfügung (Bild 2.20), etwa der Pfad zum aktuellen Verzeichnis der Applikation oder ein temporärer Dateipfad.

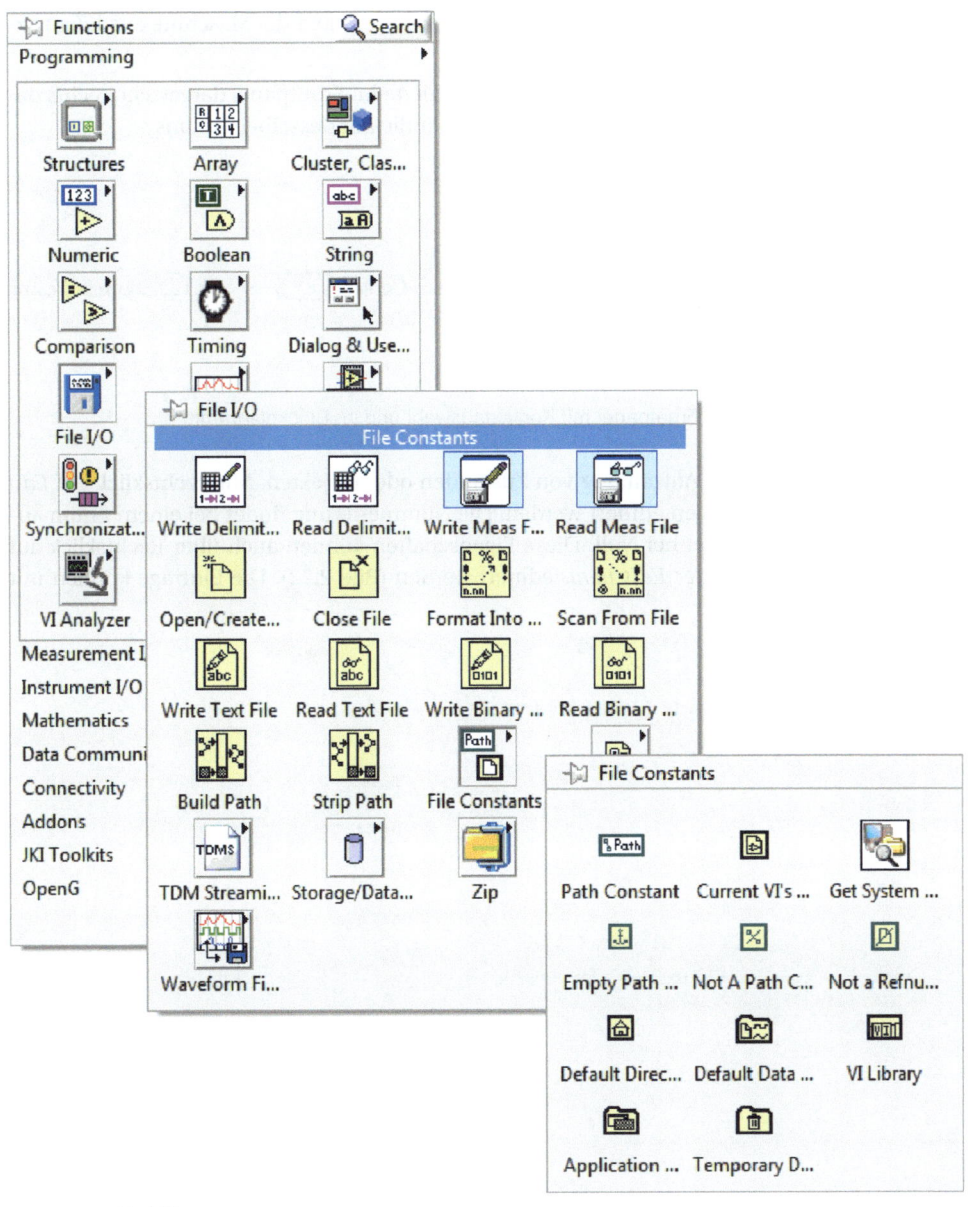

Bild 2.20 Pfad-Konstanten

2.2.5 Enum & Ring

Ein Enumerationsdatentyp, kurz *Enum*, wird gebraucht, um eine Liste von Begriffen in aufzählender Reihenfolge mit entsprechenden Nummern zu versehen. Während der Programmierer sich lieber mit Befehlen wie *Run*, *Stop* oder *Exit* befasst, benutzt die Maschine aus Effizienzgründen lieber Zahlenwerte.

In Bild 2.21 ist links ein Enum-Element der *Silver*-Palette im Frontpanel dargestellt, rechts davon die dazugehörige Konstante sowie Control und Indicator desselben Enums.

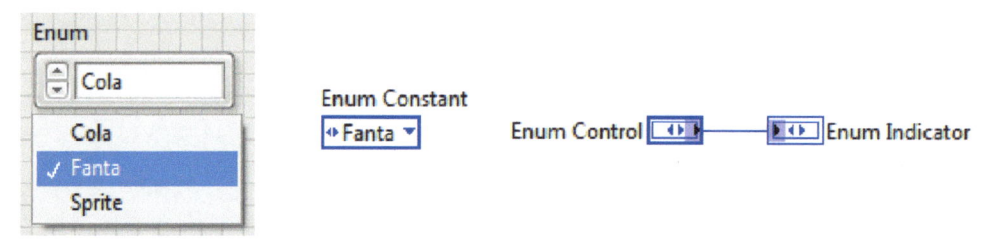

Bild 2.21 Enum (Silver) im Frontpanel mit Kontextauswahl und im Blockdiagramm

Ein *Enum* ist immer eine Aufzählung von Zuständen oder Objekten. Mit Rechtsklick auf *Edit Items* können die Positionen editiert werden. Die Nummerierung findet bei einem Enum automatisch statt und startet bei Null. Diese Eigenschaften können auch über Rechtsklick auf *Properties* unter dem Reiter *Edit Items* editiert werden (Bild 2.22). Die Einträge können mit

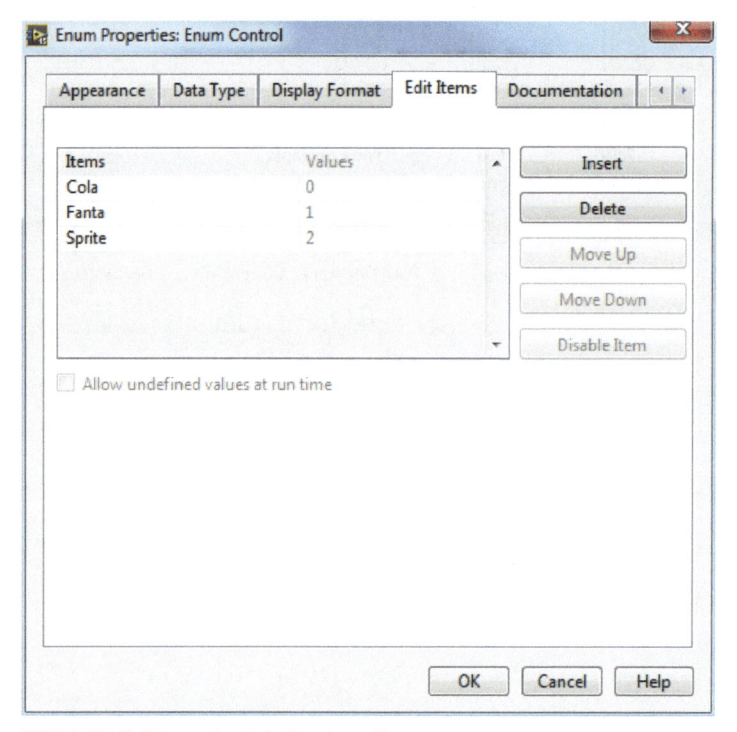

Bild 2.22 Editieren des Inhalts eines Enums

Move Up und *Move Down* auch verschoben werden, wobei die Nummerierung immer gleich bleibt. Da LabVIEW im Hintergrund nicht mit den String-Bezeichnern arbeitet, sondern mit den dazugehörigen Werten, wird ein Enum blau (wie ein ganzzahliger Datentyp) dargestellt.

Ein *Ring*-Element unterscheidet sich vom Enum nur dadurch, dass die Werte hinter den Strings im Bereich U16 frei gewählt werden können (Bild 2.23). Hierzu muss einfach der Haken in der Checkbox *Sequential Values* im Reiter *Edit Items* der *Properties* entfernt werden.

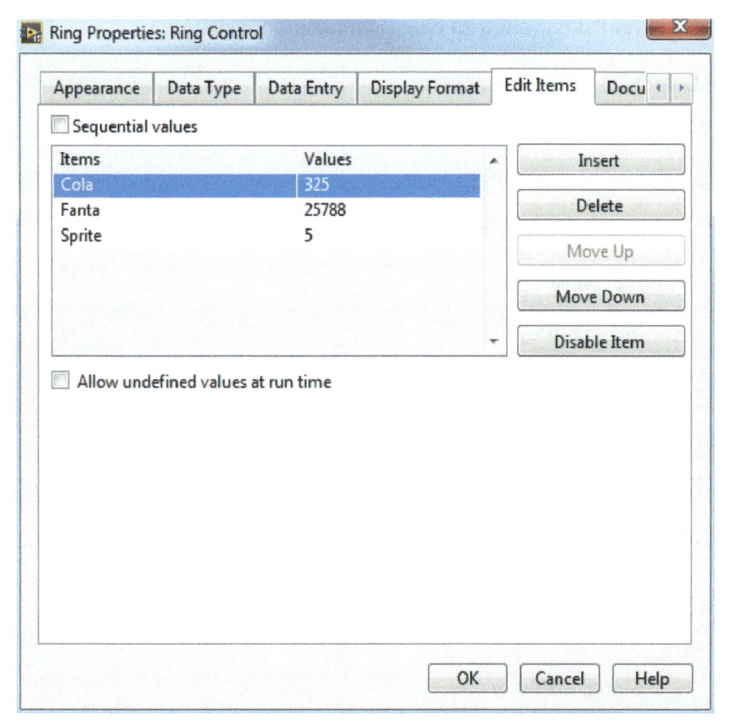

Bild 2.23 Ring Properties: Möglichkeit zur Definition von individuellen Werten

Im Blockdiagramm wird das Ring-Element deshalb auch als *U16*-Element angezeigt und kann mit normalen numerischen Controls und Indicators verbunden werden, ohne dass eine Typumwandlung erfolgen muss.

In Bild 2.24 sind Ring-Controls, Indicators und die Ring-Konstante abgebildet. Darunter befindet sich zur Anschauung ein numerischer Indicator, welcher den Wert zum ausgewählten Bezeichner *Fanta* anzeigt.

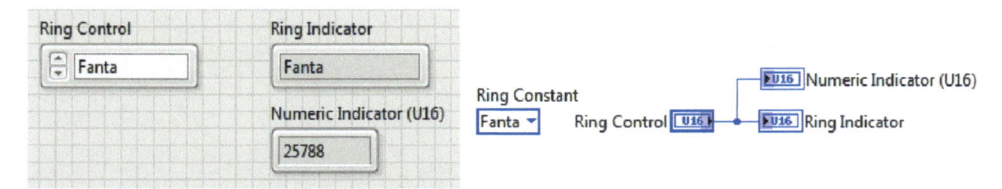

Bild 2.24 Ring Control und Indicator auf Frontpanel (links) und Blockdiagramm (rechts)

2.2.6 Weitere Datentypen

Neben den ausführlich behandelten einfachen Datentypen existieren weitere, auch komplexer aufgebaute Datentypen, mit denen sich ganze Datensätze kapseln oder Datentypen verschiedener Art beliebig kombinieren lassen.

Liegt z. B. ein numerischer Datentyp nicht als einzelne Zahl, sondern als Liste *(Array)* von Zahlen vor, dann wird die zugehörige Verbindung dicker dargestellt als bei Skalaren. In Tabelle 2.4 sind verschiedene Datentypen und Paketgrößen zu einer Übersicht aufgelistet.

Tabelle 2.4 Darstellung von Datentypen und Paketgrößen

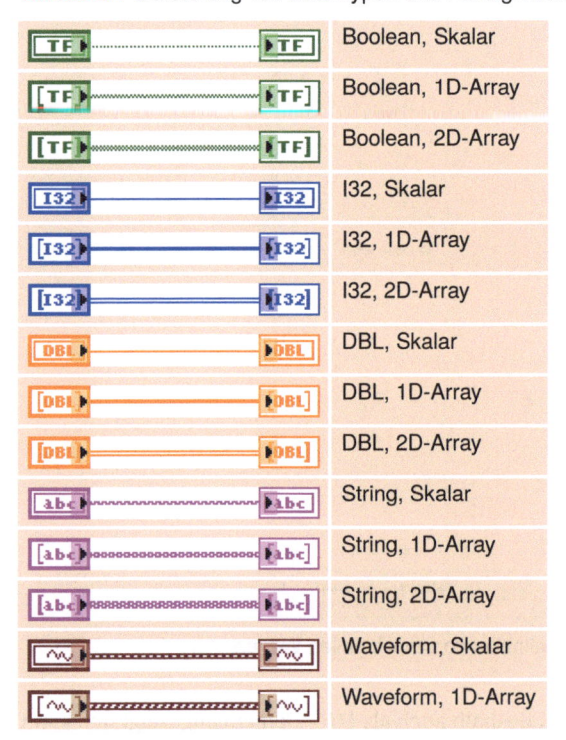

Darstellung	Datentyp
	Boolean, Skalar
	Boolean, 1D-Array
	Boolean, 2D-Array
	I32, Skalar
	I32, 1D-Array
	I32, 2D-Array
	DBL, Skalar
	DBL, 1D-Array
	DBL, 2D-Array
	String, Skalar
	String, 1D-Array
	String, 2D-Array
	Waveform, Skalar
	Waveform, 1D-Array

Auch die Darstellung der Controls und Indicators im Blockdiagramm unterscheidet sich, was die Blockgrößen betrifft. *Arrays* und *Cluster* werden im Kapitel 8 behandelt.

Aufgabe 2.2: DIP-Schalter

Aufgabe 2.3: Temperaturumrechnung

2.3 Übungsaufgaben

Aufgabe 2.1: Datenfluss

Im Bild 2.25 ist die Berechnung der Hypotenuse eines rechtwinkligen Dreiecks dargestellt:

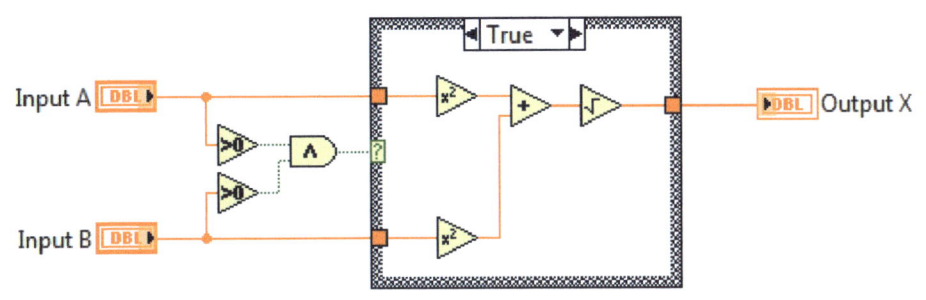

Bild 2.25 Berechnung im Blockdiagramm

a) Welche Funktion wird zuerst ausgeführt?
b) Welche Funktion wird zuletzt ausgeführt?
c) Welche Abhängigkeit besteht zwischen den beiden Quadrier-Operatoren?

Nun ist im Bild 2.26 ist das Senden einer Nachricht über eine serielle Schnittstelle dargestellt:

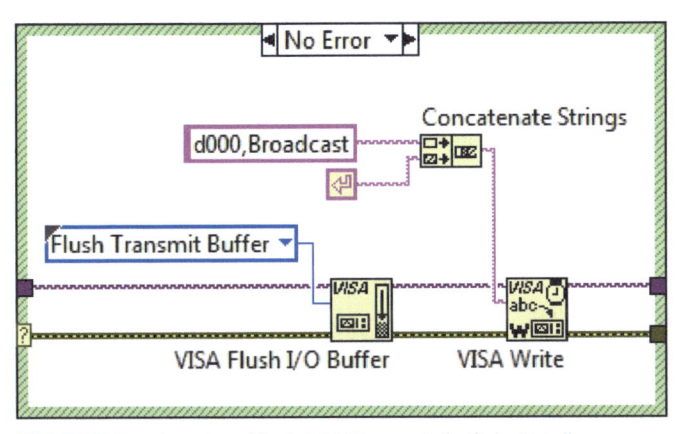

Bild 2.26 Senden einer Nachricht über serielle Schnittstelle

d) Welche der drei Funktionen (*Concatenate Strings*, *VISA Flush/IO Buffer* oder *VISA Write*) wird zuerst ausgeführt?
e) Welche der drei Funktionen wird zuletzt ausgeführt?
f) Welche Abhängigkeit besteht zwischen *VISA Flush/IO Buffer* und *VISA Write*?

Aufgabe 2.2: DIP-Schalter

Erstellen Sie eine Applikation, welche kontinuierlich ein Set von DIP-Schaltern einliest und dieses Set als Dezimalwert in einem Anzeigeelement ausgibt. Daneben realisieren Sie ein System, welches eine eingegebene Dezimalzahl als Bitmuster anzeigt. Das Frontpanel in Bild 2.27 entspricht dieser Vorgabe. Führen Sie das Programm mit Run Continuously aus!

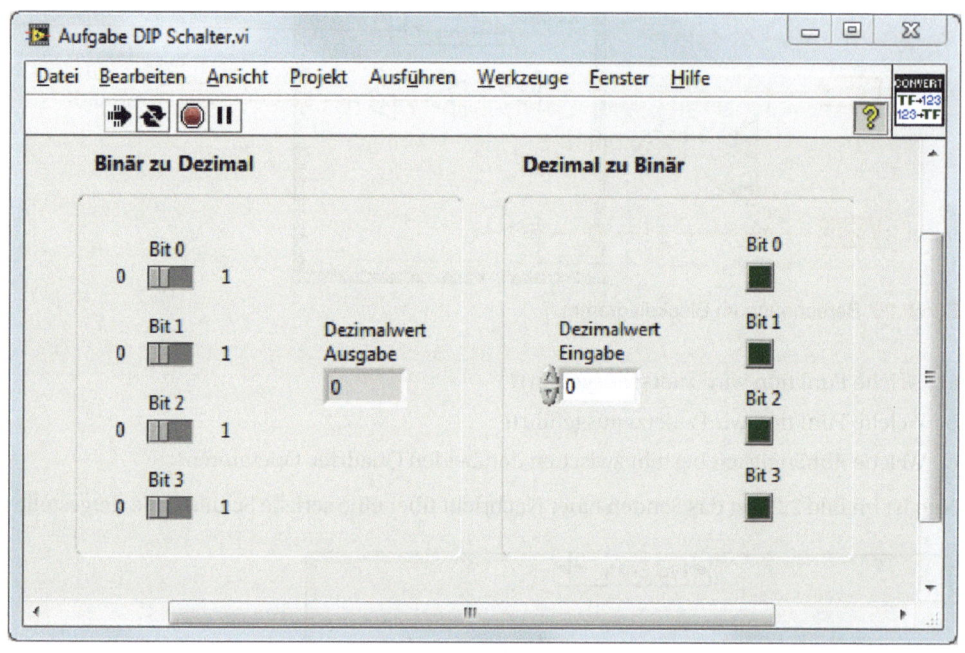

Bild 2.27 Frontpanel: Binär zu Dezimal (links) und Umrechnung Dezimal zu Binär (rechts)

a) Realisieren sie die Applikation als LabVIEW Projekt.
b) Haben Sie daran gedacht, den Wertebereich des Bedienelements einzuschränken? Welche Datentypen verwenden Sie für das Programm und sind bei der Programmierung rote Typenumwandlungspunkte aufgetreten?

Aufgabe 2.3: Temperaturumrechnung

Erstellen Sie ein neues LabVIEW-Projekt und darin ein VI, welches einen Fahrenheitwert in einen Celsiuswert umrechnet. Einstellen können Sie den Fahrenheitwert am linken Control (in Bild 2.28 als *Slider* dargestellt), rechts wird ihnen der entsprechende Celsiuswert angezeigt.

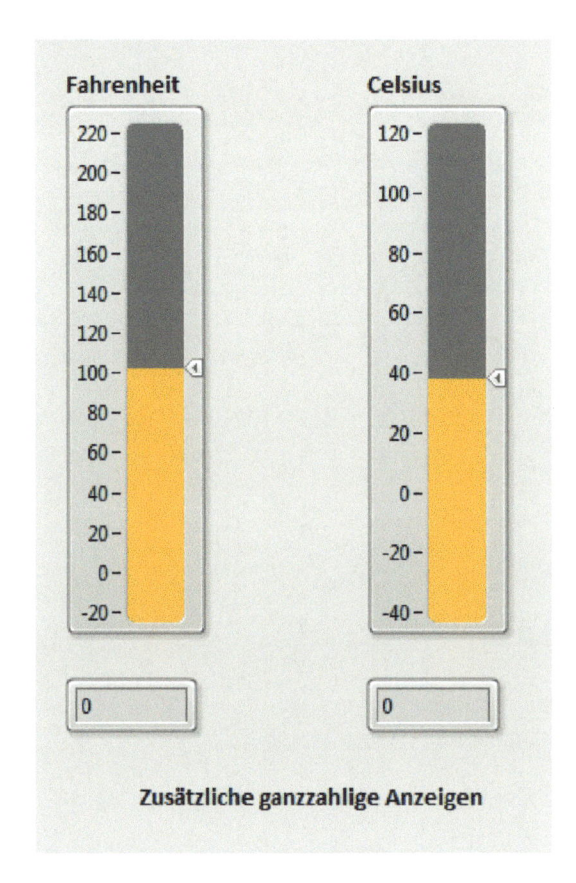

Bild 2.28 Umrechnung von Fahrenheit in Celsius

Die Celsiustemperatur errechnet sich mit folgender Formel:

$$C = (F - 32) \times \frac{5}{9}$$

a) Die ganzzahligen Anzeigen auf der Celsius-Seite sollen vom Typ U16 sein, diejenige auf der Fahrenheit-Seite vom Typ Double. Machen Sie sich Gedanken zu den numerischen Rundungsfunktionen in der *Numeric*-Palette des Blockdiagramms und zur Konvertierung von Datentypen. Blenden Sie Titel und Untertitel der Anzeigeelemente aus und platzieren Sie einen zusätzlichen Text im Frontpanel.

b) Stellen Sie die Skalen der beiden Schieberegler über die Eigenschaften ein und editieren Sie die Füllfarbe sowie Namen und Schriften der beiden Elemente.

c) Starten Sie nun die Anwendung mit *Run Continuously*. Was passiert, wenn die Celsius-Seite < 0 wird und wie beheben Sie dieses Problem?

3 Debugging

Sowohl während der Programmierung als auch zur Laufzeit der Applikation können Fehler auftauchen, welche ein unvorhersehbares oder ungewolltes Verhalten hervorrufen können. So ist es beispielsweise nicht möglich, ein VI zu starten, wenn zwingend benötigte Anschlüsse einer Funktion unverbunden bleiben. Oder aber ein Fehler samt Programmabsturz entsteht, wenn eine Datei-Operation versucht, auf ein nicht vorhandenes File zuzugreifen.

■ 3.1 Fehlerhafte VIs

Wenn die Schaltfläche *Run* (Ausführen) als gebrochener Pfeil dargestellt wird, ist das VI fehlerhaft und kann nicht gestartet werden. Dafür kann es viele Ursachen geben. In Tabelle 3.1 sind einige der häufigsten Fehlerquellen abgebildet.

Tabelle 3.1 Häufige Fehlerquellen in LabVIEW

Codebeispiel	Ursache
Boolean → String	Fehlerhafte Verbindung aufgrund inkompatibler Datentypen
Input A → Sum	Fehlende Verbindung an einem erforderlichen Anschluss
Input A, Input B	Direkte Verbindung von zwei Controls
Input A, Input B, ErrorIn → Add/Convert to String → Result, ErrorOut	Fehlerhaftes SubVI (unverbundener Anschluss, offene Tunnel)

Das Erkennen solcher Fehler ist relativ einfach. Mit einem Klick auf den gebrochenen Pfeil öffnet sich die Fehlerliste als Dialog (Bild 3.1). Hier finden sich genauere Informationen zur Ursache des Problems. Mit einem Doppelklick auf einen angezeigten Fehler kann direkt zur entsprechenden Stelle im Blockdiagramm gesprungen werden.

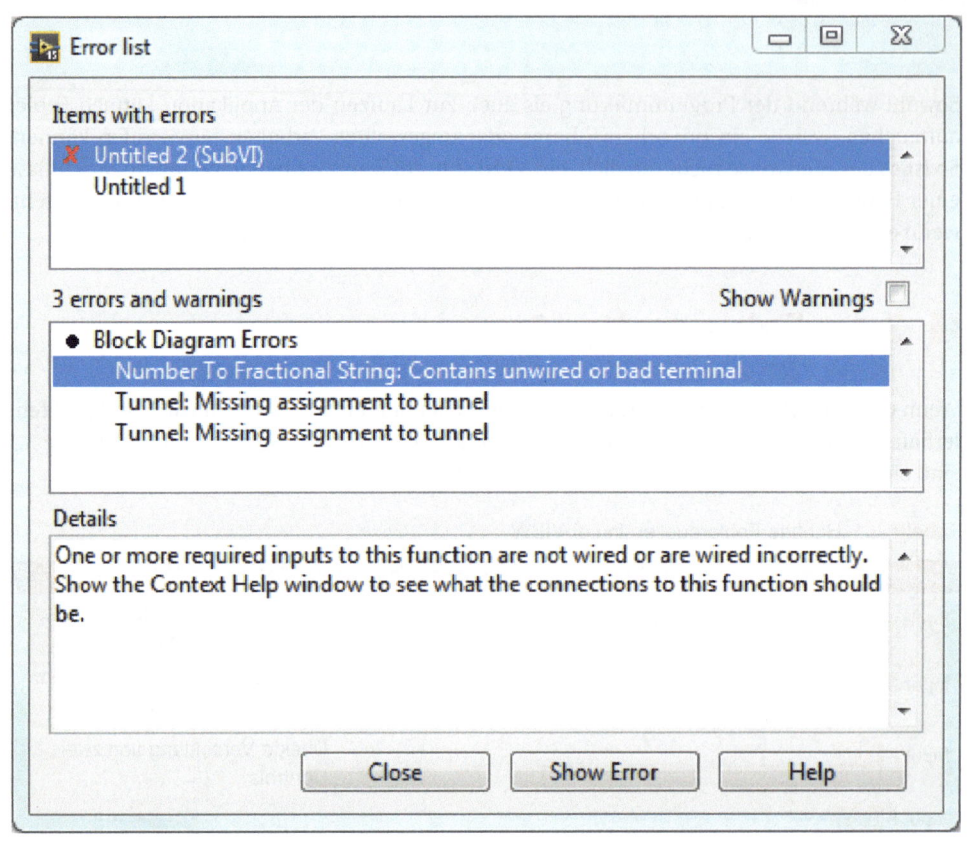

Bild 3.1 Dialog der Fehlerliste

■ 3.2 Debugging-Methoden

Neben den in Abschnitt 3.1 beschriebenen Fehlern kann es auch sein, dass Fehler erst zur Laufzeit der Applikation auftreten. Um solche Laufzeitfehler aufzuspüren, stellt LabVIEW ein Set von Werkzeugen für das sogenannte *Debugging* zur Verfügung. Die Symbolleiste enthält neben dem Run-Button weitere nützliche Debugging-Tools (Bild 3.2), auf die hier kurz eingegangen wird.

3.2 Debugging-Methoden

Bild 3.2 Debugging-Tools der Symbolleiste

Abort Execution (Bild 3.2, roter Punkt) und *Pause* (rotes Pausesymbol) haben direkten Einfluss auf die Ausführung der Applikation. Mit *Pause* kann die Ausführung an einer beliebigen Stelle pausiert und später fortgesetzt werden. *Abort Execution* führt zu einem sofortigen Programmabbruch. Dabei gehen alle nicht gesicherten Werte verloren. Diese Methode, ein laufendes Programm zu beenden, ist daher – wenn immer möglich – durch einen kontrollierten Ausstieg aus der Applikation zu ersetzen.

3.2.1 Highlight Execution

Die Funktion *Highlight Execution* (Bild 3.3, rot markiert) verlangsamt die Ausführung der Applikation soweit, dass der Programmierer im Blockdiagramm nachvollziehen kann, in welcher Reihenfolge die Funktionen und VIs ausgeführt werden. Zudem werden ihm die Werte aller Wires bei der Abarbeitung gezeigt. So kann er kontrollieren, ob sich gültige Werte in den Wires befinden und der Ablauf korrekt ausgeführt wird.

Bild 3.3 Highlight Execution

Diese Funktion lässt sich jederzeit ein- und wieder ausschalten. Sie gilt jeweils nur für das Blockdiagramm des aktuellen VIs, nicht aber für SubVIs oder übergeordnete VIs. Sollte die Ausführung einer Applikation einmal viel länger als üblich dauern, kann es sein, dass in einem SubVI versehentlich die Funktion *Highlight Execution* aktiviert wurde.

3.2.2 Retain Wire Values

Um frühere Werte eines Wires mit Sonden sichtbar zu machen, muss die Option *Retain Wire Values* in der Symbolleiste aktiviert sein (Bild 3.4, rot markiert). So werden Werte von Wires gespeichert, und man kann sie auch nach der Ausführung (sofern sie nicht überschrieben wurden) noch mit einer Sonde betrachten.

Bild 3.4 Retain Wire Values

3.2.3 Stepping

Das Ausführen der ganzen Applikation ist meist wenig hilfreich, wenn es darum geht, an einer spezifischen Stelle im Code Fehler zu suchen. Für diese Aufgabe sind die *Step*-Funktionen, wie es sie auch in textbasierten Programmiersprachen gibt, sehr hilfreich.

Die Buttons *Step into*, *Step over* und *Finish* (Bild 3.5) können verwendet werden, um Einzelschritte im Blockdiagramm auszuführen und z. B. in SubVIs hineinzuspringen oder sie zu überspringen (diese werden aber trotzdem ausgeführt). Zusammen mit der Funktion *Highlight Execution* kann so sehr effizient im Code spezifisch nach Ursachen eines Fehlers gesucht werden. Zusätzlich lassen sich alle Werte direkt auf den Wires anzeigen.

Bild 3.5 Step-Funktionen

3.2.4 Breakpoints

Breakpoints werden auf Wires oder Elemente gesetzt, um die Programmausführung an dieser Stelle zu pausieren. Platzieren lassen sich Breakpoints mittels *Tools*-Palette (Bild 3.6) oder mit Rechtsklick auf das entsprechende Wire und *Breakpoint → Set Breakpoint*.

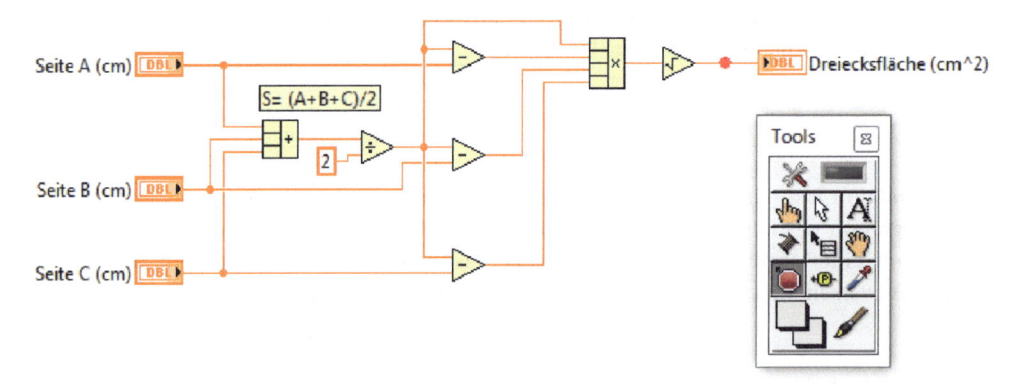

Bild 3.6 Breakpoints im Blockdiagramm

Ist die Ausführung angehalten, wird dies durch die rote Erscheinung des Pause-Symbols in der Symbolleiste dargestellt. Nun kann die Applikation entweder mit Einzelschritten weiter durchlaufen werden, oder aber mit Betätigung des Pause-Buttons das Programm bis zum nächsten Breakpoint oder bis zum Ende fortgesetzt werden.

3.2.5 Probes

Mit *Probes* oder Sonden können Werte von Wires und Elementen abgefragt werden. In Verbindung mit Breakpoints ist es möglich, Berechnungen, Verläufe und Ergebnisse zu kontrollieren.

3.2 Debugging-Methoden

Wie Breakpoints können Sonden mittels *Tools*-Palette oder mit Rechtsklick auf *Probe* erstellt werden, worauf sich das *Probe Watch Window* zur Betrachtung der Werte öffnet. Es können nur Werte angezeigt werden, wenn das Wire auf dem sich die Sonde befindet, auch durchlaufen wird.

Im Blockdiagramm in Bild 3.7 sind verschiedene Sonden platziert, die Nummerierung geschieht dabei automatisch. Zusätzlich wurde im Blockdiagramm ein Breakpoint gesetzt, der die Ausführung stoppt, wenn die Ausführung dieses Wires (S-C) vollständig ist.

Die Sonden 2–4 beinhalten die Werte, welche beim letzten Durchlauf der entsprechenden Wires innehatten. Probe Nr. 5 ist mit *Not Executed* markiert, da das entsprechende Wire zum Zeitpunkt des Stopps durch den Breakpoint noch nie einen gültigen Wert erhalten hat.

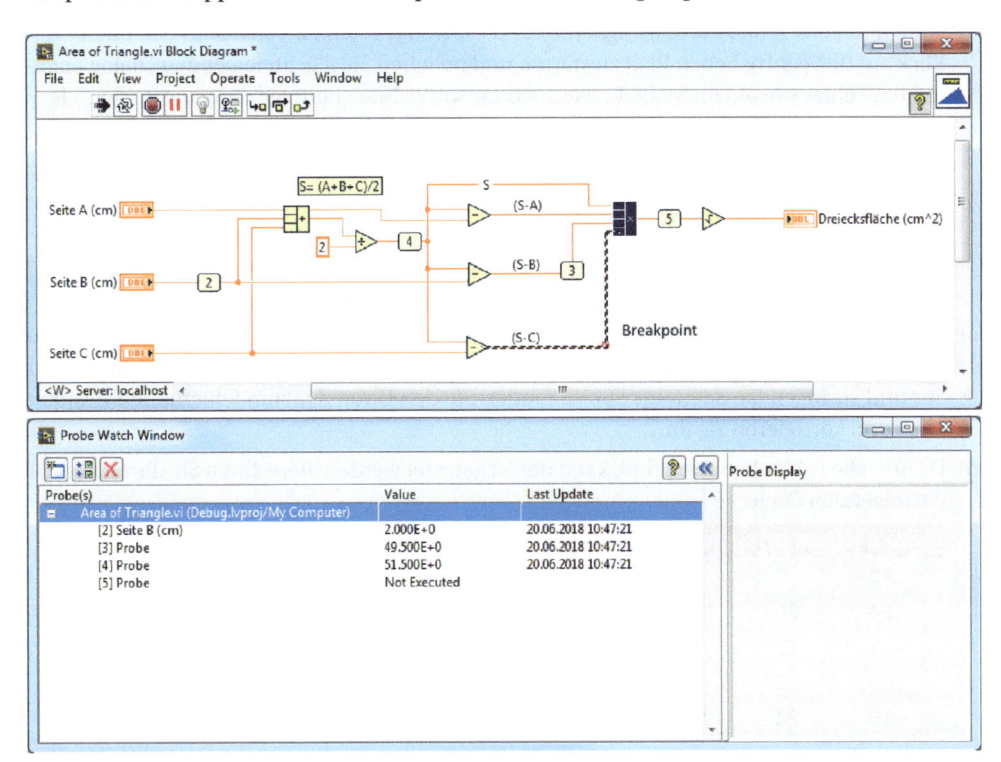

Bild 3.7 Probes im Blockdiagramm und im Watch Window

Aufgabe 3.1: Fehlersuche in einem VI

3.3 Übungsaufgabe

Aufgabe 3.1: Fehlersuche in einem VI

Bei dieser Aufgabe wird ein Dreieck auf seine Gültigkeit geprüft und die Fläche berechnet. Für die Berechnung der Dreiecksfläche müssen alle drei Seitenlängen bekannt sein. Dann ergibt sich mit dem Satz des Heron:

$$A = \sqrt{s(s-a)(s-b)(s-c)}, \quad \text{wobei} \quad s = \frac{a+b+c}{2}$$

a) Öffnen Sie das Projekt 4.1 *Debug.lvproj* und darin das Main.vi. Versuchen Sie, das VI mit Klick auf den gebrochenen Pfeil zu starten und beheben Sie alle im folgenden Dialog angezeigten Fehler sowohl im Main-VI wie auch im SubVI. Speichern Sie dann die beiden VIs.

b) Öffnen Sie das Frontpanel des Main.vi und führen Sie das Programm mit den Standardwerten aus. Beachten Sie, dass die LED trotz gültiger Werte nicht leuchtet. Verwenden Sie die Funktion *Highlight Execution*, die Funktion *Retain Wire Values* (Verbindungswerte speichern) und starten Sie das VI Schritt für Schritt. Wenn Sie Verbindungswerte angezeigt haben wollen, setzen Sie eine Sonde auf das entsprechende Wire. Lösen Sie das Problem, das dazu führt, dass die LED trotz gültiger Eingangswerte dunkel bleibt.

c) Starten Sie das Programm erneut. Die LED leuchtet jetzt, aber das Ergebnis gibt weiterhin NaN *(Not a Number)* aus. Führen Sie das VI mit der Funktion *Single Step* Schritt für Schritt aus und springen Sie damit ins SubVI. Finden Sie den Error, der zum fehlerhaften Resultat führt und korrigieren Sie ihn.

d) Da nun alle Fehler behoben sind, kann das VI getestet werden. Berechnen Sie die Fläche für die folgenden Dreiecke:

Seite a	Seite b	Seite c	Fläche A	Gültig? (T/F)
10	5	5		
24	30	18		
12	12	12		
30	0	15		
15	20	25		

4 Modularität und SubVIs

In diesem Kapitel geht es darum, aus wiederkehrenden Codeabschnitten eigene VIs zu erstellen, welche innerhalb des Programms beliebig oft verwendet werden können.

4.1 Prinzip der Modularität

Modularität bedeutet, dass bestimmte Aufgaben und Funktionen eines Programms gekapselt werden, um sie bei Bedarf mehrfach an verschiedenen Orten wieder zu verwenden. Dies hat den Vorteil, dass gleiche Codeabschnitte nicht mehrmals programmiert werden müssen und das Programm an Übersichtlichkeit und Lesbarkeit gewinnt.

> *Modularität* gibt an, inwieweit ein Programm aus einzelnen, wiederverwendbaren Funktionen besteht.

In LabVIEW heißt das nichts anderes, als dass ein Codeabschnitt in ein eigenes VI gepackt wird, welches wiederum in einem anderen VI (oder mehreren VIs) verwendet wird. Dies kann nur einmal geschehen oder mehrmals an verschiedenen Orten im Programmcode, wie in Bild 4.1 gezeigt.

In LabVIEW spricht man von *SubVI* und *Calling VI*, wobei das Calling VI das aufrufende VI darstellt, also den übergeordneten Programmcode. Natürlich kann auch ein Calling VI wiederum ein SubVI von einem anderen VI sein.

> Ein *SubVI* ist ein VI, welches in einem anderen VI verwendet wird. Das aufrufende VI wird *Calling VI* genannt

In textbasierten Programmiersprachen werden Funktionen ebenfalls mit oder ohne Übergabeparameter vom Hauptprogramm extrahiert, in LabVIEW findet dies in genau gleicher Art in der Form von SubVIs statt, wie Tabelle 4.1 verdeutlicht.

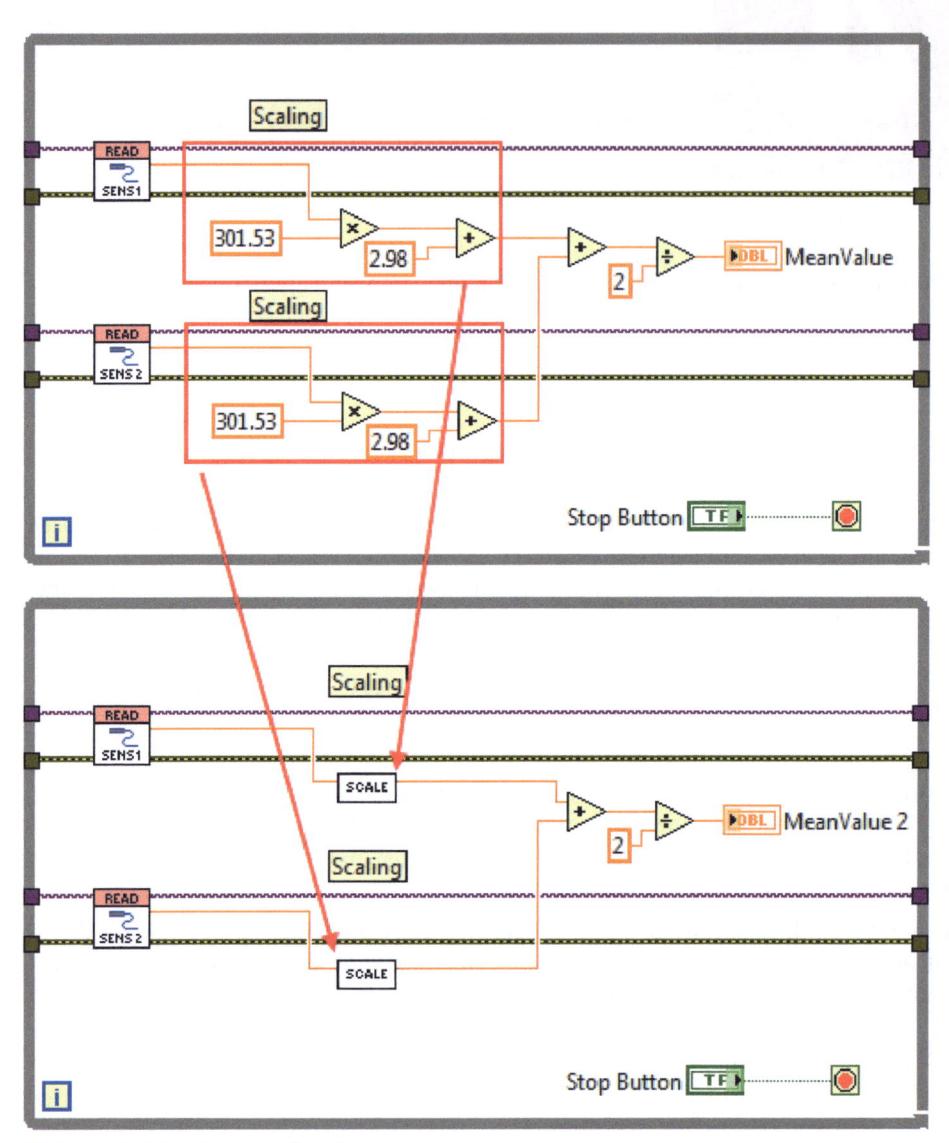

Bild 4.1 Modularität mittels SubVIs

Tabelle 4.1 Einbindung von Unterprogrammen im Vergleich

	Funktionscode	Code Mainprogramm
Textbasiert	```function average (in1, in2, out)
{
out = (in1 + in2)/2,0;
}```	```main
{
average (pnt1, pnt2, avg)
}```
LabVIEW	In1, In2 → (+) → (÷ 2) → Out	In1, In2 → MEAN Σ → Out

■ 4.2 Erstellung von SubVIs

Es gibt die Möglichkeit, ein SubVI direkt aus einem Codesegment eines anderen VIs zu erstellen oder aber ein VI von Grund auf neu zu erstellen und danach als SubVI in ein anderes VI einzufügen. Auf drei Dinge muss allerdings in Verbindung mit der Erstellung eines SubVI immer geachtet werden:

Speichern: Ein neues VI ist nach der Erstellung noch nicht gespeichert. Es empfiehlt sich, gleich nach der Erstellung das SubVI zu öffnen und am dafür vorgesehenen Ort zu speichern.

Symbol: Wie in Bild 4.2 rechts zu sehen ist, wird das neue SubVI noch als Standardsymbol mit einer Laufnummer dargestellt. Nach der Erstellung sollte das SubVI unmittelbar mit einem eindeutigen Symbol und/oder Beschriftung versehen werden.

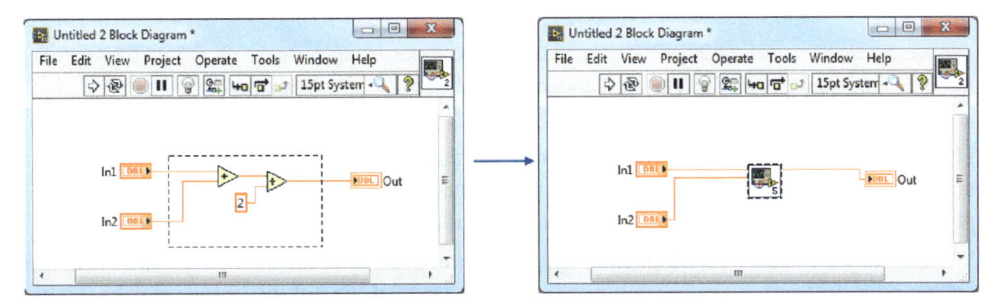

Bild 4.2 Erstellung eines SubVIs aus bestehendem Programmcode

Anschlussblock: Der Anschlussblock ist bei der Erstellung eines neuen VIs per *Default* belegt. Es sollte kontrolliert werden, ob die Belegung sowie das Anschlussmuster für die Anwendung taugen und ob zusätzliche Controls und Indicators als Schnittstellen nötig sind.

Um aus bereits programmierten Codestücken ein SubVI zu erstellen, muss lediglich ein Abschnitt mit der Maus selektiert werden (Bild 4.2 links) und danach im Menu *Edit → Create SubVI* gewählt werden. Schon liegt der Codeabschnitt an einem separaten SubVI-Block vor (Bild 4.2 rechts). Mittels Doppelklick öffnet man das SubVI und kann es direkt weiter bearbeiten.

Bild 4.3 zeigt das Frontpanel des in Bild 4.2 erstellten SubVIs. Da zwei Wires als Dateneingänge und ein Wire als Datenausgang mitselektiert wurden, ist für jedes dieser Wires auch ein Element auf dem Frontpanel (zwei Controls für die Eingänge und ein Indicator als Ausgang) erstellt worden.

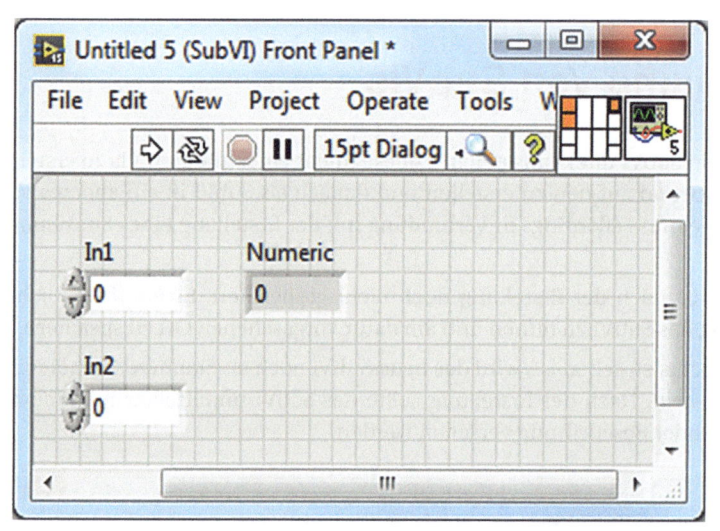

Bild 4.3 Frontpanel eines SubVIs mit Standard-Anschlussblock und -belegung

Ein SubVI kann natürlich auch als ganz normales neues VI aus dem Projekt Explorer heraus erstellt werden. Hierzu wird in ihm mit einem Rechtsklick auf *My Computer → New → VI* ausgewählt, woraufhin sich Frontpanel und Blockdiagramm des neuen VIs automatisch öffnen.

VIs und SubVIs bieten viele Möglichkeiten, Programmcode übersichtlich zu gestalten. Hierzu sollten aber bestimmte Konventionen eingehalten und SubVIs auf die immer gleiche Art erstellt und aufgebaut werden. Nicht nur das Blockdiagramm läuft Gefahr, unübersichtlich zu werden, bei vielen Anschlüssen kann das durchaus auch beim Frontpanel der Fall sein. Die Elemente sollten stets in der gleichen Reihenfolge stehen, wie sie im Anschlussblock verdrahtet sind, und nach Ein- und Ausgängen gruppiert werden. Zudem sind beim Anschlussblock zuerst die linken (Eingänge) und rechten (Ausgänge) zu verwenden und die Anschlüsse für eine etwaige Error-Leitung immer unten links bzw. rechts. Im Bild 4.4 sind zwei unterschiedliche Varianten des Frontpanels eines SubVIs dargestellt.

4.2 Erstellung von SubVIs

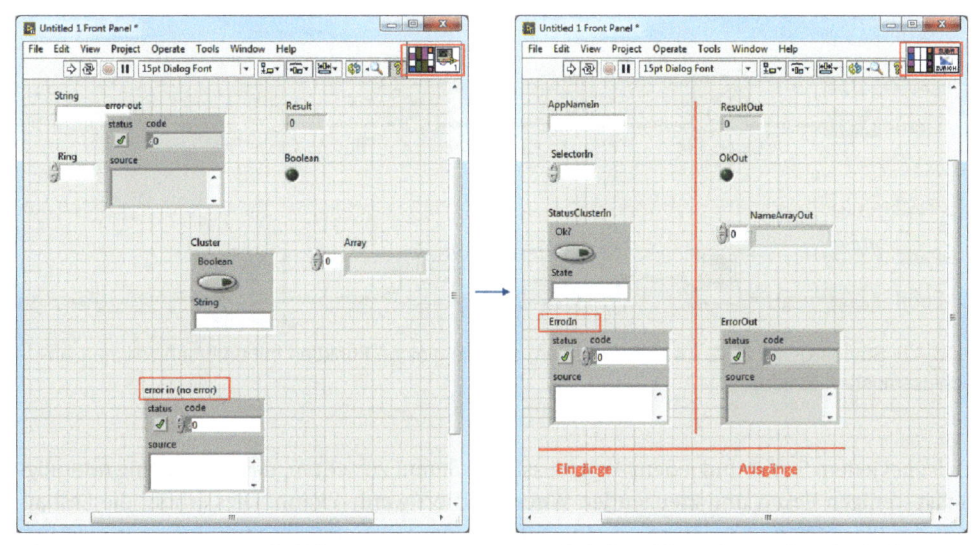

Bild 4.4 Frontpanel eines SubVIs: chaotisch angeordnet (links) und logisch geordnet (rechts)

In der Tabelle 4.2 sind die Verbesserungen gegenüber dem chaotisch angeordneten Frontpanel aus Bild 4.4 (links) dargestellt.

Tabelle 4.2 Vergleich des Frontpanels aus Bild 4.4 mit Verbesserungen

	Linkes Frontpanel	Rechtes Frontpanel
Anordnung	Planlos, Elemente überdecken sich gegenseitig, keine Ordnung nach Ein- und Ausgängen	Geordnet nach Ein- und Ausgängen sowie in der Reihenfolge des Anschlussblocks
Labels	Standardlabels, die bei der Erstellung eines Elements automatisch generiert werden, ohne Aussagekraft über Funktion	Aussagekräftige Namen ohne Sonderzeichen
Anschluss-block	Chaotisch verdrahtet, Ein- und Ausgänge gemischt links und rechts	Linke Seite: Eingänge (Controls), rechte Seite: Ausgänge (Indicators), Error-Wires ganz unten
Symbol	Standardsymbol bei der Erzeugung eines neuen VIs	Individuell erstelltes, eindeutiges Symbol

Um eine möglichst lineare Verdrahtung von Funktionen und SubVIs zu ermöglichen, empfiehlt es sich zusätzlich, die Art des Anschlussblocks nach Möglichkeit immer gleich zu halten. Die meisten Standard-VIs in LabVIEW sind mit einem $4 \times 2 \times 2 \times 4$-Anschlussblock ausgestattet und so belegt, dass Ein-/Ausgänge direkt miteinander verbunden werden können (Bild 4.5 oben). Wenn man jedem VI einen anderen Anschlussblock zuordnet, kann das gleiche Bild auch wie Bild 4.5 unten aussehen, was eine deutlich verschlechterte Übersicht des Blockdiagramms zur Folge hat, insbesondere bei größeren VIs.

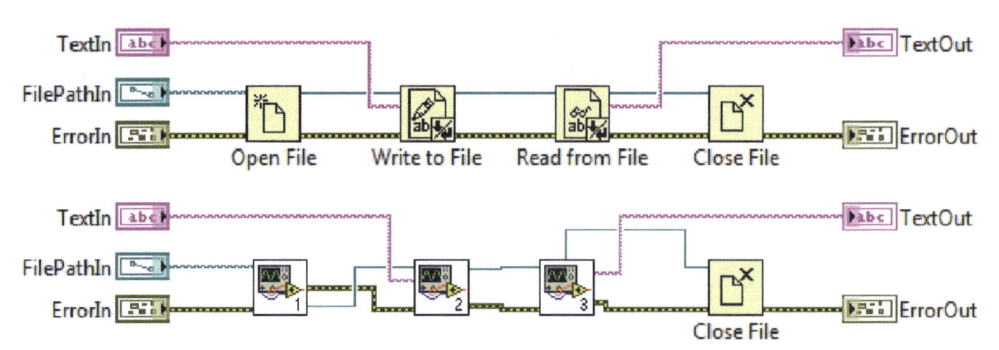

Bild 4.5 Standard- 4 × 2 × 2 × 4 -Blöcke (oben) und die gleiche Funktion mit unterschiedlichen Anschlussmustern (unten)

Es ist bei jedem SubVI und jedem Anschlussblock darauf zu achten, dass das Wiring mit möglichst wenigen Ecken und kreuzenden Wires realisiert werden kann. Dies erhöht die Lesbarkeit des Blockdiagramms, sorgt für eine aufgeräumte Gesamtansicht und reduziert dadurch die möglichen Fehlerquellen.

Aufgabe 4.1: DIP-Schalter mit SubVI

■ 4.3 Einbettung von SubVIs

Wie bereits erwähnt wurde, kann grundsätzlich jedes beliebige VI als SubVI an einem anderen VI verwendet werden. Es gibt verschiedene Möglichkeiten, ein bestehendes VI in das Blockdiagramm eines anderen VIs einzufügen.

Die einfachste Methode ist einfach, das VI aus dem Projekt Explorer per Drag & Drop in das geöffnete Blockdiagramm eines anderen VIs zu ziehen (Bild 4.6, links). Danach können die Ein- und Ausgänge mit dem SubVI verbunden werden.

Eine andere Methode besteht darin, das Symbol (Blockdiagramm oder Frontpanel) des SubVIs per Drag & Drop ins Blockdiagramm des übergeordneten SubVIs zu ziehen (Bild 4.6, rechts).

Eine weitere, eher umständlichere Methode besteht darin, das VI mittels Palette auszuwählen, per Rechtsklick auf eine freie Fläche im Blockdiagramm, dann die Palettenansicht erweitern und *Select a VI...* wählen (Bild 4.7).

4.3 Einbettung von SubVIs   81

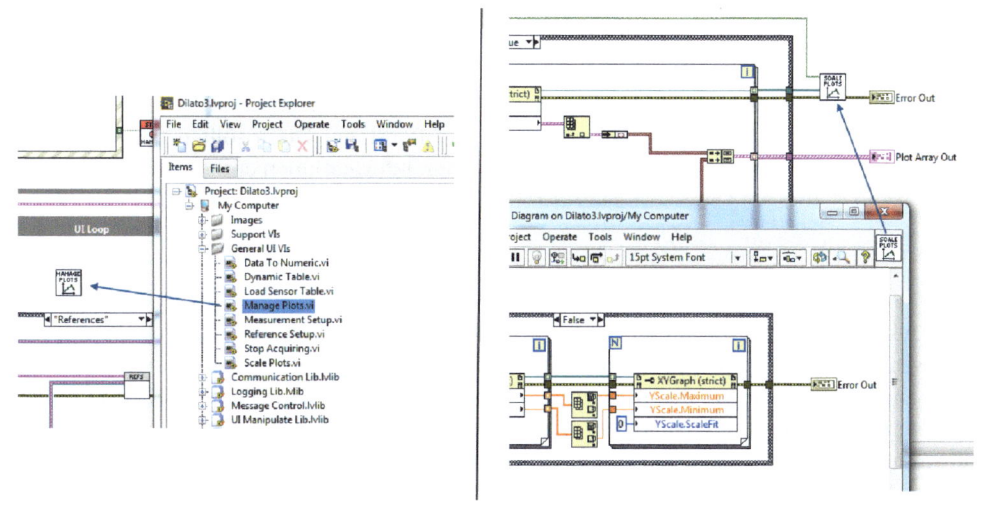

Bild 4.6 Drag & Drop aus dem Projekt Explorer oder per Symbol des SubVIs

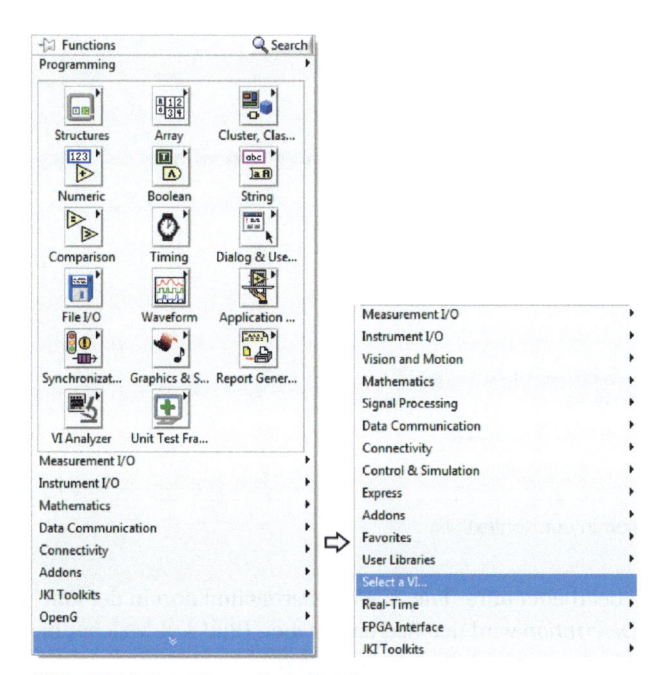

Bild 4.7 VI-Selektion mittels Palette

4.4 Dokumentation

Wie in jeder Programmiersprache erschließt sich nicht immer automatisch aus dem Programmcode die Funktion verschiedener Teile und Routinen. Diese sollten zugunsten der Lesbarkeit immer mit kurzen Sätzen oder Stichworten Informationen enthalten.

4.4.1 Dokumentation von SubVIs

Die Dokumentation von VIs gehört zu den wichtigsten Anhaltspunkten eines Programmierers, sich schnell und effizient in ein bestehendes Projekt einzulesen. Sie wird direkt in der Kontexthilfe angezeigt, wenn man den Mauszeiger über das entsprechende VI bewegt (Bild 4.8). Dies ist sehr nützlich, da man nicht jedes VI zuerst öffnen und den Code nachvollziehen muss, um etwas über dessen Funktionen zu erfahren.

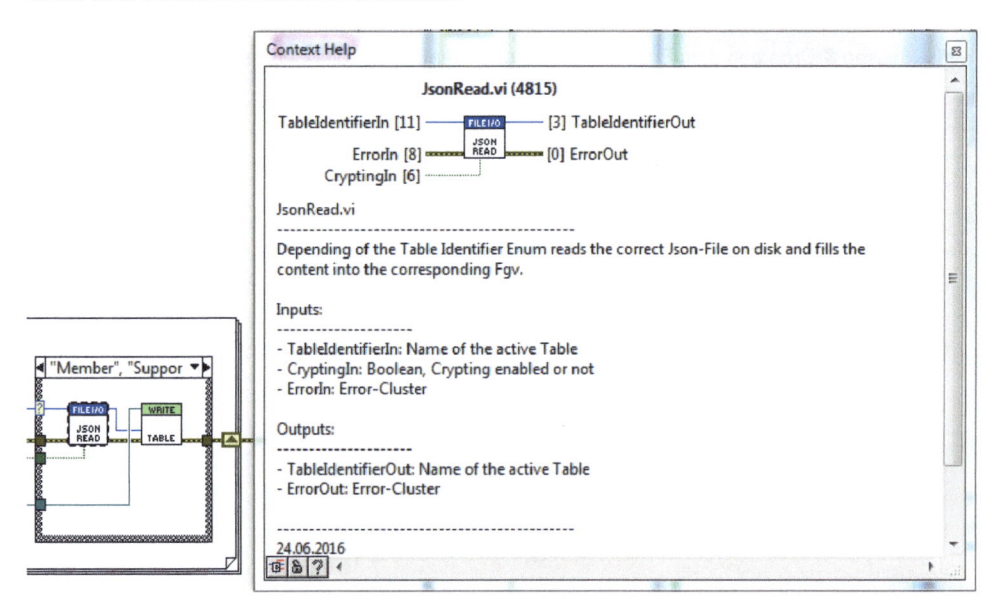

Bild 4.8 Anzeige der VI-Dokumentation in der Kontexthilfe

Die Dokumentation eines VIs wird bearbeitet unter *File → VI Properties* und dort in der Kategorie *Documentation*. Im Feld *VI Description* wird der Text eingegeben (Bild 4.9), welcher bei der Platzierung im Blockdiagramm in der Kontexthilfe angezeigt wird.

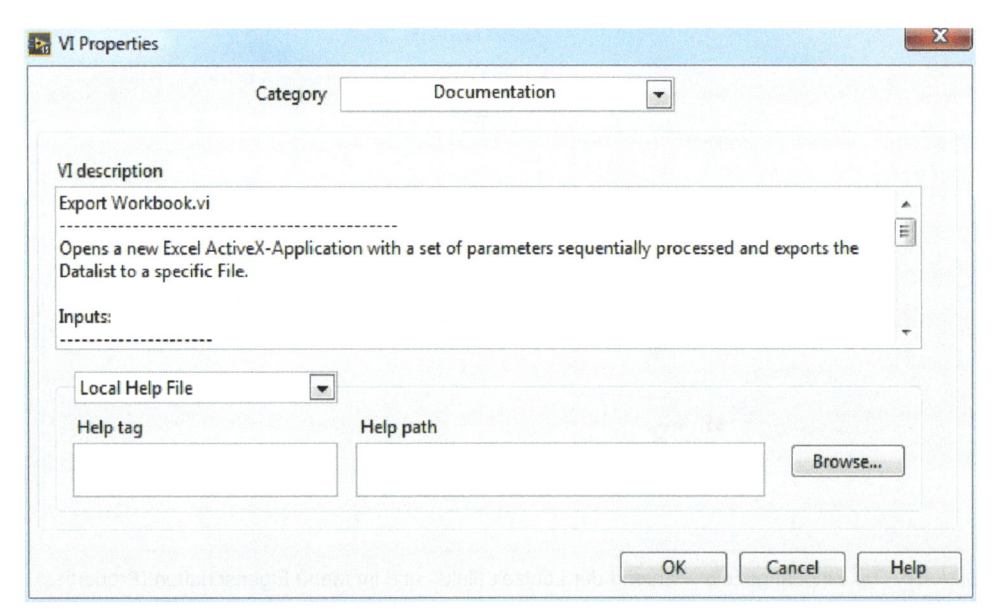

Bild 4.9 VI Properties: Dokumentation

> Zu jedem VI gehört eine beschreibende Dokumentation in den *VI Properties*.

4.4.2 Dokumentation von Elementen

Genauso wie VIs können Controls und Indicators in den *Properties* (Eigenschaften) beschrieben werden. Auch dies wird in der Kontexthilfe angezeigt, macht aber meist wenig Sinn, da z. B. ein boolescher Taster nicht mehr kann als Schalten.

Im Gegensatz zur VI-Dokumentation kann es aber hilfreich sein, einem Element einen sogenannten *Tip Strip* hinzuzufügen. Dieser wird z. B. als kleines Textfenster während der Laufzeit des Programms angezeigt, um den Benutzer Hilfestellung zur Funktion zu bieten. In Bild 4.10 wird ein Programm kontinuierlich ausgeführt, bis der Button *Stop* gedrückt wird. Wenn der Benutzer mit der Maus über den Button fährt, wird ihm der *Tip Strip* angezeigt.

Für ein beschriftetes und mit eindeutigem Symbol versehenes Control wie die Stopptaste mag ein *Tip Strip* überflüssig sein, da die Funktion hier klar ist. In vielen anderen Fällen, vor allem wenn der Benutzer der Applikation selbst nicht der Programmierer ist, stellt ein *Tip Strip* aber eine willkommene Hilfe zur Funktion der im Frontpanel verwendeten Elemente dar.

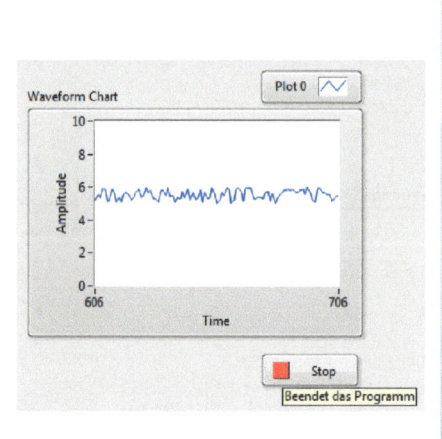

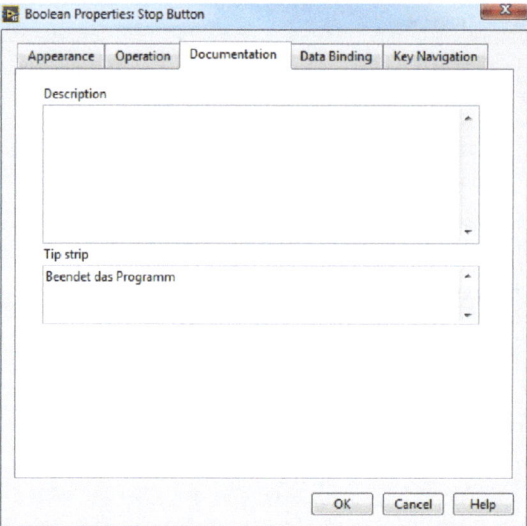

Bild 4.10 Tip Strip: angezeigt während der Laufzeit (links) und im Menü Eigenschaften (Properties) des Elements

> Der *Tip Strip* eines Elements wird erst dann sichtbar, wenn sich der Mauszeiger über dem Element befindet.

4.4.3 In-Code-Dokumentation

Um das Blockdiagramm übersichtlich und selbsterklärend zu gestalten, bieten sich verschiedene Möglichkeiten. Zum einen besitzt jedes Element ein *Label*, mit dem es angesprochen wird und welches standardmäßig (außer bei VIs und Wires) im Blockdiagramm sichtbar ist.

Wires können ebenfalls beschriftet werden, was vor allem dann Sinn macht, wenn viele parallele Verbindungen bestehen, die man auseinander halten muss. Mit Rechtsklick auf das Wire und *Visible Items → Label* kann eine Beschriftung für die Verbindung erzeugt werden (Bild 4.11). Dies macht hauptsächlich dann Sinn, wenn die Herkunft des Signals nicht direkt ersichtlich ist.

Ein sogenannter *Free Text* (freie, nicht an ein Element gekoppelte Beschriftung) kann jederzeit überall im Blockdiagramm durch Doppelklick auf eine freie Stelle eingefügt werden. Manchmal ist es hilfreich, bei komplexeren Funktionen einen Codeabschnitt durch einen solchen Text kurz zu beschreiben.

Das *Subdiagram Label* ermöglicht dem Programmierer, Strukturen (Schleifen, Case etc.) wenn nötig zu beschriften. Hierzu wird ein Rechtsklick auf den Rahmen der Struktur ausgeführt und danach *Visible Items → Subdiagram Label* angewählt.

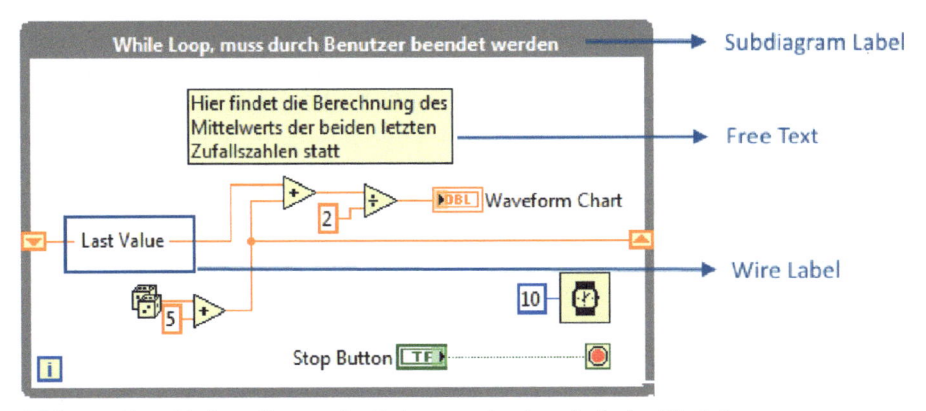

Bild 4.11 Verschiedene Formen der Dokumentation innerhalb des Blockdiagramms

4.4.4 Best Practice Dokumentation

In der Praxis wird der Dokumentation leider weniger Beachtung geschenkt, da sie nicht zur Funktionalität der Applikation beiträgt. Für die Wartung und etwaige spätere Anpassungen, z. B. durch andere Entwickler, ist eine konsistent geführte Dokumentation aber unumgänglich und erspart unter Umständen sehr viele unnötige Arbeitsstunden.

Die Dokumentation eines VIs (und SubVIs) sollte immer Informationen über die Funktion sowie Metadaten über Zeitpunkt der Erstellung und des Programmierers enthalten.

Bild 4.12 zeigt eine vollständige Dokumentation eines SubVIs, wie sie in der Kontexthilfe angezeigt wird. Die Funktion innerhalb des VIs ist beschrieben, und Angaben zum Entwickler sind vorhanden.

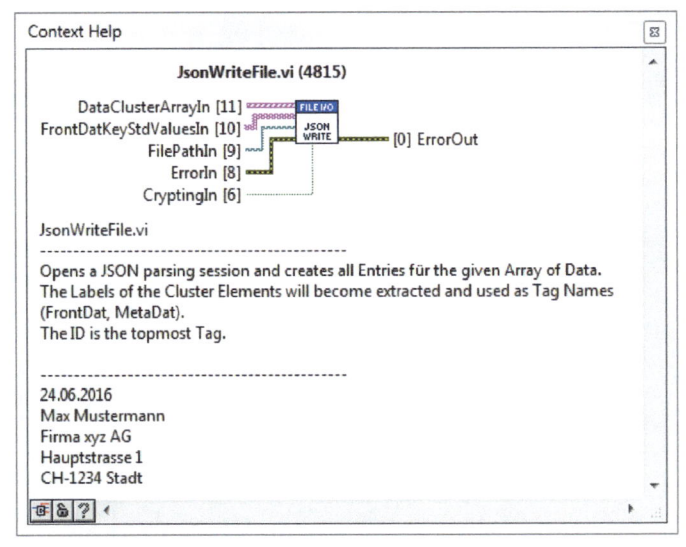

Bild 4.12 Vollständige VI-Dokumentation

Die Dokumentation von einzelnen Controls und Indicators ist nur dann notwendig, wenn spezielle Eigenschaften spezifiziert wurden bzw. sich das Element nicht so verhält, wie es zu erwarten wäre. *Tip Strips* hingegen helfen dem Benutzer, die Funktionen der einzelnen Bedienelemente zu erkennen.

Aufgabe 4.2: Temperaturumrechnung mit SubVIs

■ 4.5 Übungsaufgaben

Aufgabe 4.1: DIP-Schalter mit SubVIs

a) Nehmen Sie ihre Lösung aus **Aufgabe 2.2: DIP-Schalter** (oder die Musterlösung aus dem Softwarepaket) und erstellen Sie für die Umwandlung Binär zu Dezimal und Dezimal zu Binär je ein SubVI. Geben Sie den SubVIs aussagekräftige Symbole, dokumentieren Sie kurz, was das jeweilige VI tut. Da die Oberflächen der beiden SubVIs für den Benutzer bei der Benutzung des Programms nicht sichtbar sind, verwenden Sie Frontpanel-Elemente der Palette *Modern*.

b) Organisieren Sie das Projekt so wie in Bild 4.13, dass die beiden SubVIs in einem separaten virtuellen Ordner abgelegt sind, mit oder ohne Autofüllfunktion. Das Main VI soll in der obersten Ebene abgelegt sein.

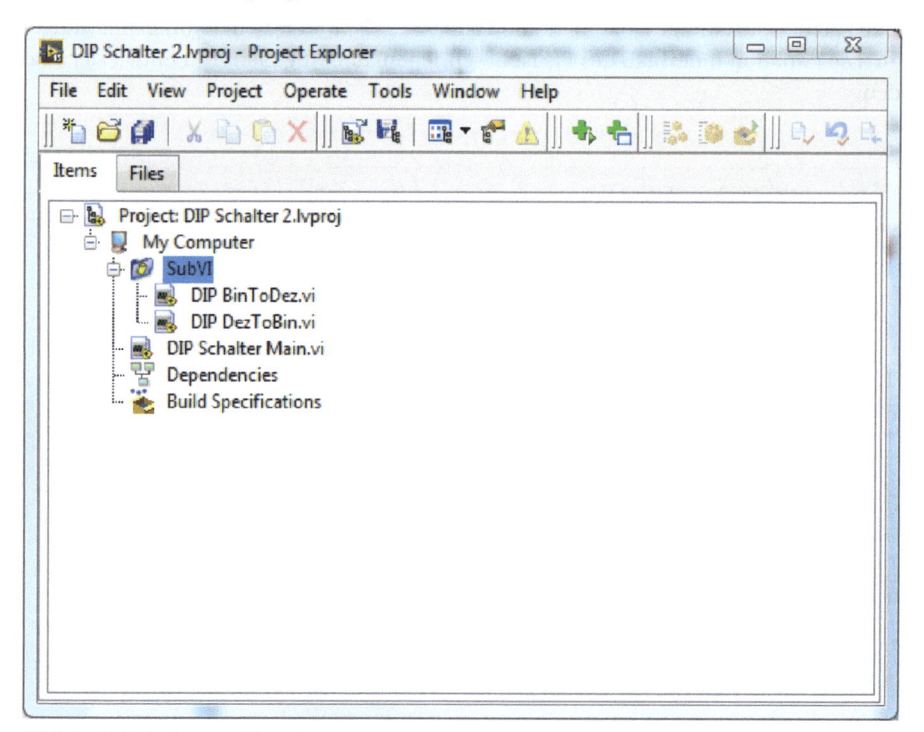

Bild 4.13 Aufgabe 4.1: Projektstruktur

Aufgabe 4.2: Temperaturumrechnung mit SubVIs

Aus ihrer Lösung der **Aufgabe 2.3: Temperaturumrechnung** (oder die Musterlösung aus dem Softwarepaket) erarbeiten Sie eine erweiterte Variante, welche die Umrechnung auch in die andere Richtung erlaubt (Bild 4.14). Beide Umrechnungsalgorithmen verpacken Sie in ein separates SubVI, welches Sie in das Projekt integrieren.

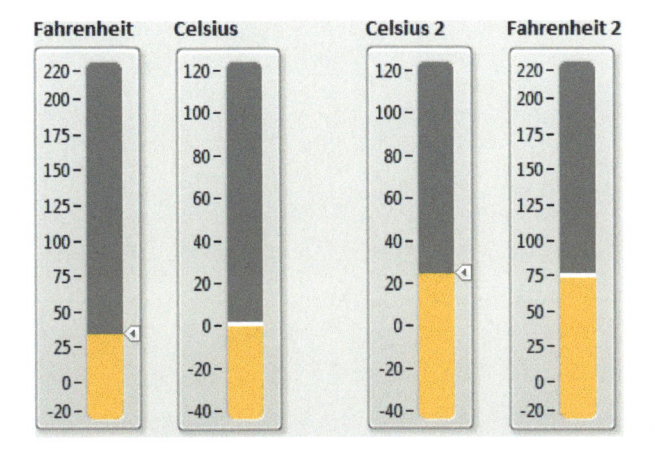

Bild 4.14 Aufgabe 4.2: Frontpanel der zweifachen Umrechnung

Alle drei VIs (Main, F → C, C → F) sind mit Symbol und VI-Dokumentation zu versehen.

Die Temperaturumrechnungen ergeben sich gemäß den Gleichungen:

$$C = (F - 32) \times \frac{5}{9} \qquad F = C \times \frac{9}{5} + 32$$

Ganzzahlige Anzeigen müssen keine implementiert werden.

Starten Sie die Anwendung mit *Run Continuously*.

Organisieren Sie die Applikation in einem Projekt. Auf der obersten Stufe befindet sich das Main.vi, die SubVIs befinden sich in einem *Autopopulating Folder* mit dem Namen *SubVIs* (Bild 4.15).

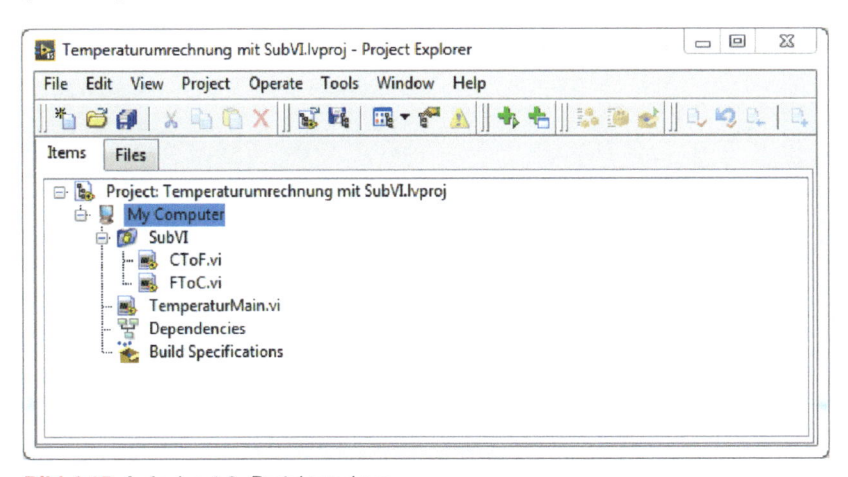

Bild 4.15 Aufgabe 4.2: Projektstruktur

5 Loops

Um Programmcode repetierend auszuführen, werden in LabVIEW wie in jeder anderen Programmiersprache Schleifen oder Loops eingesetzt. Hierbei sind zwei Arten zu unterscheiden: *While-Loop* und *For-Loop*.

5.1 While-Loops

Ein While-Loop wird wiederholt, bis eine Bedingung erfüllt ist, die zum Abbruch und somit zum Verlassen der Schleife führt. Die Abbruchbedingung wird erst nach Ausführung des Codes innerhalb des Loops kontrolliert. Der Loop wird auf jeden Fall einmal durchlaufen und folglich der Programmcode innerhalb des Loops mindestens einmal ausgeführt (Bild 5.1).

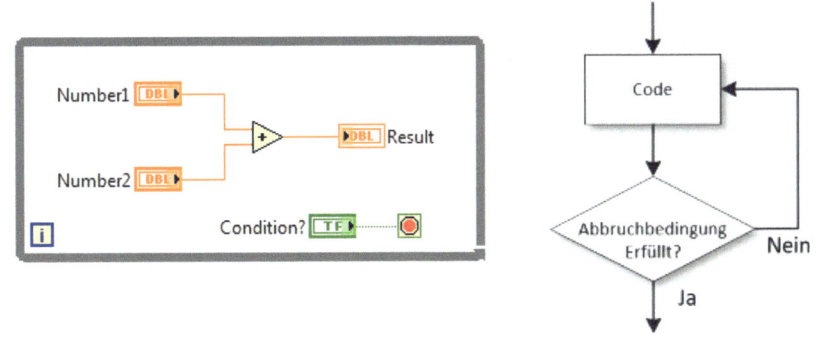

Bild 5.1 While-Loop und zugehöriges Flow Chart

Die Abbruchbedingung muss mit einer booleschen Variablen (z. B. eines *Stop*-Buttons) bedient werden, wobei TRUE bedeutet, dass der Loop abgebrochen wird, FALSE dass eine weitere Iteration erfolgen kann. Die Bedingung kann bei Bedarf in die inverse Bedingung umgewandelt werden. Dann wird der Loop so lange ausgeführt, bis eine Bedingung nicht mehr erfüllt ist.

Jeder Loop enthält zudem einen Iterationszähler, der die jeweilige Anzahl der Ausführungen des Loops wiedergibt. Die Iterationszählung wird bei jedem neuerlichen Durchlauf inkrementiert und beginnt immer bei Null. Sie kann verwendet werden, um beispielsweise Arrays zu indizieren.

In der Praxis wird eine Abbruchbedingung oftmals per logischer *OR*-Verknüpfung mit der Error-Leitung verbunden, um bei auftretenden Fehlern den Loop ebenfalls verlassen zu können. Bei simplen Operationen wie in Bild 5.1 existieren keine Anschlüsse für Fehlerleitungen, da die verwendeten Funktionen keine Laufzeitfehler verursachen können. Das Beispiel im

Bild 5.2 zeigt eine *File-Write*-Funktion. Tritt beim Schreiben der Datei ein Fehler auf, z. B. wenn die Datei plötzlich gelöscht wurde, wird dieser Fehler per Error-Leitung weitergegeben und der Loop abgebrochen.

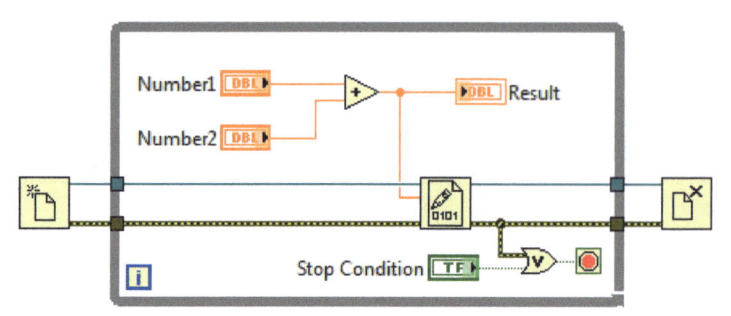

Bild 5.2 Abbruch durch Benutzer oder einen auftretenden Error

■ 5.2 For-Loops

Im Unterschied zum While-Loop wird beim For-Loop eine bestimmte Anzahl an Durchläufen definiert. Ist diese Anzahl erreicht, wird die Schleife verlassen, wie das Flussdiagramm in Bild 5.3 rechts verdeutlicht. Für diese Bedingung besitzt der For-Loop einen Zählanschluss N, mit dem die Anzahl der Durchläufe definiert wird. Wie beim While-Loop bleibt der Schleifenzähler i, mit dem die Anzahl der Iterationen beginnend bei Null gezählt werden, gleich.

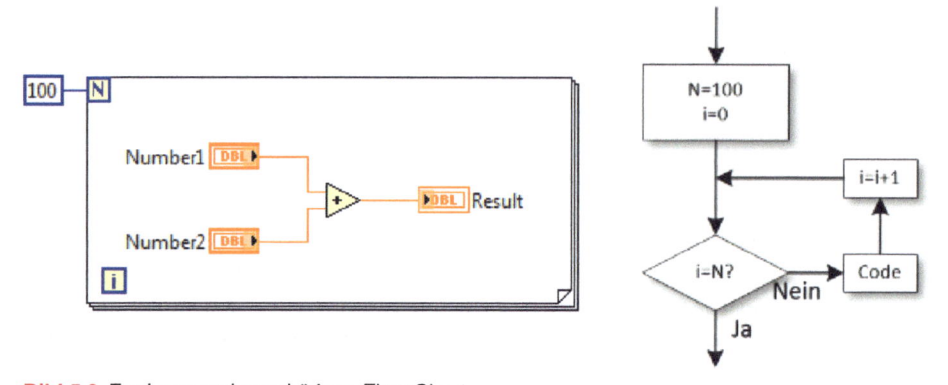

Bild 5.3 For-Loop und zugehöriges Flow Chart

Die For-Schleife kann zudem mit einem optionalen Bedingungsanschluss (Bild 5.4, rechts) versehen werden (Rechtsklick auf den Rahmen, *Conditional Terminal*). Damit können weitere Abbruchbedingungen wie z. B. der Tastendruck definiert werden. Das zuerst eintretende Ereignis (in diesem Beispiel Anzahl der Durchläufe = 100 ODER *Stop Condition* gedrückt) beendet die Schleife.

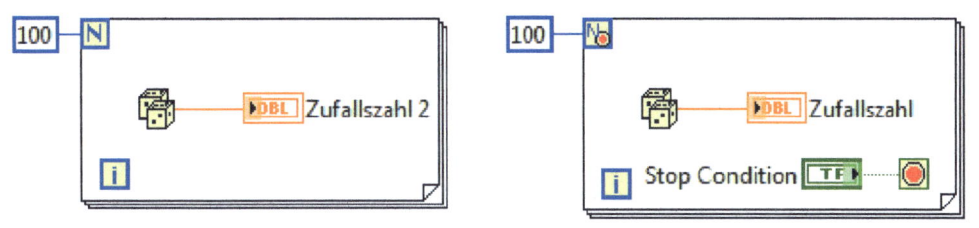

Bild 5.4 Standard-For-Loop (links) und mit Bedingungsanschluss

Beim Anschluss einer Zahl an den Zählanschluss sollte darauf geachtet werden, dass die Zahl dem Datentyp I32 entspricht. Ansonsten treten rote Typumwandlungspunkte auf (Bild 5.5, links), welche vermieden werden sollten. Die Typumwandlung kann programmatisch mit den Elementen *Programming → Numeric → Conversion* erfolgen.

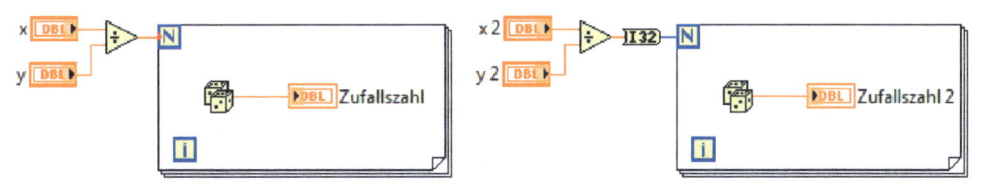

Bild 5.5 Type-Conversion am Zählanschluss von For-Loops

5.3 Timing von Loops

Die Ausführung von LabVIEW-Code geschieht im Normalfall so schnell, wie es die Hardware und das Betriebssystem maximal erlauben. Wenn die Funktionen innerhalb eines Loops abgearbeitet sind und der Loop nicht abgebrochen wird, startet LabVIEW sofort mit der nächsten Iteration. Bei modernen Rechnern dauert das im Bereich von Nano- bis Mikrosekunden. Meist ist es völlig unnötig, Prozesse wie z. B. Loops in dieser Kadenz zu wiederholen. Messungen von physikalischen Größen wie etwa Temperaturen ändern sich sehr viel langsamer und können demnach langsamer abgetastet werden, ohne dabei wichtige Ereignisse zu verpassen. Außerdem wird mit einer maximal schnellen Ausführung unnötig viel Prozessorzeit beansprucht, welche möglicherweise anderen Applikationen in dieser Zeit fehlt.

Aus diesen Gründen ist es sinnvoll, jede Schleife mit einem Timing zu versehen, welches für die Aufgabe adäquat ist. Dies geschieht mit den beiden in der Tabelle 5.1 beschriebenen *Wait*-Funktionen in der Palette *Timing*.

Vereinfacht ausgedrückt besteht der Unterschied der beiden Funktionen darin, dass *Wait (ms)* nur die Pausenzeit definiert und *Wait until next ms multiple* die kumulierte Ausführungszeit sowie die zum Erreichen des nächsten Vielfachen der angegebenen Millisekunden benötigte Pause. In Bild 5.6 ist diese unterschiedliche Verhaltensweise zeitlich dargestellt.

Tabelle 5.1 Beschreibung der Wait-Funktionen

⌚	*Wait (ms)*: Wartet vom Zeitpunkt des Datenempfangs am Eingang, bis die angegebene Anzahl an Millisekunden verstrichen ist. Die Systemzeit spielt dabei keine Rolle. In der Leerzeit wird der Prozessor freigegeben und kann andere Aufgaben bearbeiten.
🎼	*Wait until next ms multiple*: Wartet bis zu einem Vielfachen (in ms) der Systemzeit, ist also synchron zur Systemzeit. In der Leerzeit wird der Prozessor freigegeben und kann andere Aufgaben bearbeiten.

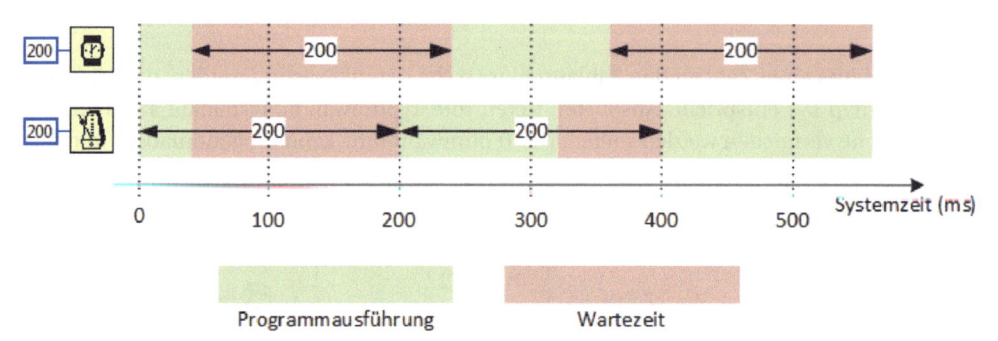

Bild 5.6 Unterschiedliches Zeitverhalten der Funktionen

In der Praxis kann in vielen Fällen beides verwendet werden. Wenn eine Synchronisierung von verschiedenen parallelen Prozessen gefordert ist, muss allerdings die Metronom-Funktion gewählt werden. Dies ist z. B. bei mehreren parallelen Schleifen mit unterschiedlicher Ausführungszeit hilfreich.

■ 5.4 Tunnel

Wie bereits in Bild 5.2 gezeigt, können Daten an Loops übergeben und bei Beendigung weitergegeben werden. Diese Übergänge werden in LabVIEW *Tunnel* genannt und können verschiedene Formen und Funktionen aufweisen.

Der einfachste Tunnel und Standard bei While-Loops ist der in Bild 5.7 abgebildete *Last Value* Tunnel. Das ausgefüllte Quadrat bedeutet, dass der Wert am Eingang bei jedem Schleifendurchgang gleich ist. Am Ausgang bedeutet das gleiche ausgefüllte Quadrat, dass nur der letzte Wert beim Verlassen des Loops weitergegeben wird.

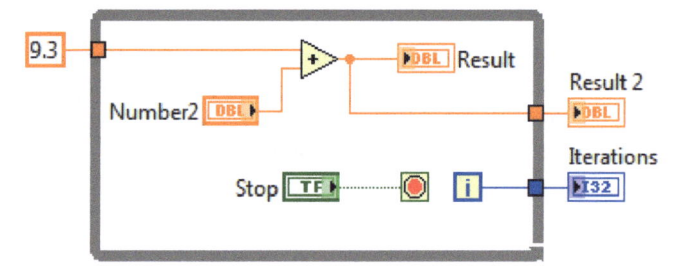

Bild 5.7 Eingangs- und Ausgangstunnel eines While-Loops

5.4 Tunnel

Result 2 wird also nach Ausführung des abgebildeten Programms nur einen einzigen Wert enthalten: nämlich denjenigen, welcher beim letzten Durchlauf der Schleife an den Tunnel weitergegeben wurde. Die Iterationsvariable [i] zählt zwar jeden Durchlauf mit, gemäß Datenfluss werden Daten aus einem Loop aber erst bei dessen Beendigung weitergegeben. Folglich wird ganz am Ende die Anzahl der Schleifendurchläufe (–1, da beginnend bei Null) im Indicator *Iterations* angezeigt.

> Werte aus einer Schleife *(Loop)* werden erst bei Beendigung der Schleife an die nachfolgenden Funktionen und Elemente weitergegeben.

Eine weitere Möglichkeit, Daten an Schleifen zu übergeben, sind sogenannte *Indexing Tunnel*. Sie werden bei der Verwendung von For-Loops standardmäßig erzeugt, wenn Wires aus dem Inneren des Loops nach Außen gezogen werden. Eine Indizierung bedeutet, dass der Wert bei jedem Durchlauf einem Array, also einer Liste von Werten, hinzugefügt wird. In Bild 5.8 links werden 20 Zufallszahlen generiert, die bei Beendigung der Schleife als Array weiterverarbeitet werden können.

Bild 5.8 Indizierter Loop-Ausgang (links) und mit Conditional Terminal (rechts)

Auf der rechten Seite in Bild 5.8 wurde dem Terminal ein *Conditional* hinzugefügt, der dafür sorgt, dass nur Werte dem Array hinzugefügt werden, wenn der boolesche Input = TRUE, in diesem Fall die Zahl größer als 0.5 ist. So lassen sich spezifische, bereits gefilterte Datenarrays erstellen.

Bei indizierten Eingängen verhält es sich genau umgekehrt: Wird ein Array in einen For-Loop geführt, wird automatisch ein indizierter Tunnel erstellt. In diesem Fall muss der Zählanschluss [N] nicht zwingend mit einer I32-Zahl verbunden werden, da der For-Loop automatisch erkennt, wie groß das Array ist und die Durchführungsanzahl anpasst. In Bild 5.9 wird ein Array mit einer bestimmten Anzahl an DBL-Zahlen mittels indiziertem Eingangstunnel an einen For-Loop übergeben. Dieser führt die Umrechnung von Grad ins Bogenmaß für jedes einzelne Element aus und gibt sie mittels indiziertem Ausgangstunnel an nachfolgende Funktionen weiter.

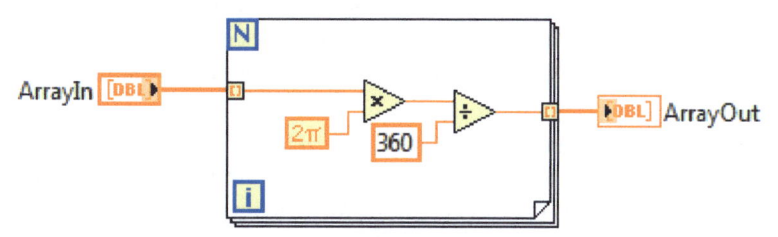

Bild 5.9 Berechnung Grad zu Bogenmaß für alle Elemente eines Arrays

Zu beachten gilt es, dass LabVIEW es erlaubt, mehrere indexierte Eingangstunnel in einen For-Loop zu führen und zusätzlich den Zählanschluss zu verbinden. In diesem Fall, wie in Bild 5.10 gezeigt, ist aus dem Blockdiagramm heraus nicht ersichtlich, wie oft der Loop wirklich durchgeführt wird. Zwar wird die Anzahl der Durchläufe durch die Zahl 20 am Zählanschluss definiert, befinden sich aber in einem der beiden Arrays (*DBLArrayIn* oder *StringArrayIn*) weniger als 20 Elemente, wird die Größe des kleineren Arrays maßgebend für die Anzahl der Ausführungen des For-Loops.

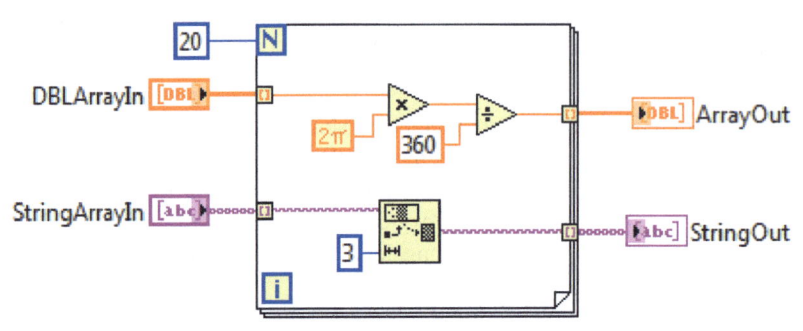

Bild 5.10 Maßgebend ist der kleinste Index für die Anzahl der Durchläufe

Ein Beispiel: Beinhaltet das DBL-Array 35 Elemente und das String-Array 25 Elemente, wird der Loop aufgrund des Zählanschlusses (mit 20 als niedrigstem Wert) 20 Mal ausgeführt und danach beendet. In diesem Fall werden bei den beiden Arrays nur die jeweils 20 ersten Elemente bearbeitet und die Ausgangsarrays enthalten lediglich 20 Werte, der Rest ist verloren.

Anhand von Bild 5.10 können die in Tabelle 5.2 aufgelisteten Szenarien entstehen, welche unterschiedliche Auswirkungen auf die Größe und den Inhalt der beiden Ausgangsarrays (*ArrayOut* und *StringOut*) haben können.

Tabelle 5.2 Mögliche Situationen beim Indexieren von For-Loops

N	Size [DBL]	Size [abc]	Anz. Loops	Size [DBL]	Size [abc]
20	35	25	20	20	20
20	15	25	15	15	15
20	35	3	3	3	3
20	35	0	0	0	0

Wie in der letzten Zeile von Tabelle 5.2 ersichtlich wird, kann es bei einen For-Loop durchaus vorkommen, dass er gar nie ausgeführt wird, wenn z. B. ein leeres Array als indexierter Eingang übergeben wird. In diesem Fall werden alle Ausgangsarrays ebenfalls leer sein. In der Praxis entsteht dieser Fall meist ungewollt und ist durch programmatische Vorkehrungen zu vermeiden.

Tunnel können sowohl bei While- als auch bei For-Loops jederzeit von *Last Value* Tunnel in *Indexing* Tunnel und umgekehrt verwandelt werden. Hierzu genügt ein Rechtsklick auf den Tunnel und unter *Tunnel Mode* den entsprechenden Eintrag wählen. Ebenfalls in diesem Kontextmenü befindet sich die Aktivierung des *Conditional Terminals*.

5.5 Schieberegister

Eine spezielle Art von Tunnel sind sogenannte Schieberegister *(Shift Register)*. Sie erlauben die Speicherung von Daten innerhalb eines Loops bis zur nächsten Iteration. Ein einfaches Beispiel mit einer Zahl des Datentyps DBL ist in Bild 5.11 abgebildet. Bei Eintritt in den Loop wird dem Schieberegister die Konstante 0 übergeben, die beim ersten Durchlauf inkrementiert wird und als 1 im Ausgangsregister gespeichert wird. Beim nächsten Durchlauf stellt das Eingangsregister dem Loop nun die Zahl 1 zur Verfügung, die wiederum inkrementiert wird usw. Am Ende, also nach fünf Iterationen wird die Schleife verlassen und der letzte Wert an nachfolgende Elemente (hier: der Indicator *Result*) weitergegeben, in diesem Fall die Zahl 5.

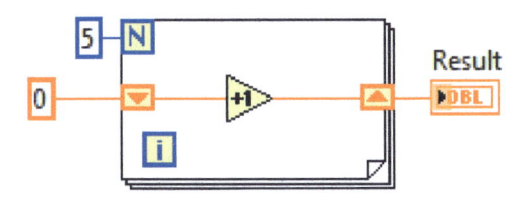

Bild 5.11 Schieberegister für eine DBL-Zahl

Ein Schieberegister besteht immer aus zwei Blöcken, einen am Eingang des Loops links und einen am Ausgang rechts. Schieberegister können für sämtliche Datentypen erstellt werden. Am einfachsten erstellt man ein Schieberegister, indem man einen vorhandenen Tunnel mit Rechtsklick und *Replace with Shift Register* umwandelt.

Schieberegister können auch mehrstufig gemacht werden, indem sie mit der Maus nach unten oder oben aufgezogen werden. Dann wandert ein Wert bei jeder Iteration ein Register tiefer. In Bild 5.12 ist die Berechnung eines Mittelwerts der aktuellen Zufallszahl sowie der drei letzten Zufallszahlen dargestellt. Sämtliche Schieberegistereingänge müssen zwingend initialisiert werden (hier: mit „0"), ansonsten besteht die Gefahr von undefinierten Werten bei den ersten Iterationen des Loops.

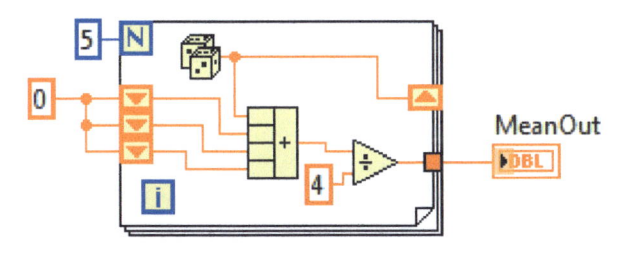

Bild 5.12 Schieberegister mit mehreren Stufen

Aufgabe 5.1: Loops-Theorie

Aufgabe 5.2: LED-Blinklicht

Aufgabe 5.3: Tiefpassfilter Extended

Aufgabe 5.4: ASCII-Generator

5.6 Übungsaufgaben

Aufgabe 5.1: Loops Theorie

While-Loop

Welche Werte enthalten die Anzeigen *While 1* bis *While 6* in Bild 5.13 nach Programmende?

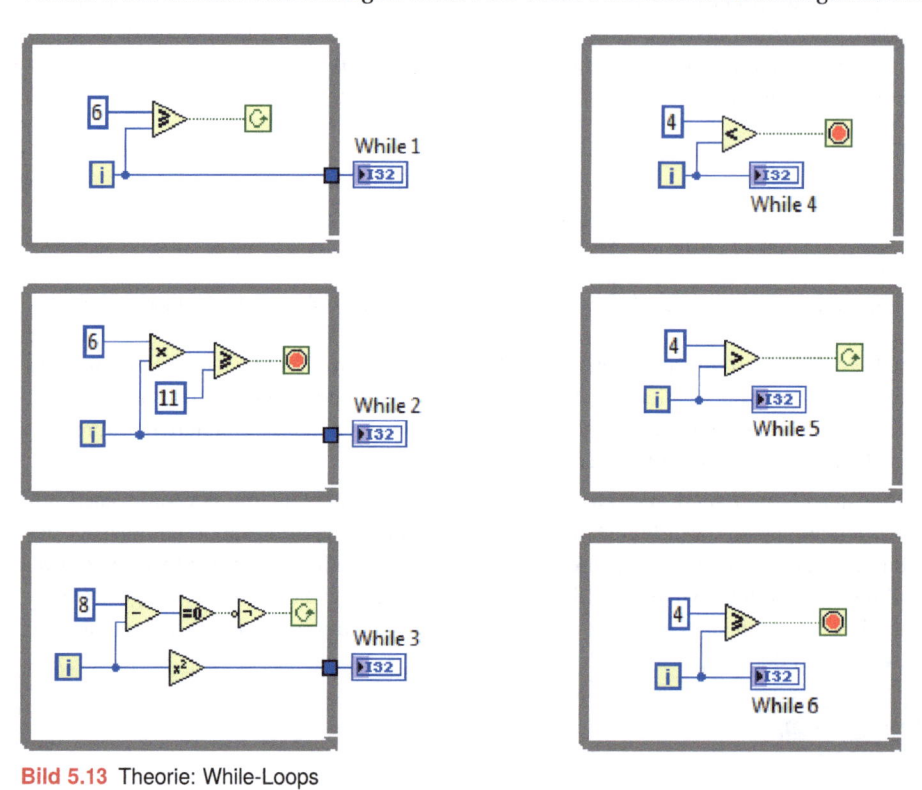

Bild 5.13 Theorie: While-Loops

For-Loop

Welche Werte enthalten die Anzeigen *For 1* bis *For 5* in Bild 5.14 nach Programmende?

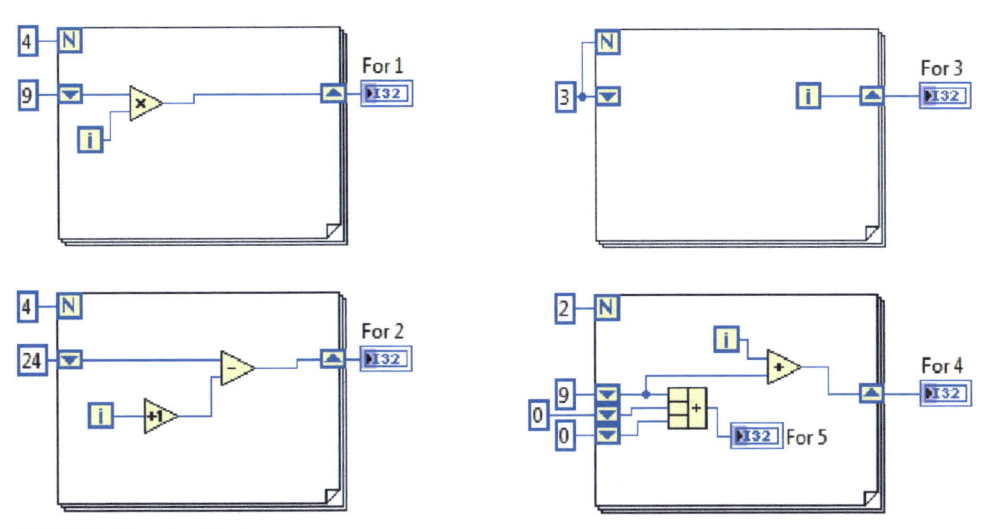

Bild 5.14 Theorie: For-Loops

Kombination

Welche Werte enthalten die Anzeigen *Kombi 1* bis *Kombi 3* und *LED 1* bis *LED 2* in Bild 5.15 nach Programmende?

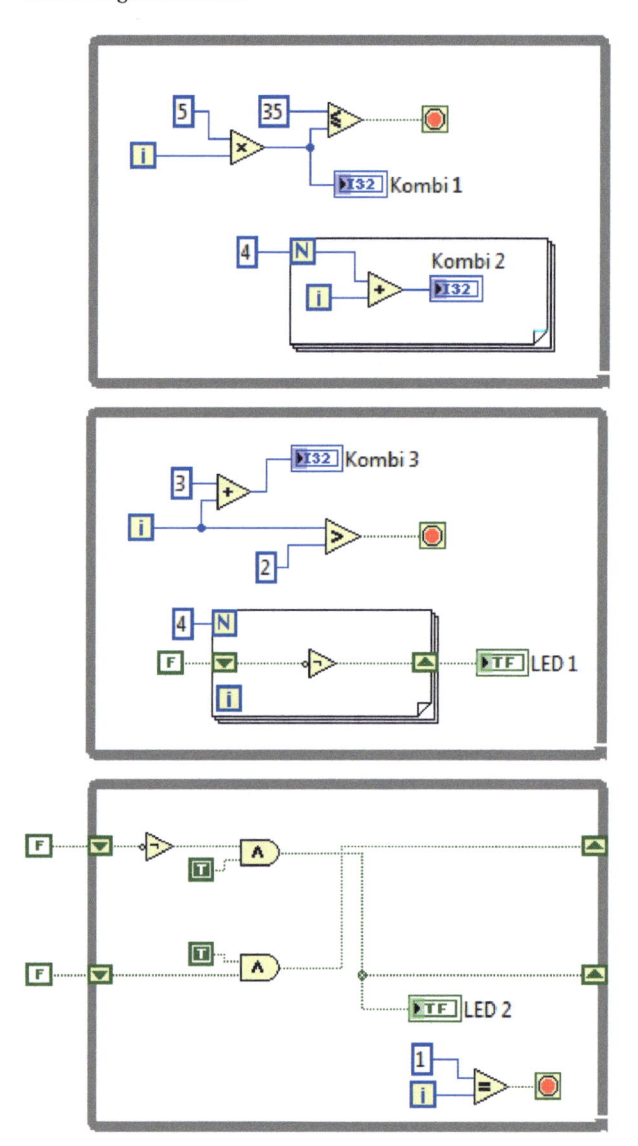

Bild 5.15 Theorie: Kombination

Aufgabe 5.2: LED-Blinklicht

Erstellen Sie ein neues LabVIEW-Projekt, welches die folgende Funktion enthält: ein Programm mit einer While-Schleife, welches abwechslungsweise zwei LEDs ein- und ausschaltet (analog einem Bahnblinklicht).

Nach dem Starten des Programms blinken die LEDs abwechslungsweise im Sekundentakt. Die Ein- bzw. die Ausschaltzeit einer LED kann während der Programmlaufzeit verändert werden. Die andere LED verhält sich invers zur ersten. Das Programm kann mit einer Stopptaste beendet werden. Verwenden Sie dazu die Silber-Palette. Dazu folgende Angaben:

Controls: Numerisch, Einschaltzeit innerhalb 0.1 bis 5 in fixen 0.1 Sekunden

Numerisch, Ausschaltzeit innerhalb 0.1 bis 5 in fixen 0.1 Sekunden

Bool, Stop-Taste

Indicators: Bool, 2 LED

Bedingungen: keine Verwendung von Sequenzstrukturen, keine Verwendung von lokalen Variablen

Aufgabe 5.3: Tiefpassfilter Extended

a) Nehmen Sie ihre Lösung (oder die Musterlösung) aus der **Aufgabe 1.4: Berechnung Tiefpassfilter** und packen Sie die Berechnung der Filterfunktion in ein SubVI. Geben Sie dem SubVI ein aussagekräftiges Symbol und eine sinnvolle Anschlussbelegung. Dokumentieren Sie die Funktion kurz in den Eigenschaften des SubVIs.

b) Integrieren Sie das SubVI in ihr LabVIEW-Projekt, das Sie bereits in der Aufgabe zur Berechnung des Tiefpassfilters erstellt haben und erstellen Sie einen Autopopulating-Ordner (Ordner mit Autofüllfunktion), in welchem Sie das SubVI ablegen (Bild 5.16).

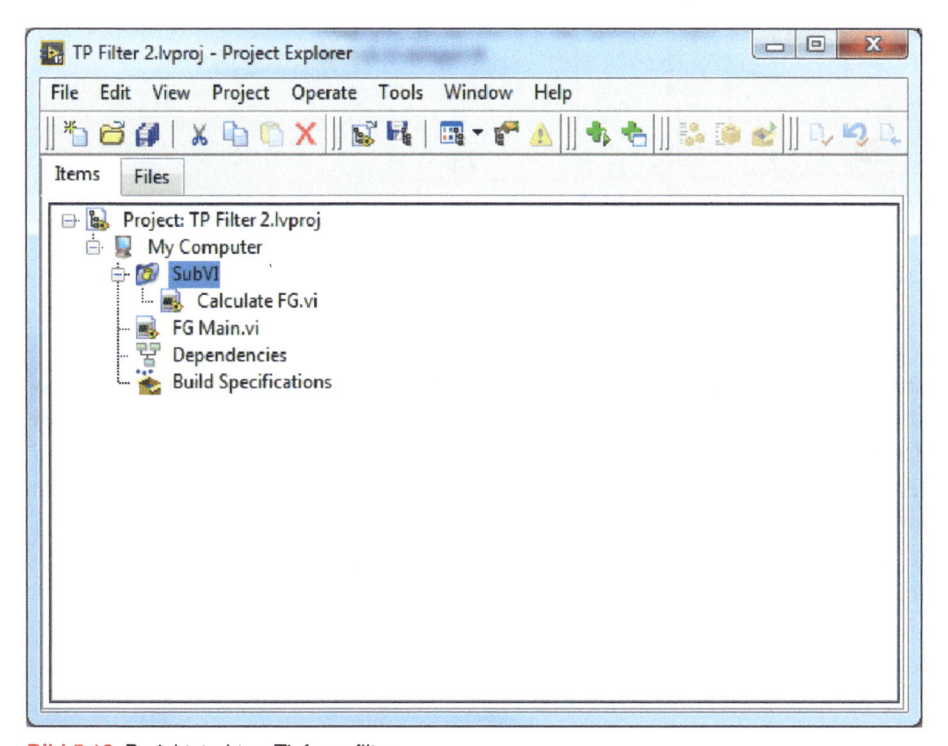

Bild 5.16 Projektstruktur: Tiefpassfilter

c) Zusätzlich soll die Applikation nicht mehr nur einmal durchlaufen, sondern nach der Ausführung so lange wiederholt werden, bis der Benutzer einen *Stop*-Button betätigt. Achten Sie auf ein sinnvolles Timing des Loops.

Aufgabe 5.4: ASCII-Generator

In einem Anzeigeelement sollen im Sekundentakt alle Großbuchstaben von A bis Z (ASCII 65..90) nacheinander angezeigt werden (Frontpanel gemäß Bild 5.17, links). Das Element *Type Cast* (Typumwandlung, Palette *Numeric → Data Manipulation*) (Bild 5.17, rechts) erstellt dabei automatisch aus einem U8-Wert das zugehörige ASCII-Zeichen. Nehmen Sie hierfür eine ASCII-Tabelle zur Hilfe.

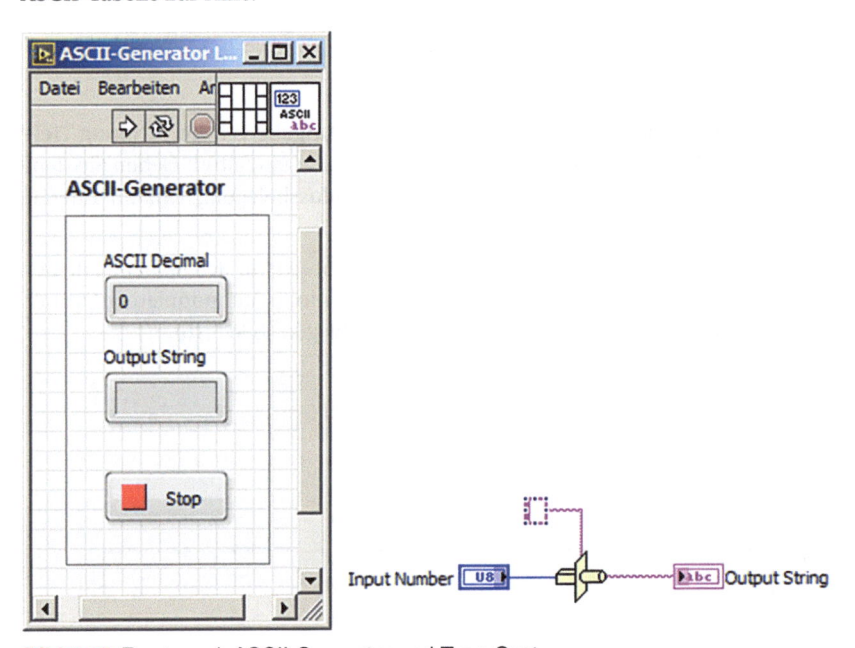

Bild 5.17 Frontpanel: ASCII-Generator und Type-Cast

a) Ersetzen Sie für die korrekte Funktion das Bedienelement *Input Number* durch eine laufende Zahl beginnend bei 65 (ASCII-Wert für „A"). Das Programm soll entweder durch Betätigung eines *Stop*-Buttons beendet werden oder durch Erreichung des Z-Zeichens.
b) Ändern Sie das Programm so, dass nach dem Durchlauf der Großbuchstaben auch die Kleinbuchstaben a bis z durchlaufen werden.
c) Erweitern Sie das Programm so, dass vor den Großbuchstaben alle ASCII-Ziffern von 0...9 erscheinen.

6 Entscheidungsstrukturen

In jeder Applikation muss an bestimmten Punkten entschieden werden, welcher Code als nächstes ausgeführt werden soll. Oftmals handelt es sich dabei nicht nur um zwei zur Verfügung stehende Möglichkeiten, sondern um eine größere Anzahl an verschachtelten Entscheidungen. Im folgenden Kapitel werden Strukturen und Prozesse vorgestellt, die dies in LabVIEW ermöglichen.

■ 6.1 Case-Struktur

Die Case-Struktur entspricht ungefähr einer *if-then-else*-Verzweigung in textbasierten Programmiersprachen. Es besteht die Möglichkeit, eine Bedingung mit mehreren Optionen an verschiedene Datentypen zu knüpfen. Nicht nur boolesche Datentypen sind zugelassen, auch Zahlen, Strings, Enumeratoren und Error-Cluster sind erlaubt. Tabelle 6.1 bietet eine Übersicht über die verschiedenen Selektionsmöglichkeiten.

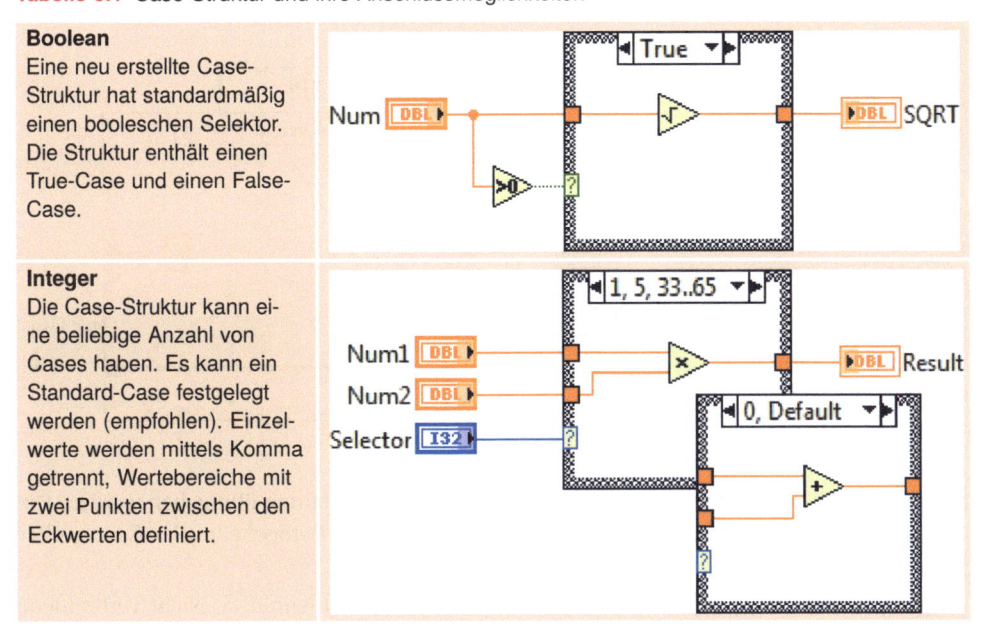

Tabelle 6.1 Case-Struktur und ihre Anschlussmöglichkeiten

Boolean Eine neu erstellte Case-Struktur hat standardmäßig einen booleschen Selektor. Die Struktur enthält einen True-Case und einen False-Case.	
Integer Die Case-Struktur kann eine beliebige Anzahl von Cases haben. Es kann ein Standard-Case festgelegt werden (empfohlen). Einzelwerte werden mittels Komma getrennt, Wertebereiche mit zwei Punkten zwischen den Eckwerten definiert.	

Tabelle 6.1 Case-Struktur und ihre Anschlussmöglichkeiten (Fortsetzung)

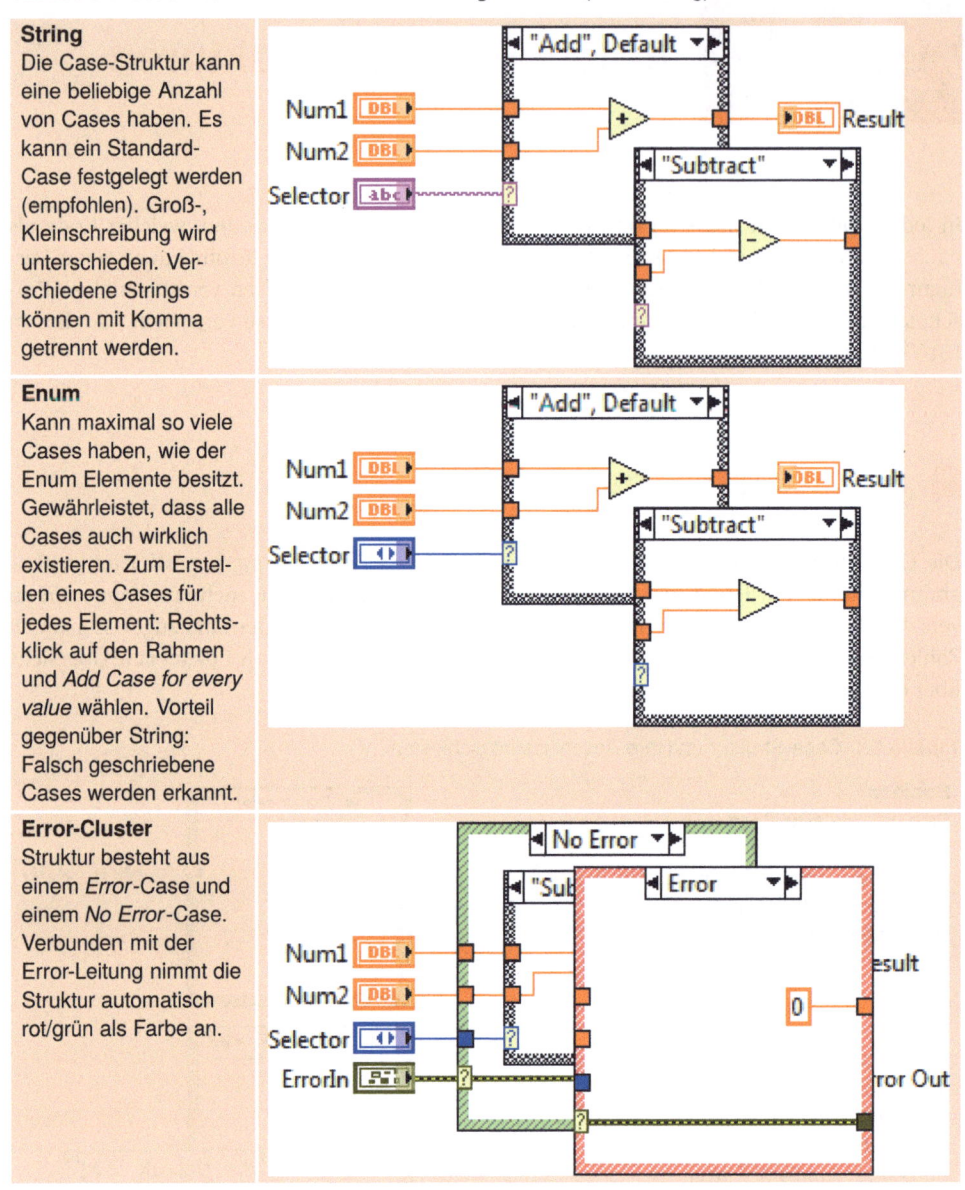

String Die Case-Struktur kann eine beliebige Anzahl von Cases haben. Es kann ein Standard-Case festgelegt werden (empfohlen). Groß-, Kleinschreibung wird unterschieden. Verschiedene Strings können mit Komma getrennt werden.	
Enum Kann maximal so viele Cases haben, wie der Enum Elemente besitzt. Gewährleistet, dass alle Cases auch wirklich existieren. Zum Erstellen eines Cases für jedes Element: Rechtsklick auf den Rahmen und *Add Case for every value* wählen. Vorteil gegenüber String: Falsch geschriebene Cases werden erkannt.	
Error-Cluster Struktur besteht aus einem *Error*-Case und einem *No Error*-Case. Verbunden mit der Error-Leitung nimmt die Struktur automatisch rot/grün als Farbe an.	

Auch Case-Strukturen können mittels Tunnel Werte zur Bearbeitung übergeben werden. Die Eingangstunnel gelten immer für alle Cases, müssen aber nicht zwingend in allen Cases weiter verwendet werden.

Ausgangstunnel hingegen erfordern in jedem Case eine Wertdefinition. Nicht verbundene Ausgangstunnel führen zu einem gebrochenen Pfeil, die Ausführung des Programms ist nicht möglich. Es existieren verschiedene Arten von Ausgangstunnel, abgebildet in Bild 6.1.

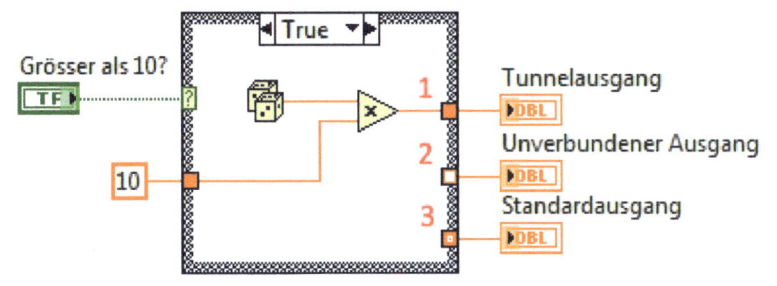

Bild 6.1 Verschiedene Ausgangstunnel von Case-Strukturen

1. Tunnel, der in allen Cases verbunden wurde
2. Tunnel, der in mindestens einem Case nicht verbunden wurde (nicht lauffähig)
3. Tunnel, der auf *Use Default If Unwired* gesetzt wurde

Ein unverbundener Tunnel kann mittels Rechtsklick auf den Tunnel und *Use Default If Unwired* auf einen Standardwert gesetzt werden für alle Cases, in denen der Tunnel nicht verbunden wurde. Diese Option ist manchmal praktisch, sollte aber stets mit Vorsicht eingesetzt werden, da es ungewollt zu Standardwerten und damit fehlerhaftem Programmverhalten kommen kann.

Standardwerte in LabVIEW sind zum Beispiel:

- Für Boolean: FALSE
- Numerisch: 0
- String: leer „"

6.2 Eventstruktur

Event- oder auch ereignisgesteuerte Programmierung ist eine Methode, bei der die Applikation auf das Eintreten eines Ereignisses (z. B. Tastendruck des Users, Eingabe mittels Keyboard etc.) wartet und danach den dafür vorgesehenen Codeabschnitt ausführt. Ereignisse können durch unterschiedlichste Arten herbeigeführt werden, etwa durch angeschlossene Hardware, Wertänderungen oder durch Interaktion des Benutzers mit dem User Interface.

6.2.1 Verwendung der Eventstruktur

Im Blockdiagramm findet man die Eventstruktur unter *Programming → Structures → Event Structure* (Bild 6.2). Gleich wie andere Strukturen lässt sich damit ein Rahmen um gewisse Programmteile bilden. Ein Standard-Event (Timeout) wird zu Beginn automatisch erstellt.

Der *Timeout-Event* wird periodisch ausgelöst, wenn keine anderen Events ausgelöst wurden. Im oberen linken Eck der Struktur befindet sich der Anschluss für eine I32-Zahl in Millisekunden. Wird das Timeout z. B. mit 5000 ms angeschlossen, wird dieser Event alle 5 s ausgelöst,

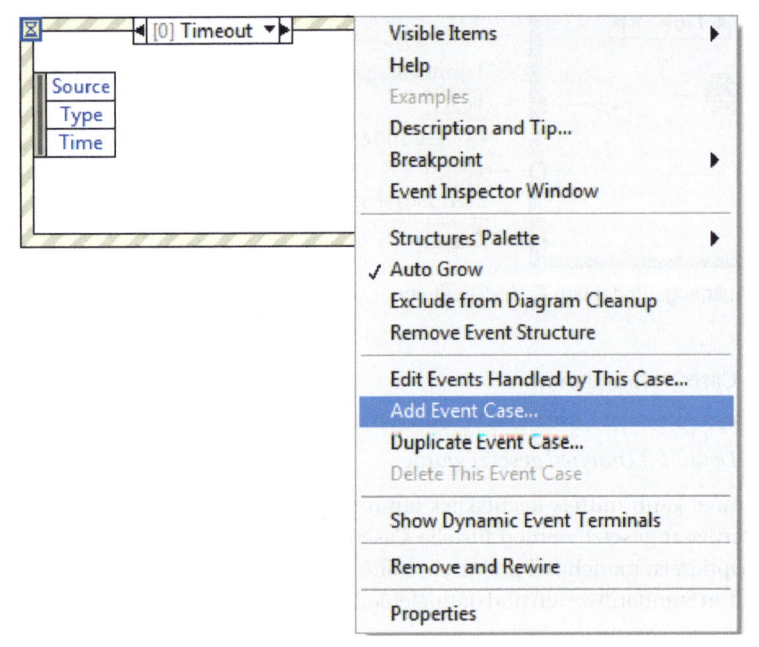

Bild 6.2 Eventstruktur mit Kontextmenü

wenn kein anderer Event vorher eingetreten ist. Jeder Event setzt die Timeout-Zeit wieder auf Null. Der Timeout-Event muss nicht zwingend verwendet werden, kann aber nützlich sein, z. B. um regelmäßige Statusmeldungen zu erzeugen oder als eine Art Softwareüberwachung.

Mittels *Kontextmenu* → *Add Event Case* (Rechtsklick auf den Rahmen, Bild 6.2) können neue Event Cases definiert und mit neuen Events verlinkt werden. Für einen *Event Case* wird ein bestimmtes Ereignis definiert, etwa die Wertänderung eines booleschen Elements, z. B. ein *Stop*-Button. Es können einem Event Case mehrere Events aus unterschiedlichen Quellen zugeordnet werden.

Etwa kann eine Applikation sowohl bei Betätigung eines Stoppschalters (Event: *Controls* → *Stop Button* → *Value Change*) beendet werden als auch über die Schließung des aktuellen Applikationsfensters (Event: *This VI* → *Panel Close*). In Bild 6.3 ist das Konfigurationsfenster einer Eventstruktur dargestellt.

1. *Event Case*: Case-Rahmen, der für einen bestimmten Event ausgeführt wird
2. *Event Source*: Ereignisquelle (hier: *Stop*-Button)
3. *Event*: Events, die von der Ereignisquelle erzeugt werden können (hier: Wertänderung)
4. *Event Specifiers*: Quelle und Ereignis, die für den Case definiert wurden

Soll bei mehreren verschiedenen Ereignissen derselbe Event-Case ausgeführt werden, kann unter dem Bereich *Event Specifiers* der Button *Add Event* gedrückt und ein weiteres Ereignis für diesen Case definiert werden.

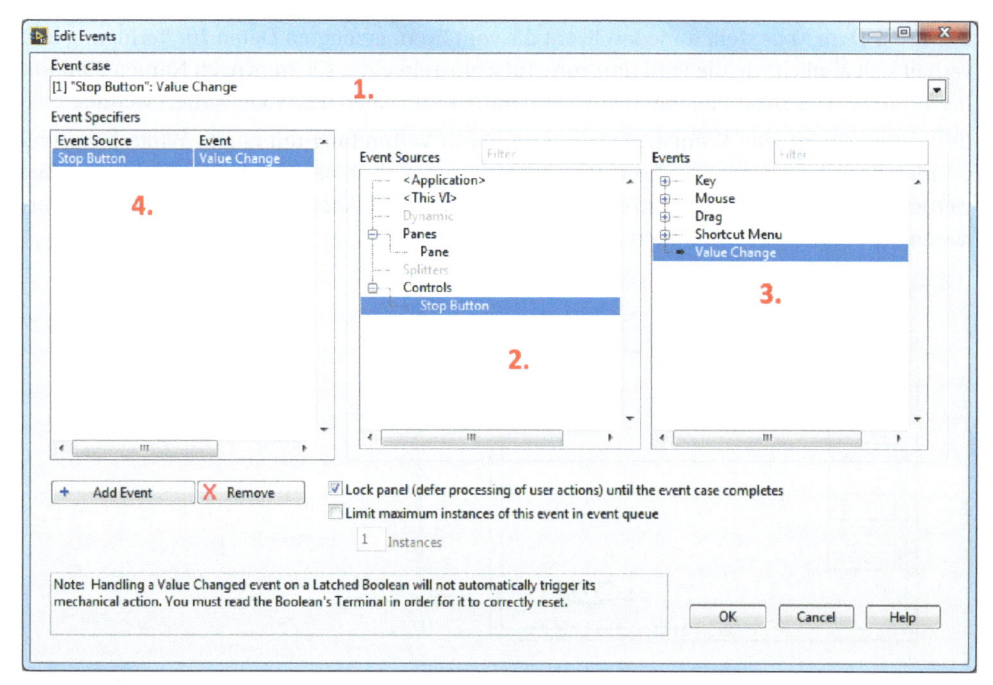

Bild 6.3 Festlegung der Event Source und des Events

Jedem Event-Case steht zudem ein sogenannter *Event Data Node* zur Verfügung. Damit kann auf vom Event erzeugte Daten zugegriffen werden. Einige der Elemente stehen bei jedem Event zur Verfügung *(Source, Type, Time)*, andere wiederum werden vom entsprechenden Event erzeugt. So stehen z. B. in Bild 6.4 links beim *Event Stop Button* die Buttonwerte vor und nach Betätigung *(OldVal, NewVal)* sowie die Referenz des Frontpanel-Elements *(CtlRef)* zur Verfügung.

Wird ein *Key Down*-Event erzeugt (Drücken einer Taste auf dem Keyboard), stehen andere Elemente zur Verfügung, etwa welches Zeichen gedrückt wurde *(Char)* und ob es sich um eine Funktions- oder Buchstabentaste *(VKey)* gehandelt hat (Bild 6.4 rechts).

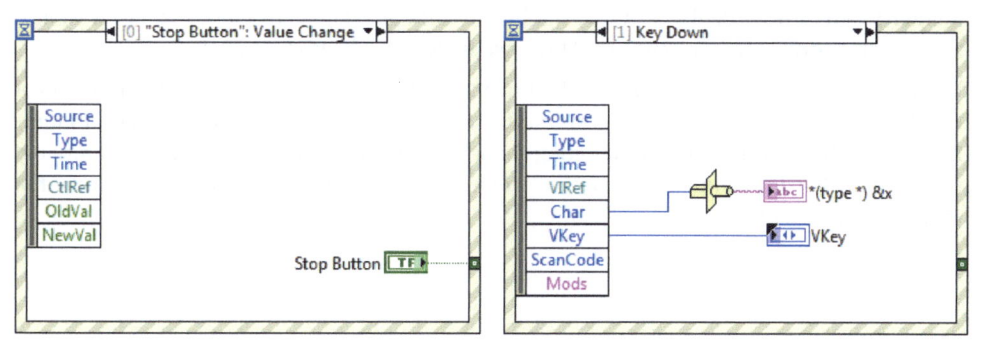

Bild 6.4 Event Data Node bei der Verwendung eines Buttons und eines Key Down Events

Der *Event Data Node* stellt für jeden Event die vom Event erzeugten Daten zur Verfügung und verhält sich ähnlich wie die Funktion zum Aufschlüsseln eines Clusters nach Namen *(Unbundle by name)*. Die Anzahl der Elemente kann mittels Aufziehen des Node variiert werden.

In der Praxis wird eine Eventstruktur fast immer in Verbindung mit einem While-Loop verwendet, da sich Events in der Regel wiederholen und nicht bloß ein einziges Mal ausgeführt werden. Oftmals wird die Eventstruktur auch direkt mit dem Abbruch des Loops und dem Verlassen des Programms kombiniert (Bild 6.5).

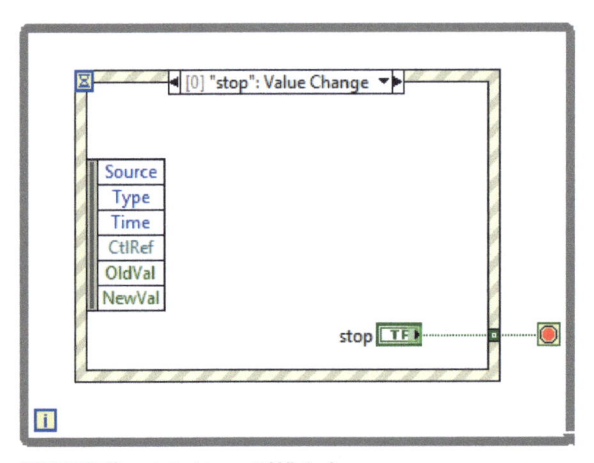

Bild 6.5 Eventstruktur mit While-Loop

Aufgabe 6.1: Tiefpass mit Eventstruktur

6.2.2 Melder- und Filter-Events

LabVIEW bietet die Möglichkeit, zwei verschiedene Eventtypen voneinander zu unterscheiden:

Melder-Event (grüner Pfeil): LabVIEW hat bereits auf das Ereignis reagiert. Ein Taster ist also z. B. bereits gedrückt und im Zustand TRUE, wenn der Case bearbeitet wird.

Filter-Event (roter Pfeil): Ermöglicht, die Ereignisdaten zu ändern oder zu verwerfen, bevor LabVIEW die weitere Ausführung vornimmt. So kann z. B. mit einem konfigurierten Filter-Event wie in Bild 6.6 links eine Bestätigung zur Schließung des Fensters vom Benutzer verlangt werden, bzw. hat der Benutzer dann immer noch die Möglichkeit, die Applikation weiterlaufen zu lassen (Bild 6.6 rechts).

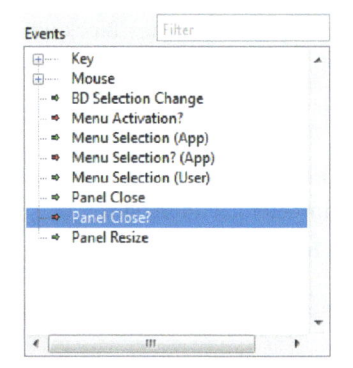

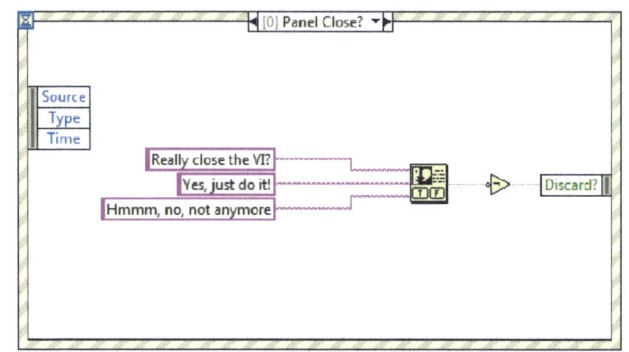

Bild 6.6 Melder- und Filter-Events (links), Eventstruktur mit verworfenem Filter-Event (rechts)

1) Um Eventkonflikte zu verhindern, sollte in einem VI immer nur eine Eventstruktur verwendet werden.
2) Wenn mit einer Eventstruktur auf Frontpanel-Elemente (Buttons und andere Controls) reagiert wird, sollte sich das entsprechende Frontpanel-Element im Blockdiagramm innerhalb der Eventstruktur befinden.
3) Es können mehrere verschiedene Events definiert werden, einen bestimmten Eventrahmen auszulösen.

Aufgabe 6.2: Filter-Events

■ 6.3 Übungsaufgaben

Aufgabe 6.1: Tiefpassfilter mit Eventstruktur

Wie zuvor erstellen Sie in LabVIEW ein Programm, welches ein RC-Tiefpass-Filter berechnet. Dazu folgende Details:

Eingaben: R (Ω)   Genauigkeit: 1 Stelle
          C (μF) Genauigkeit: 1 Stelle
Ausgabe: fg (Hz) Genauigkeit: 2 Stellen
Formel: $f_g = \dfrac{1}{2 \times \pi \times R \times C}$

Verwenden Sie dazu die entsprechenden Funktionen in der Palette *Numeric* des Blockdiagramms.

a) Platzieren Sie das Ganze in einer sich wiederholenden Schleife und statten Sie den Loop mit einem sinnvollen Timing aus.
b) Nun platzieren Sie eine Eventstruktur, sodass die Werte nicht mehr kontinuierlich berechnet werden, sondern immer nur dann, wenn ein Eingangsparameter geändert wird.
c) Sorgen Sie dafür, dass die Applikation ebenfalls mittels Event beendet werden kann.

Aufgabe 6.2: Filter-Events

Studieren Sie die Funktionsweise des VIs *FilterEventsMain.vi* im Vorlage-Projekt *Event Struktur.lvproj*. Das Frontpanel ist in Bild 6.7 abgebildet.

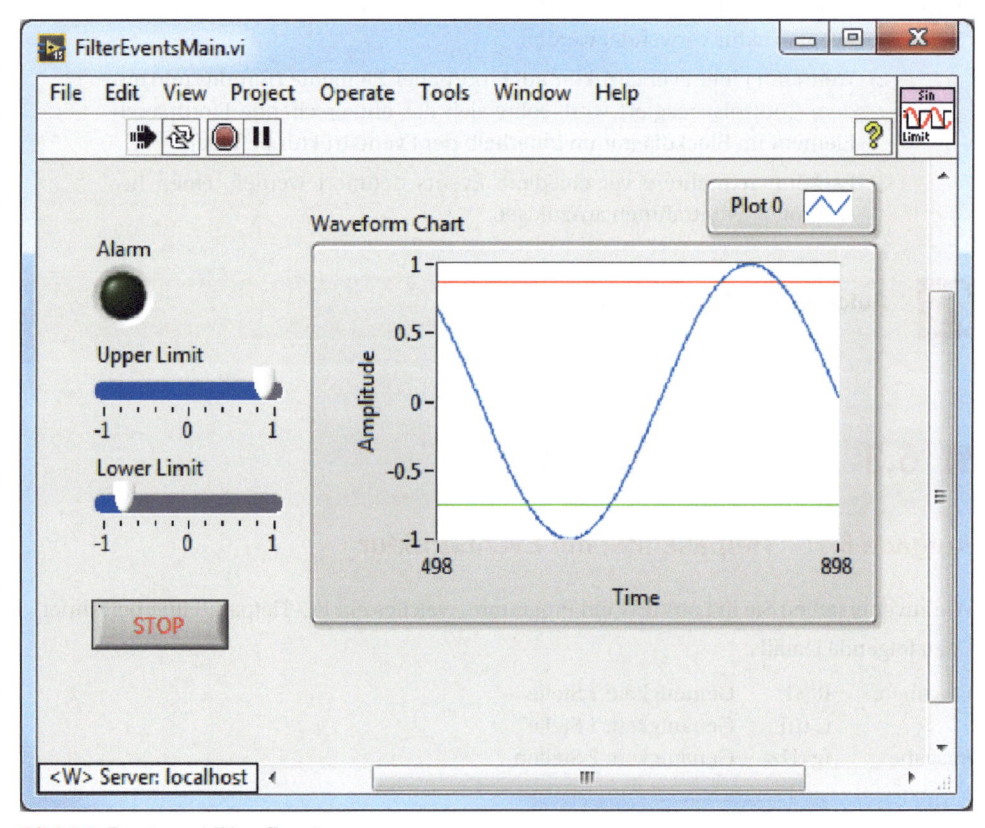

Bild 6.7 Frontpanel Filter Events

a) Machen Sie sich mit den Events *Panel Close?* und *Application Instance Close?* vertraut. Beide Events sind korrekt ausprogrammiert und dokumentiert. Es handelt sich hierbei um sogenannte Filter-Events, die bei der Eventverarbeitung verworfen werden können *(Discard)*.

b) Lassen Sie über einen Button auf dem Frontpanel einen Hilfe-Dialog einblenden. Verwenden Sie dazu die einfache Dialogbox aus der *Dialog/UI*-Palette.

c) Der Hilfe-Dialog soll auch über die Taste F1 der Tastatur eingeblendet werden können.

d) Erstellen Sie einen weiteren Hilfe-Dialog, welcher über einen weiteren zusätzlichen Hilfe-Button und die Taste F2 aufgerufen wird. Dazu erstellen Sie ein neues VI, platzieren den Hilfe-Text und einen Exit-Button auf dem Frontpanel des SubVIs. Im Blockdiagramm erstellen Sie einen While-Loop mit einer integrierten Eventstruktur, welcher die Taste *Schließen* und *Panel close* als Event abfragt und entsprechend reagiert. Die Eigenschaft dieses SubVIs muss auf den Dialog angepasst werden. Diese Einstellung wird definiert unter: *File → VI-Properties → Window Appearance → Dialog*. Packen Sie das VI in einen Autopopulating-Ordner SubVI. Starten Sie das Programm und Debuggen Sie etwaige Fehler.

e) Die beiden Tasten HILFE sollen mit einem entsprechenden TIP-Strip (gelbe Kommentarzeile, wenn die Maus auf dem Frontpanel-Element ruht) versehen werden.

f) Unter *File → VI-Properties → Window Appearance → Customize* stehen Ihnen verschiedene Optionen zur Fensterdarstellung zur Verfügung. Machen Sie sich schlau über die Möglichkeiten. Was bedeutet eine *modale* Verhaltensweise des Fensters?

g) Stellen Sie programmatisch sicher, dass die untere Begrenzung *(Lower Limit)* niemals höhere Werte als die obere Begrenzung *(Upper Limit)* enthält. Erstellen Sie einen Eigenschaftsknoten (Rechtsklick auf Control *Create → Property Node → Data Entry Limits → Minimum* oder *Maximum*) und stellen Sie ihn von *Read* auf *Write* um (Rechtsklick auf den Node *Change To Write*). Nun können Sie das *Upper Limit Control* mit dem *Lower Limit Maximum Property Node* verbinden und umgekehrt (Property Node, Abschnitt 10.2). Nun kann das Lower Limit mit dem Regler nicht mehr über das Upper Limit gezogen werden und das Upper Limit nicht mehr unter das Lower Limit.

7 Strukturierte Daten

Oftmals reichen die einfachen Datentypen nicht aus, um anspruchsvollere Aufgaben zu lösen bzw. Multikanal-Prüfsysteme mit verschiedenen Sensoren und Aktoren zu betreiben. Für das Handling von komplexen Daten bietet LabVIEW ähnlich anderen Programmiersprachen verschiedene Formen von Containern an, mit welchen sich Datensätze bündeln und automatisiert verarbeiten lassen.

■ 7.1 Arrays

Ein Array ist eine Sammlung von Elementen identischen Datentyps. Elemente können praktisch alle einfachen und komplexen Datentypen sein, etwa String, Zahlen, Boolean, Signalverläufe oder Cluster. Jedes Array besitzt einen Index, mit dem man auf einzelne Elemente des Arrays zugreifen kann (Bild 7.1).

Bild 7.1 1D-Array mit Indexanzeige

7.1.1 Darstellung

Der Index eines Array beginnt immer bei Null. Das heißt, das erste Element eines Arrays (in Bild 7.1 Zahl 111) befindet sich an der nullten Stelle des Arrays. Die Zahl 222 hat demnach den Index 1 usw.

1D-Arrays werden immer als Listen mit n Elementen dargestellt. Der Index geht dabei von $0 \ldots n-1$. Zum Beispiel sind in Bild 7.2 die 12 Monatsnamen des Jahres als 1D-Array dargestellt. Es spielt hierbei keine Rolle, ob das Array vertikal oder horizontal dargestellt ist. Der Index umfasst den Bereich 0–11. Der Januar ist somit der erste Monat und besitzt den Index Null.

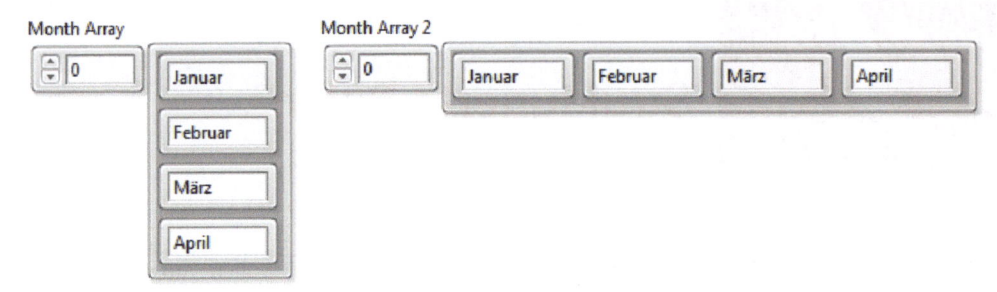

Bild 7.2 Monatsnamen in einem String Array, vertikal (links) und horizontal angeordnet (rechts)

Sowohl Index-Anzeige als auch die Scrollbalken (nicht abgebildet) können mit Rechtsklick auf *Visible Items* ein- oder ausgeblendet werden.

Zweidimensionale (2D) Arrays werden als Tabelle mit Zeilen und Spalten dargestellt und besitzen folglich für den Zugriff auf ein einzelnes Element zwei Indexanzeigen. Ein nicht initialisiertes Array (Bild 7.3, links) enthält zwar eine feste Anzahl an Dimensionen (hier: 2) aber keine Elemente. Es ist also ein leeres, numerisches 2D-Array. Bei der Initialisierung werden die Anzahl der Elemente pro Dimension und der Wert jedes Elements festgelegt (Bild 7.3, rechts).

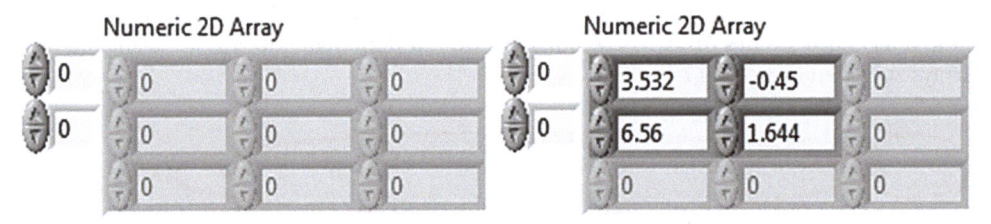

Bild 7.3 Nicht initialisiertes 2D-Array und 2D-Array der Größe [2, 2]

7.1.2 Statische Erstellung von Arrays

Im Frontpanel hat der Benutzer die Gelegenheit, ein Array als Control oder Indicator über die Palette *Array, Matrix & Cluster → Array* zu erstellen. Standardmäßig wird ein 1D-Array generiert, welches noch keine Daten enthält und somit auch noch keinen Datentyp besitzt. Nun wird ein Control des Datentyps erstellt, den das Array enthalten soll, und in die leere Fläche des Arrays gezogen.

Um die Dimension zu ändern, erweitert man die Indexanzeige auf zwei oder mehr Elemente. Für die Darstellung der Arrays kann der sichtbare Bereich mittels der blauen Punkte des Datenbereichs (Bild 7.4) nach rechts und nach unten gezogen werden. Bei 1D-Arrays kann lediglich in eine Dimension erweitert werden. Die Änderung von *Control* zu *Indicator* findet wie gewohnt mittels Rechtsklick (auf den Rahmen der Indexanzeige) und *Change to Indicator/ Control* statt.

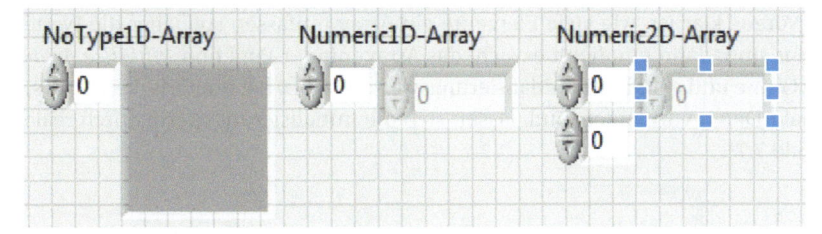

Bild 7.4 Erstellen eines numerischen 2D-Arrays (Control), nicht initialisiert

Im Blockdiagramm werden Arrays als Konstanten erstellt. In der Palette *Programming* → *Array* → *Array Constant* wird ein leerer 1D-Array-Rahmen eingefügt. Um dem Array einen Datentyp hinzuzufügen, wird die entsprechende Konstante erstellt und in den Array-Bereich gezogen (Bild 7.5).

Bild 7.5 Erstellen eines numerischen 1D-Arrays (Konstante)

7.1.3 Programmatische Erstellung von Arrays

Arrays können nicht nur statisch vom Benutzer erstellt werden, sondern auch dynamisch zur Laufzeit der Applikation. Dies geschieht meist über einen For-Loop oder die Funktion *Array* → *Build Array* der Palette *Programming* oder einer Kombination aus beiden.

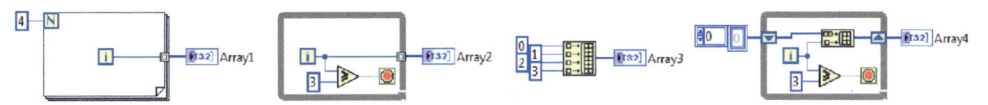

Bild 7.6 Programmatische Erstellung eines Arrays der Größe 4 mit dem Inhalt [0, 1, 2, 3] auf verschiedene Arten

In Bild 7.6 ist ein immer gleiches Array auf vier verschiedene Arten erstellt worden. Die ersten beiden Varianten werden über indexierte Ausgänge von Loops erstellt und unterscheiden sich nur über die Art der Schleife. Effizient ist die Variante vor allem mit For-Loop, da LabVIEW den Speicherbedarf des Arrays aufgrund der Anzahl der Werte (ist gleich der Anzahl an Schleifeniterationen) schon kennt. Die dritte Variante stellt eine statische Erstellung eines Arrays mittels der Funktion *Build Array* dar. Bei der vierten Variante wird einem bestehenden, nicht initialisierten Array bei jedem Durchlauf ein weiterer Wert hinzugefügt. Diese Variante ist wenig effizient, da bei jedem hinzugefügten Element neuer Speicherplatz bereitgestellt werden muss, was wiederum Rechenzeit benötigt und das Programm verlangsamen kann.

Wenn bereits im Voraus klar ist, wie viele Elemente ein Array umfassen soll, aber die Werte noch nicht bekannt sind, dann empfiehlt es sich, das Array mit der Funktion *Initialize Array* in der benötigten Größe und gefüllt mit Initialisierungswerten (z. B. 0 bei numerischen Arrays) zu erzeugen. Sobald Daten vorhanden sind, lassen sich die Initialisierungswerte durch reale Daten ersetzen (Bild 7.7).

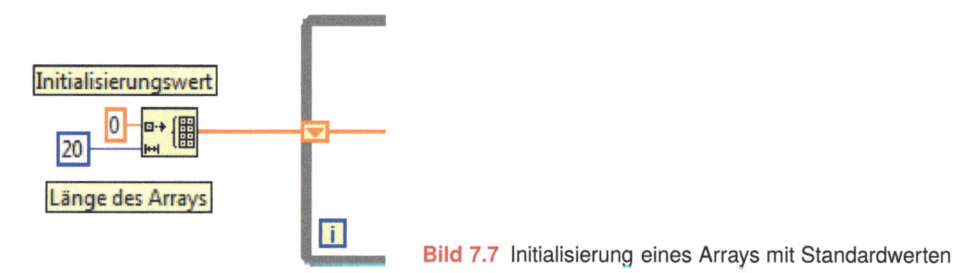

Bild 7.7 Initialisierung eines Arrays mit Standardwerten

7.1.4 Bearbeitung und Manipulation von Arrays

Für die Bearbeitung von Arrays steht eine umfangreiche Bibliothek an Funktionen zur Verfügung. Einige der wichtigsten Funktionen sind in Tabelle 7.1 beschrieben. Sämtliche Funktionen befinden sich in der Palette *Programming → Array* und können mit Arrays von verschiedensten Datentypen arbeiten.

Tabelle 7.1 Einige wichtige Array-Funktionen

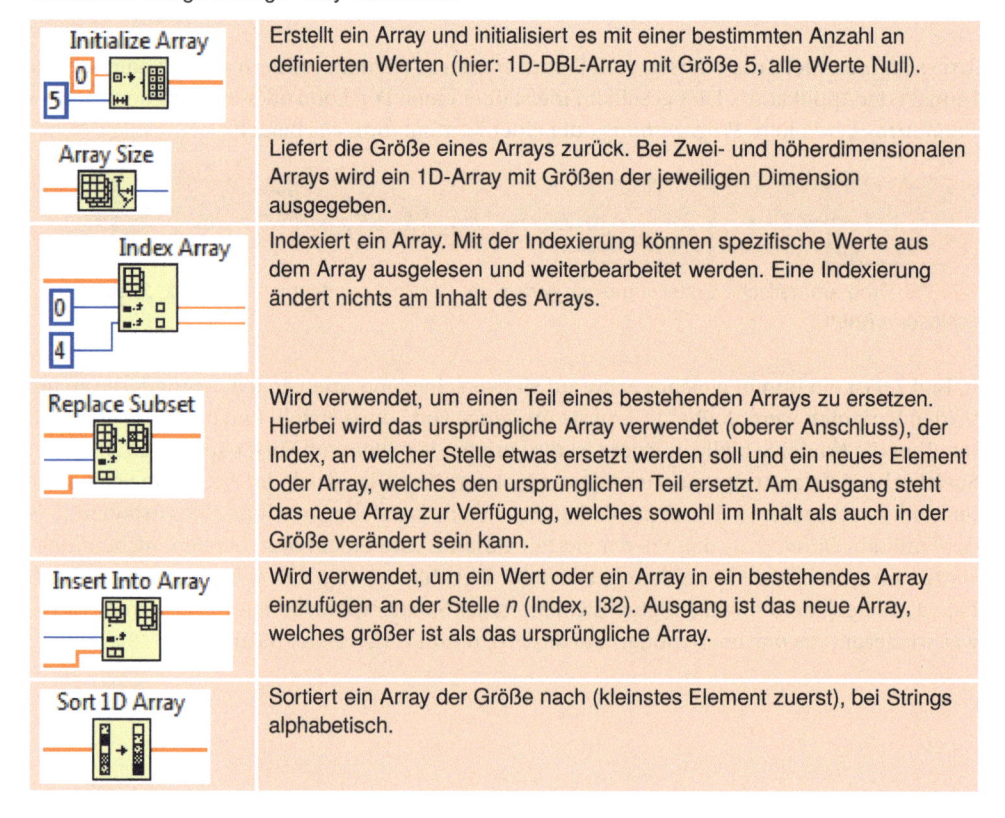

Initialize Array	Erstellt ein Array und initialisiert es mit einer bestimmten Anzahl an definierten Werten (hier: 1D-DBL-Array mit Größe 5, alle Werte Null).
Array Size	Liefert die Größe eines Arrays zurück. Bei Zwei- und höherdimensionalen Arrays wird ein 1D-Array mit Größen der jeweiligen Dimension ausgegeben.
Index Array	Indexiert ein Array. Mit der Indexierung können spezifische Werte aus dem Array ausgelesen und weiterbearbeitet werden. Eine Indexierung ändert nichts am Inhalt des Arrays.
Replace Subset	Wird verwendet, um einen Teil eines bestehenden Arrays zu ersetzen. Hierbei wird das ursprüngliche Array verwendet (oberer Anschluss), der Index, an welcher Stelle etwas ersetzt werden soll und ein neues Element oder Array, welches den ursprünglichen Teil ersetzt. Am Ausgang steht das neue Array zur Verfügung, welches sowohl im Inhalt als auch in der Größe verändert sein kann.
Insert Into Array	Wird verwendet, um ein Wert oder ein Array in ein bestehendes Array einzufügen an der Stelle *n* (Index, I32). Ausgang ist das neue Array, welches größer ist als das ursprüngliche Array.
Sort 1D Array	Sortiert ein Array der Größe nach (kleinstes Element zuerst), bei Strings alphabetisch.

> **Aufgabe 7.1: Array-Handling**

Die Array-Bearbeitung findet praktisch bei sämtlichen Anwendungen in Verbindung mit Messtechnik und Datenerfassung statt. Daher ist es von Vorteil, die Arrayfunktionen und ihre Anwendungsbereiche zu kennen und effizient zu nutzen. Die Kontexthilfe bietet meist eine gute Kurzbeschreibung der Funktion und ihrer Ein- und Ausgangsanschlüsse. In Bild 7.8 wird die Funktion *Search 1D Array* durch die Kontexthilfe erklärt.

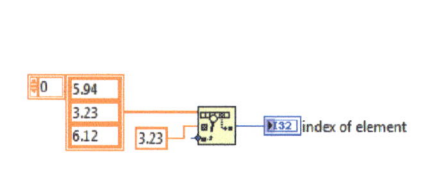

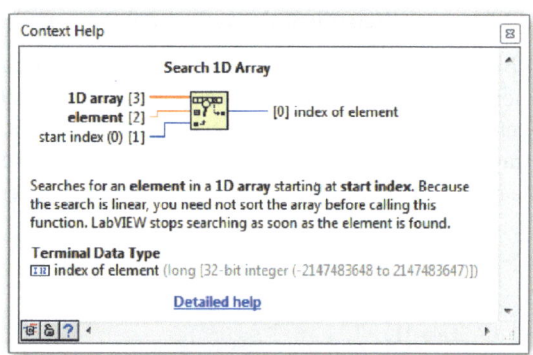

Bild 7.8 Kontexthilfe für die Funktion Search 1D Array

Für eine ausführliche Hilfe mit detaillierter Beschreibung sämtlicher Anschlüsse und allen Optionen kann mit Klick auf *Detailed help* die LabVIEW-Hilfe aufgerufen werden.

Neben den erwähnten Funktionen in Tabelle 7.1 existieren diverse weitere praktische Bausteine zur Array-Bearbeitung, etwa zur Ermittlung von Min./Max.-Werten eines Arrays, zur Transponierung von 2D-Arrays oder Array-zu-Cluster- und Array-zu-Matrix-Umwandlungsfunktionen.

> Die *Kontexthilfe* liefert eine kompakte Funktionsbeschreibung und bietet eine gute Übersicht über die Ein- und Ausgänge der verschiedenen Array-Funktionen.

> **Aufgabe 7.2: Lottozahlengenerator**

> **Aufgabe 7.3: Array von Zeichen**

7.1.5 Polymorphie bei Arrays

Es gibt in LabVIEW Funktionen, welche sowohl mit Skalaren als auch mit Arrays arbeiten und sogar beide kombinieren können. Zum Beispiel besitzen mathematische Operation diese Eigenschaft, sind also polymorph. Allerdings muss der Programmierer wissen, was etwa in dem Fall geschieht, wenn er zwei Arrays mit einer Addierfunktion miteinander verrechnet.

> Als *Polymorphie* wird die Eigenschaft von VIs und Funktionen bezeichnet, sich automatisch der Art der Eingangsdaten anzupassen.

Funktionen können auf mehrere unterschiedliche Arten polymorph sein:

- Einige oder alle Eingänge können polymorph sein.
- Manche arbeiten mit numerischen oder booleschen Werten.
- Für andere sind Zahlen und Strings zulässig.
- Andere arbeiten mit Skalarwerten, Zahlen-Arrays oder Zahlen-Clustern.

In Bild 7.9 ist Polymorphie anhand einer einfachen Addition dargestellt. Wird ein Skalar mit einem Array addiert, wird der Skalar mit jedem einzelnen Wert des Arrays verrechnet. Werden zwei Arrays addiert, werden jeweils die Elemente mit dem gleichen Index verrechnet. Sind die Arrays unterschiedlich lang, wird das Ausgangsarray die Länge des kürzeren Arrays annehmen. Die restlichen Werte des längeren Arrays sind verloren.

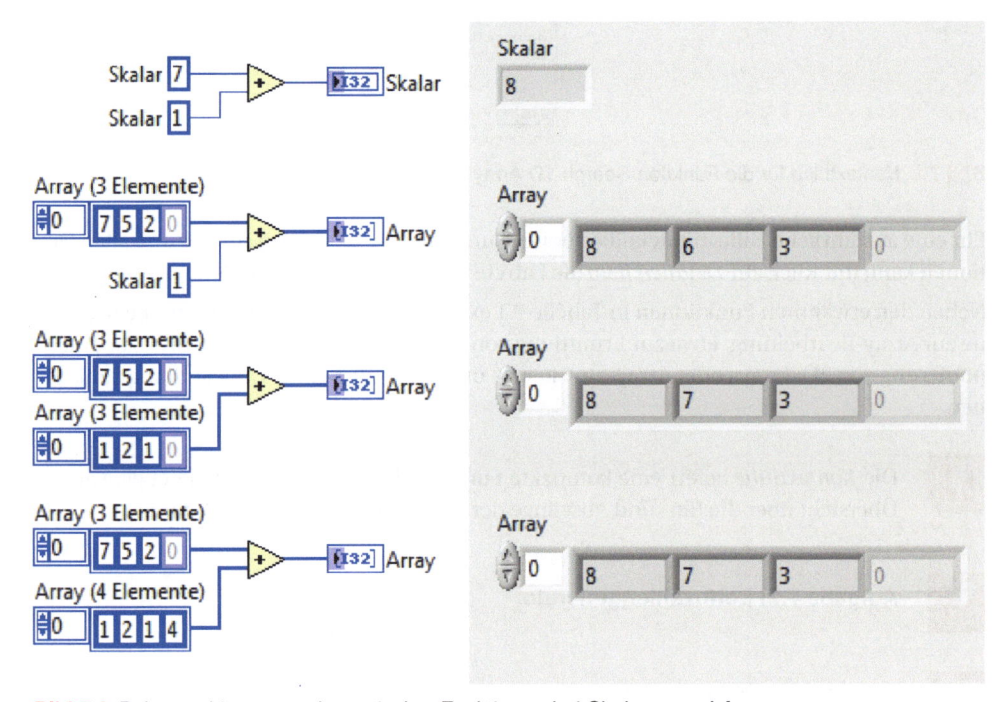

Bild 7.9 Polymorphismus mathematischer Funktionen bei Skalaren und Arrays

> Maßgebend für die Polymorphie bei Arrays ist immer das Array mit der kleinsten Anzahl an Elementen.

7.2 Cluster

Cluster sind ähnlich wie Arrays ebenfalls strukturierte Datentypen. Sie unterscheiden sich jedoch von Arrays, indem sie Daten unterschiedlichen Typs in einem Container bündeln können. Diese Bündelung von Daten macht das Blockdiagramm übersichtlicher und hat zur Folge, dass für die Übergabe der Datensätze an SubVIs weniger Anschlüsse benötigt werden. Es können nun funktional zusammengehörige Datensätze wie z. B. Temperaturmessdaten in Bild 7.10 komplett mit einem Wire übertragen werden.

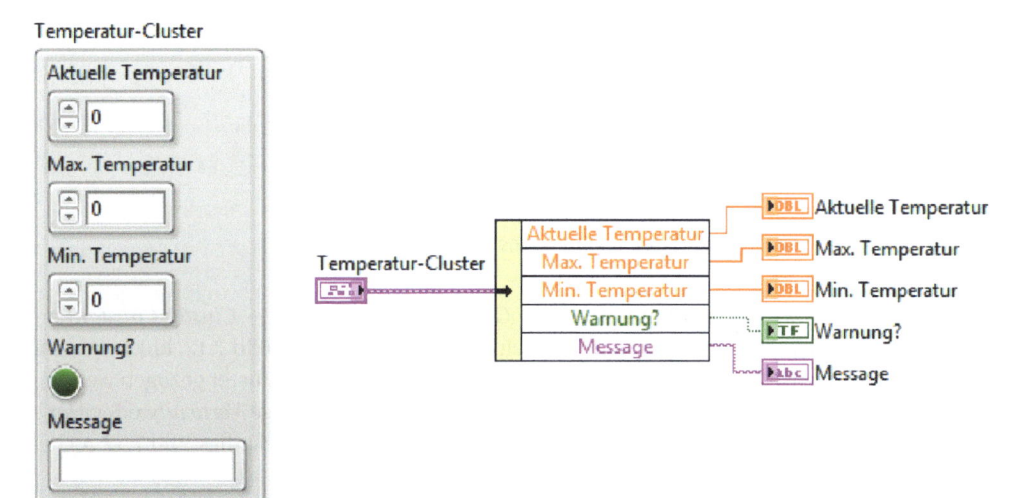

Bild 7.10 Temperatur-Cluster mit Inhalt unterschiedlichen Typs

Die meisten Cluster werden im Blockdiagramm mit pinkfarbenen Terminals und Wires dargestellt. Im Unterschied zu Arrays können Cluster nicht dynamisch erweitert oder verkleinert werden.

7.2.1 Erstellung von Clustern

Wie bei allen anderen Elementen können Cluster im Frontpanel als Control oder als Indicator erstellt werden oder im Blockdiagramm als Konstante. Im Frontpanel wird unter *Array, Matrix & Cluster → Cluster* ein leerer Container platziert. Jedes andere Control (numerisch, Boolean, String etc.) kann nun per Drag & Drop in den Cluster gezogen werden. Standardmäßig ist jeder erzeugte Cluster ein Control.

Für die Ordnung und bessere Übersicht sollte mittels Rechtsklick auf den Cluster-Rahmen und im Kontextmenü *AutoSizing → Arrange Vertically* angewählt werden, um die Elemente automatisch zu verteilen. So passt sich die Größe des Clusters automatisch an, wenn neue Elemente hinzugefügt oder Elemente entfernt werden. In Bild 7.11 ist die Erstellung eines Clusters auf dem Frontpanel und der automatischen Größenanpassung anhand der Palette *Silver* dargestellt.

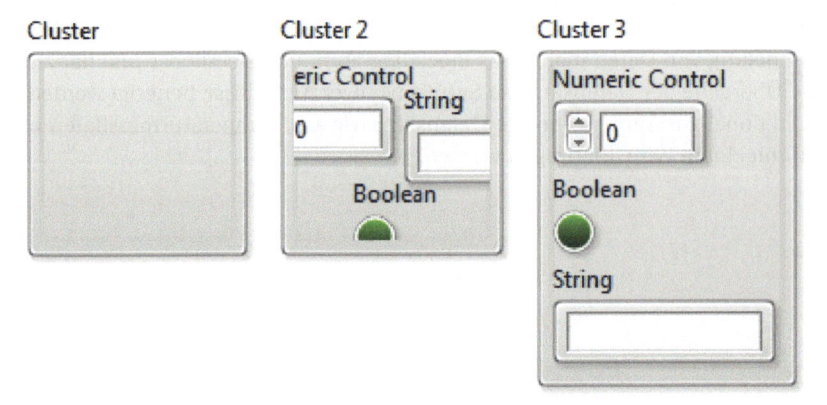

Bild 7.11 Cluster-Erstellung (Control) im Frontpanel

Im Blockdiagram wird unter *Programming → Cluster, Class & Variant → Cluster Constant* eine Konstante erstellt, die erst einmal nur aus einem Rahmen besteht (Bild 7.12, links). Wie im Frontpanel können auch hier mittels Drag & Drop Konstanten in den Cluster gezogen werden. Danach können die Elemente mit *Rechtsklick → AutoSizing → Arrange Vertically* oder *Horizontally* automatisch angeordnet und der Größe angepasst werden, wie dies Bild 7.12 rechts verdeutlicht.

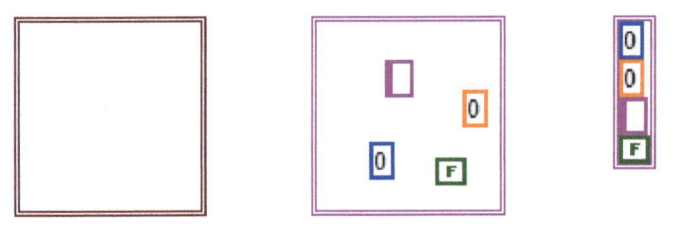

Bild 7.12 Cluster-Erstellung (Konstante) im Blockdiagramm

7.2.2 Sortierung von Clustern

Bei der Reihenfolge der Elemente sollte stets darauf geachtet werden, welche Daten logisch zusammengehören oder auch, wie wichtig die einzelnen Elemente des Clusters sind. Grundsätzlich gilt, dass Daten des gleichen Typs eher zusammengehören und wichtige Elemente eher oben in einem Cluster zu finden sind. Die Reihenfolge innerhalb des Clusters lässt sich z. B. im Frontpanel im Kontextmenü (Rechtsklick auf den Rahmen des Clusters) unter *Reorder Controls* ändern.

Mit der Maus lässt sich nun die Reihenfolge durchklicken, wobei bei Element Null begonnen wird. Die schwarze Zahl auf weißem Grund ist die vorherige Position des Elements innerhalb des Clusters, die weiße Zahl auf schwarzem Grund ist die neue Reihenfolge. Möchte man nicht beim ersten Element (Null) beginnen, ändert man die Ziffer im Feld *Click to set to* der Menüleiste auf die Nummer, welche das als nächstes angeklickte Element erhalten soll (Bild 7.13). Sobald die Änderung mit dem Haken bestätigt wird, ändern die Elemente ihre Position gemäß der neuen Reihenfolge.

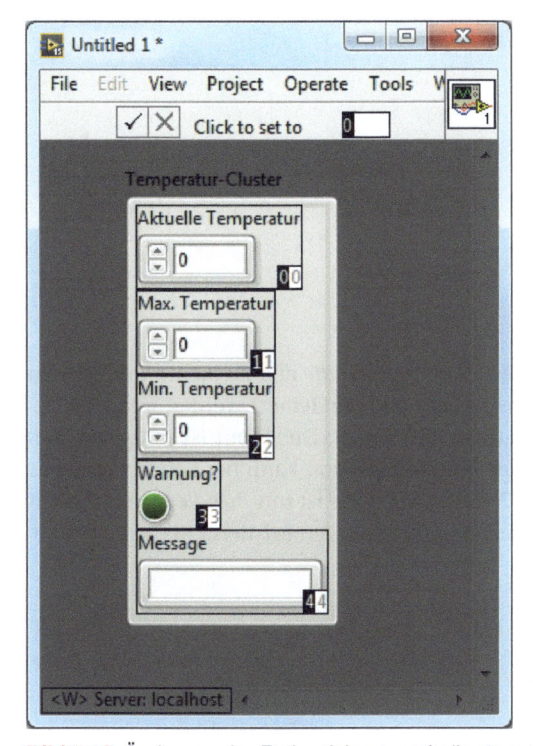

Bild 7.13 Änderung der Reihenfolge innerhalb eines Clusters

Die Reihenfolge hat keinen direkten Einfluss auf die Funktion des Clusters. Beim Bündeln und Aufschlüsseln eines Clusters kann es jedoch zu mehr oder weniger Wire-Überschneidungen kommen.

7.2.3 Verwendung von Clustern

Die Operationen zum Befüllen und Extrahieren von Daten in bzw. aus einem Cluster heißen in LabVIEW *Bundle* (Bündeln) und *Unbundle* (Aufschlüsseln). Jede dieser Operationen kann auf zwei verschiedene Arten durchgeführt werden, das sogenannte *Bundle/Unbundle by name* und das normale *Bundle/Unbundle*.

Wenn in einem Cluster die Elemente benannt sind, ist ein *Bundle/Unbundle by Name* möglich, was in vielen Fällen die bessere der beiden Varianten ist. Bei den namensabhängigen Funktionen ist es möglich, die Elemente einzeln und nach ihren Namen zu extrahieren. Mit Bündeln und Aufschlüsseln ohne Namen werden die Elemente rein nach ihrer Position innerhalb des Clusters ermittelt. Zusätzlich können bei *Bundle/Bundle by Name* einzelne Elemente (oder beliebig viele) extrahiert oder ausgetauscht werden, ohne die nicht benötigten Elemente bearbeiten zu müssen. Die Funktionen ohne Namen erlauben nur die Aufschlüsselung/Bündelung des kompletten Clusters. Der Nachteil von *Bundle/Unbundle by Name* ist der etwas größere Platzbedarf auf dem Blockdiagramm (Bild 7.14).

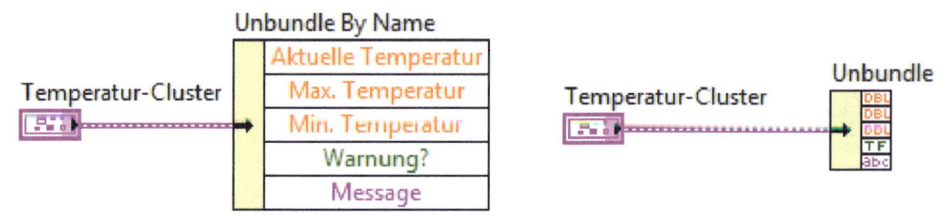

Bild 7.14 Unbundle by Name und Unbundle

Auch beim Bündeln von Daten müssen bei der Funktion *Bundle* alle Elemente mitgegeben werden, während *Bundle by Name* beliebig vergrößert und verkleinert werden und das Element per Mausklick angewählt werden kann (Bild 7.15, links). Der Input ist in diesem Fall immer ein bereits existierendes Cluster. Mit der Bundle-Funktion kann bei Bedarf ein neues Cluster programmatisch erstellt werden (Bild 7.15, rechts). Dies ist mit *Bundle by name* nicht möglich, da ja noch gar kein Cluster mit ansprechbaren Elementen existiert.

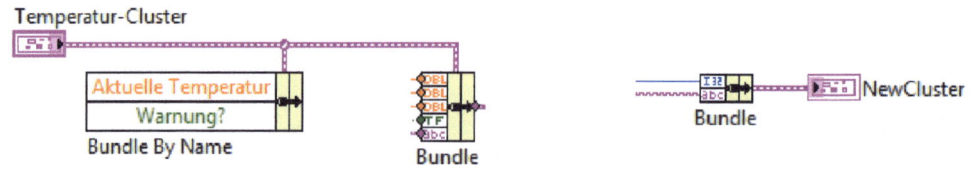

Bild 7.15 Bundle By Name und Bundle-Funktionen sowie die Erstellung eines neuen Clusters mittels Bundle

In der Praxis werden Cluster und deren Elemente manchmal bearbeitet, z. B. mit anderen Werten verrechnet und das Ergebnis wiederum im Cluster gespeichert. Schaut man sich die Bearbeitung von Werten des vorhin definierten *Temperatur-Clusters* in Bild 7.16 an, wird deutlich, dass es wesentlich komfortabler ist, mit der Funktion *Bundle By Name* zu arbeiten. Zum einen müssen bei der *Bundle*-Funktion sämtliche Cluster-Elemente verdrahtet werden, auch wenn sie nicht bearbeitet werden, und zum anderen muss man die Position (*Max. Temp*, und *Min.*

Temp) innerhalb des Clusters kennen, um nicht die falschen Parameter zu bearbeiten. Das mag bei drei DBL-Elementen noch verhältnismäßig einfach sein.

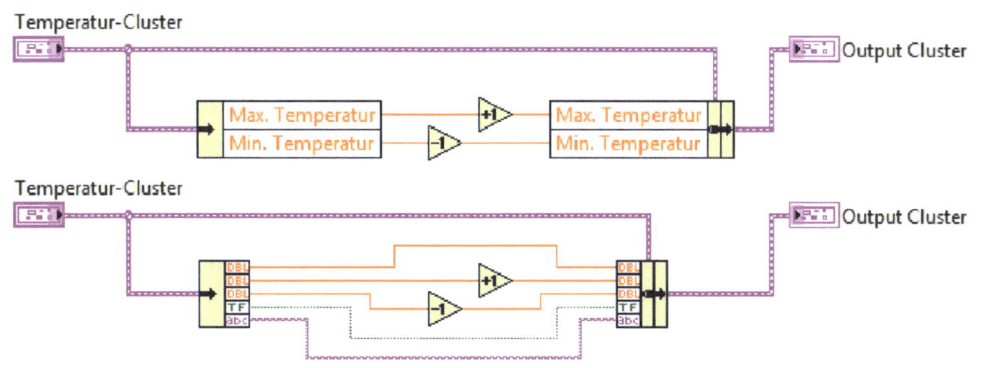

Bild 7.16 Bearbeitung von Werten eines Clusters mit Bundle By Name (oben) und Bundle (unten)

Aufgabe 7.4: Metadaten für Prüfprotokoll

Aufgabe 7.5: Geburtstag

7.3 Error-Cluster

Das Error-Cluster ist ein Cluster, welches immer drei Elemente zusammenfasst (Bild 7.17):

- *Status:* Boolean, Error vorhanden? TRUE/FALSE
- *Code:* I32, Spezifischer numerischer Code für jeden Fehler
- *Source:* String, Quelle des Fehler bzw. Beschreibung, was den Fehler ausgelöst hat

Die Farbe des Error-Clusters und des dazu gehörigen Wires ist im Unterschied zu normalen Clustern immer braun und damit leicht von anderen Wires zu unterscheiden. Dem Error-Cluster kommen verschiedene Bedeutungen zu. Die primäre Aufgabe des Error-Clusters ist es, auftretende Fehler weiterzugeben, anzuzeigen und bearbeiten zu können. Praktisch alle komplexeren Standard-VIs sind dafür mit Ein- und Ausgängen für die Error-Leitung versehen. Es empfiehlt sich zudem, eigene SubVIs nach Bedarf auch mit Error-Anschlüssen zu versehen, um Fehler innerhalb des SubVIs aufzuzeichnen. Ein Error-Cluster kann jederzeit nach Namen aufgeschlüsselt (Bild 7.17) oder gebündelt werden.

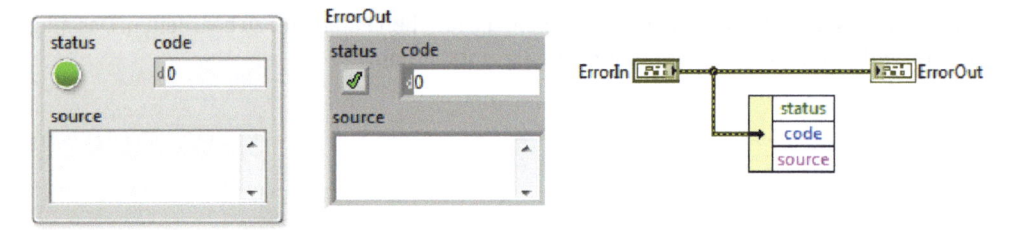

Bild 7.17 Error-Cluster als Control (Palette Silver), Indicator (Palette Modern) und im Blockdiagramm

Die Palette zur Fehlerbehandlung (Bild 7.18) findet sich im Blockdiagramm unter *Programming → Dialog & User Interface*.

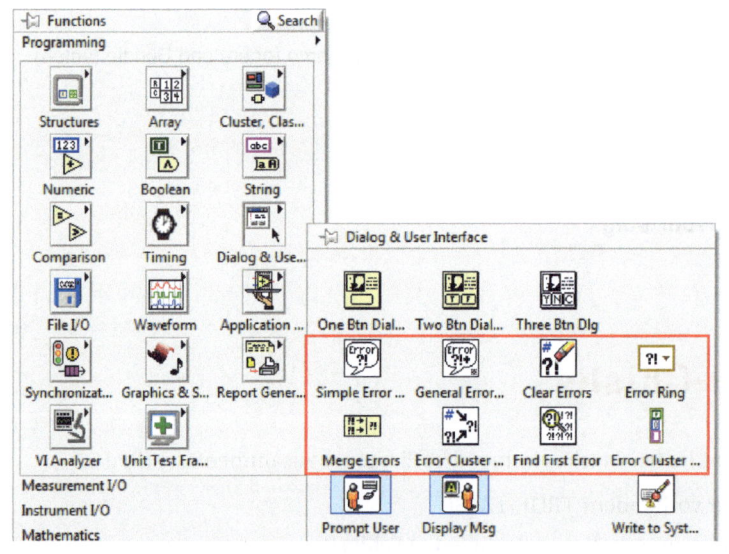

Bild 7.18 Palette Dialog und User Interface

Einige wichtige Elemente zum Error-Handling sind in Tabelle 7.2 kurz beschrieben.

LabVIEW selbst fängt Tausende von möglichen Fehlern ab und versucht so gut wie möglich, dem Benutzer die Fehlerquelle zu beschreiben. Jeder einzelne Error besitzt seinen eindeutigen Error-Code. Listen zu den Bereichen der Error-Codes und den spezifischen Fehlern findet man im Internet bei National Instruments oder in NI-Foren.

Tabelle 7.2 Funktionen des Error-Handlings

	Simple Error Handler: Zeigt an, ob ein Fehler vorhanden ist. Falls ja, wird der Fehler dem Benutzer angezeigt, worauf dieser entscheiden kann, ob die Applikation weiterlaufen soll (nicht immer möglich) oder diese sofort verlassen wird.
	Clear Error: Löscht jeden Fehler (wenn der *specific Error Code*-Anschluss nicht verbunden wird) oder einzelne, nach Error-Code spezifizierte Fehler.
	Merge Errors: Fasst Fehlerleitungen zusammen. Kann per Drag aufgezogen werden, um beliebig viele Fehler zusammenzufassen. Von allen zusammengefassten Fehlern wird der erste aufgetretene (von oben nach unten) an den Ausgang geleitet. Die restlichen werden ignoriert.
	Error-Constant: Cluster mit drei Elementen. Standardwert ist FALSE (kein Fehler), Error-Code Null und ein leerer String als Quelle.

Als Beispiel in Bild 7.19 dient eine simple Anwendung, bei welcher eine Datei geöffnet, ausgelesen und wieder geschlossen werden soll. Der Lesevorgang soll dabei nur ausgeführt werden, wenn beim Öffnen der Datei kein Fehler aufgetreten ist: programmatisch mit dem Einsatz einer Case-Struktur und dem Error-Wire als Selector umgesetzt. Die zu öffnende Datei ist in unserem Beispiel nicht vorhanden, was einen Error beim Versuch des Öffnens verursacht und zur Folge hat, dass nachfolgende VIs übersprungen werden. Ohne den *Error Handler* ganz am Schluss wird dies dem Benutzer oder Programmierer nicht gemeldet und ist nur in einem etwaigen Error-Indicator auf dem Frontpanel oder als Sondenwert beim Debugging sichtbar. Dank dem *Error Handler* am Schluss der Kette wird bei dessen Aufruf der abgebildete Dialog mit der eindeutigen Fehlernachricht gezeigt.

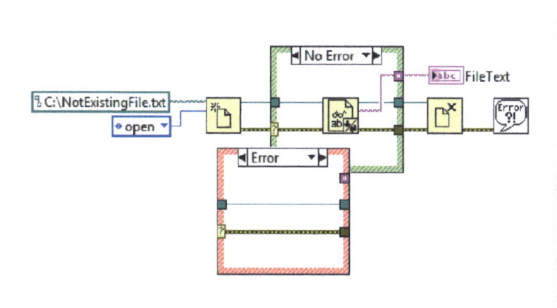

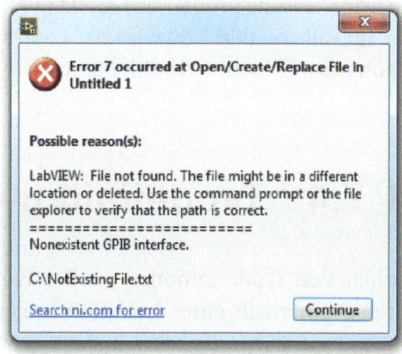

Bild 7.19 Beispiel einer Error-Meldung bei fehlerhaftem Dateizugriff

Das Error-Wire wird auch gerne zur Sequenzierung von Funktionen und SubVIs verwendet. Viele Funktionen verfügen bereits über einen Error-Ein- bzw. -Ausgang. Somit lassen sich diese VIs bei Bedarf mit dem Error-Wire in Serie und in einer bestimmten Reihenfolge ausführen.

Dies macht z. B. dann Sinn, wenn innerhalb einer Struktur zwei voneinander unabhängige Vorgänge überwacht werden sollen. In Bild 7.20 erkennt man in der oberen Sequenz die Erfassung einer Spannung, die untere ist für das *Logging* der Spannung in eine Datei zuständig. Durch die Trennung der beiden Vorgänge hat man zum einen die Chance, auftretende Fehler selektiv zu behandeln, da sich vielleicht nicht alle Fehler gleich auf die Programmfunktion auswirken. Zu sehen ist dies an der Funktion *Clear Error*, anhand derer Fehler in der Datenerfassungssequenz beim Auftreten gelöscht werden könnten. Auf der anderen Seite bleibt das Blockdiagramm so auch wesentlich übersichtlicher, als wenn die Error-Leitung im Zickzack von VI zu VI verbunden wäre.

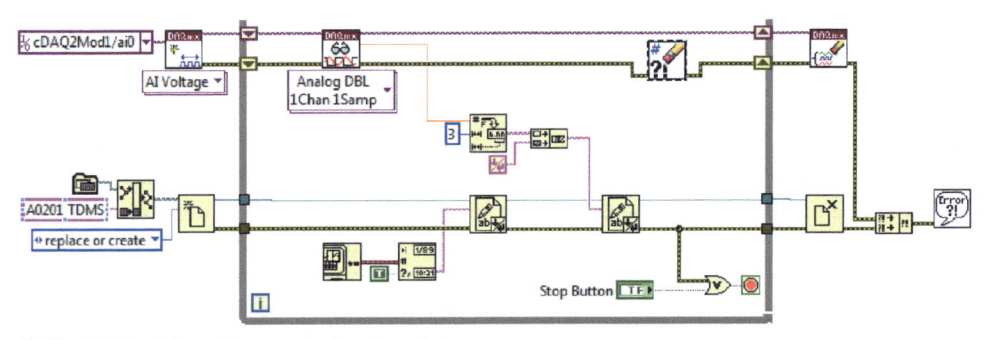

Bild 7.20 Zwei Error-Sequenzen in einem Loop

Das Error-Wire wird, wie abgebildet, auch gerne als zusätzliche Abbruch-Bedingung für Loops verwendet. Wird ein While-Loop beispielsweise durch einen *Stop*-Button beendet, lässt sich die Error-Leitung problemlos direkt per logischer *OR*-Verknüpfung mit dem Button kombinieren. Im Fall von Bild 7.20 wird der Loop sofort beendet, wenn beim Schreiben der Datei (oder schon beim Öffnen) ein Fehler auftritt.

■ 7.4 Typdefinitionen

Mithilfe von Typdefinitionen werden Elemente mit vordefiniertem Inhalt abgespeichert und können innerhalb eines LabVIEW-Projekts mehrmals verwendet werden, ohne dass bei einer Änderung jede einzelne Instanz geändert werden muss. In vielen Fällen betrifft das z. B. Enums oder spezifische, vom Entwickler erstellte Cluster, die in derselben Form immer wieder verwendet werden. Ändert man den Inhalt des Elements in der Typdefinition, werden die Änderungen je nach Art automatisch von allen Instanzen innerhalb des Projekts übernommen.

7.4.1 Erstellung einer Typdefinition

Zu Beginn wird ein Element ganz normal, z. B. als Enum-Konstante, im Blockdiagramm erstellt und die Items definiert. Im Fall von Bild 7.21 wird ein Enum für eine einfache *State Machine* mit verschiedenen Cases erstellt.

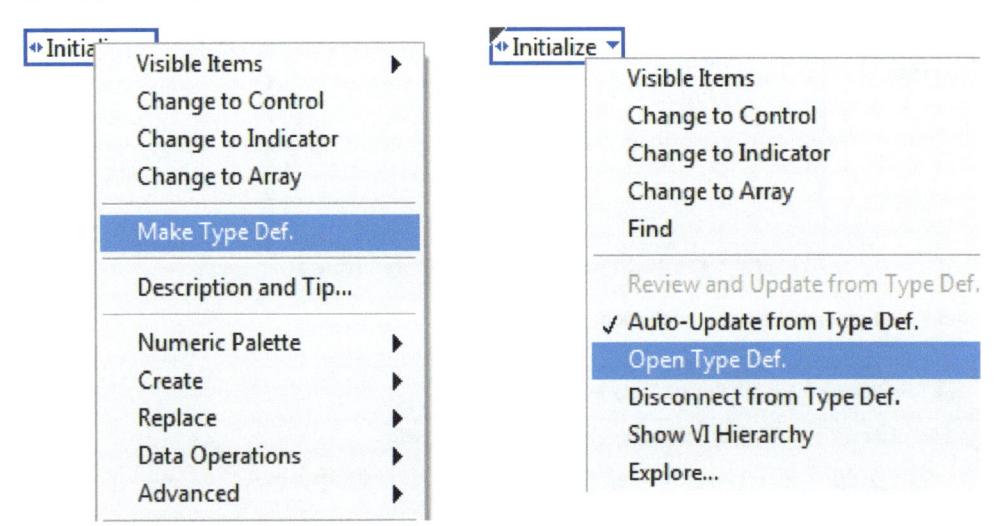

Bild 7.21 Erstellen und Öffnen einer Typdefinition

Wenn man dieses Enum kopiert und mehrfach verwenden will, muss bei einer Änderung (etwa wenn ein Element hinzugefügt werden soll) jede einzelne Kopie des Enums von Hand angepasst werden. Damit dies nicht mehr nötig ist, wird mittels Rechtsklick und *Make Type Def.* eine Typdefinition erstellt. In der linken oberen Ecke des Enums erscheint nun ein schwarzes Dreieck. Als nächstes wird die neu erstellte Typdefinition geöffnet (Rechtsklick und *Open Type Def.*), worauf das Element auf einem eigenen Frontpanel erscheint.

Anders als bei VIs besitzt eine Typdefinition aber kein Blockdiagramm, da sie nur aus dem angezeigten Element besteht. In einer geöffneten Typdefinition, wie sie in Bild 7.22 zu sehen ist, werden alle globalen Änderungen vorgenommen. Bei einem Enum kann das z. B. die Erweiterung um zusätzliche Elemente sein, beim Cluster die Anpassung des Inhalts. Mit *File → Apply Changes* werden die Änderungen auf alle im Code platzierten Instanzen der Typdefinition übertragen.

Das typdefinierte Control wird mit entsprechendem Namen am dafür vorgesehenen Platz abgespeichert und erscheint automatisch im LabVIEW-Projekt, aus dem es erstellt wurde (Bild 7.23). Idealerweise ist im Projekt bereits ein virtueller Ordner dafür erstellt worden.

Aus dem Projekt Explorer heraus kann die Typdefinition in allen VIs per Drag & Drop eingesetzt werden und muss bei Änderungen nur einmal in der Typdefinition selbst angepasst werden.

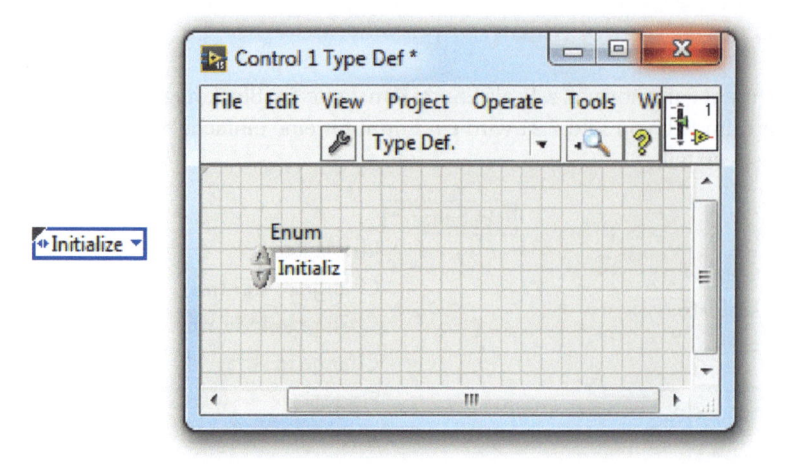

Bild 7.22 Frontpanel einer Typdefinition

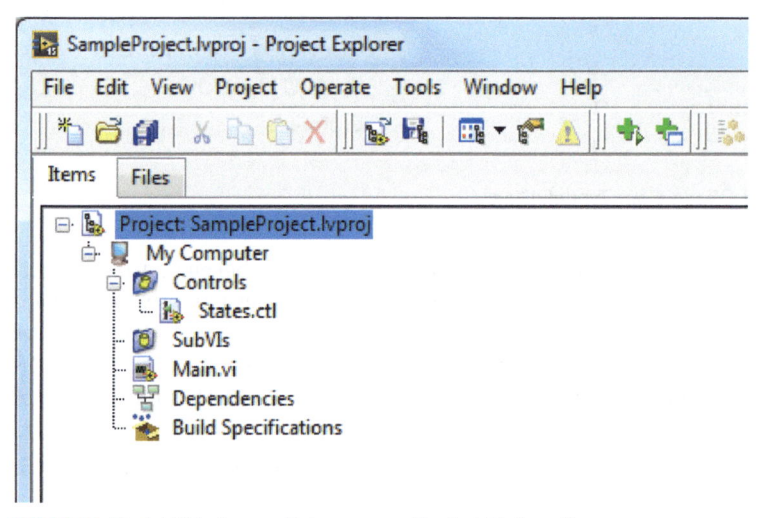

Bild 7.23 Projekt Explorer mit den neuen Control States.ctl

7.4.2 Unterscheidung zwischen Control, Type Def und Strict Type Def

Grundsätzlich kann jedes benutzerdefinierte Element als *.ctl* gespeichert werden, auch ohne Typdefinition. In dem Fall werden Änderungen aber nicht auf bereits platzierte Instanzen angewendet. Man bezeichnet das Element dann als *Control*. Meist werden sie als Vorlagen für das Erstellen von benutzerdefinierten Elementen gebraucht. Jedes platzierte *Control* verliert beim Platzieren die Bindung zu seiner ursprünglichen Vorlage.

Als *Type Def.* wird das Element dann bezeichnet, wenn alle funktionalen Änderungen, wie z. B. eine Änderung des Datentyps, die Vermehrung der Anzahl der Elemente etc. automatisch für alle Instanzen übernommen werden sollen.

Einer *Strict Type Def.* werden auch nichtfunktionale Änderungen z. B. am visuellen Erscheinungsbild auf allen anderen Instanzen übertragen.

Eine Typdefinition oder strikte Typdefinition ist mit allen platzierten Exemplaren des benutzerdefinierten Controls verknüpft und dient als Master für alle anderen Instanzen. Änderungen am Master (dem *.ctl*) können einfach auf alle Exemplare des Elements übertragen werden.

Die Auswahl wird im Frontpanel bei der Bearbeitung des Controls mit einem Dropdown-Menü in der Symbolleiste vorgenommen (Bild 7.22 und Bild 7.24)

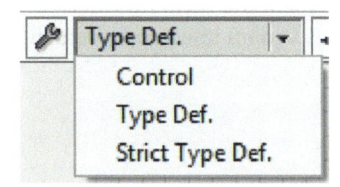

Bild 7.24 Dropdown-Menü für Typdefinitionen

Veranschaulicht wird das Verhalten in Bild 7.25. In einem Projekt wurden drei gleiche Cluster mit zwei Elementen (numerisch, String) als *.ctl* gespeichert: je eine als *Control*, *Type Def.* und *Strict Type Def.* Je eines dieser Elemente wurde im VI rechts auf dem Frontpanel von *TypeDef Demo.vi* platziert. Fügt man jedem der drei Cluster ein Element *(Boolean)* hinzu, werden die Änderungen mit *File → Apply Changes* bei der Typdefinition und der strikten Typdefinition übernommen, beim Control jedoch nicht. Es handelt sich hierbei um eine funktionale Änderung. Passt man jetzt z. B. die Hintergrundfarbe an, wobei es sich um eine nichtfunktionale Änderung handelt, wird diese Änderung nur noch bei der strikten Typdefinition übernommen, nicht aber beim Control und der Typdefinition.

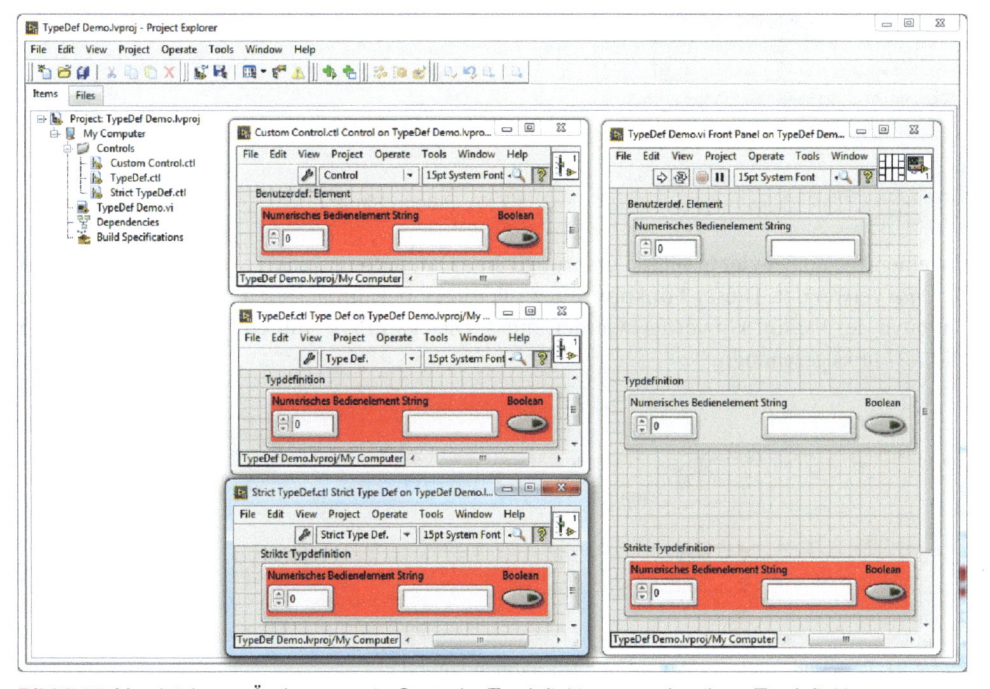

Bild 7.25 Vergleich von Änderungen in Controls, Typdefinitionen und strikten Typdefinitionen

■ 7.5 Variant

Ein Variant ist ein universeller Datentyp, der verwendet wird, um Daten unterschiedlichen Typs gleich zu behandeln. Zum Beispiel wenn Eigenschaften in eine Messdatei gespeichert werden müssen, so können das sowohl Strings sein für den Namen einer Testperson oder aber auch numerische Elemente, welche eine Gerätenummer beschreiben. Um nicht für jeden Datentyp ein eigenes VI schreiben zu müssen, kann der Datentyp als Variant übergeben werden.

7.5.1 Verwendung von Variant

Die *Variant*-Palette befindet sich unter *Cluster, Class & Variant* → *Variant*. Grundsätzlich gilt: Jeder Datentyp, auch komplexe Datentypen wie Arrays oder Cluster, kann in einen Variant verwandelt werden. Dazu wird die Funktion *To Variant* verwendet (Bild 7.26 oben links).

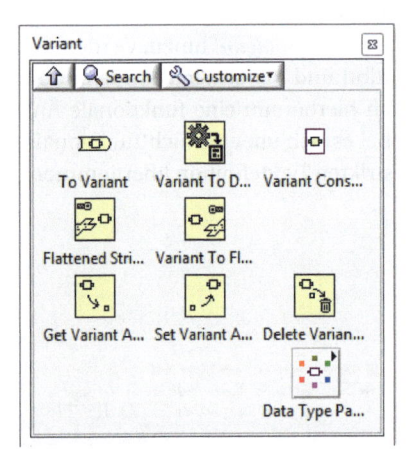

Bild 7.26 Palette Variant

Um einen Variant wieder in seinen ursprünglichen Datentyp rückzukonvertieren, wird *Variant To Data* verwendet. Dieser Funktion muss allerdings bekanntgegeben werden, zu welchem Datentyp der Variant konvertiert werden muss. Dies kann z. B. mit einer Konstanten wie in Bild 7.27 links geschehen.

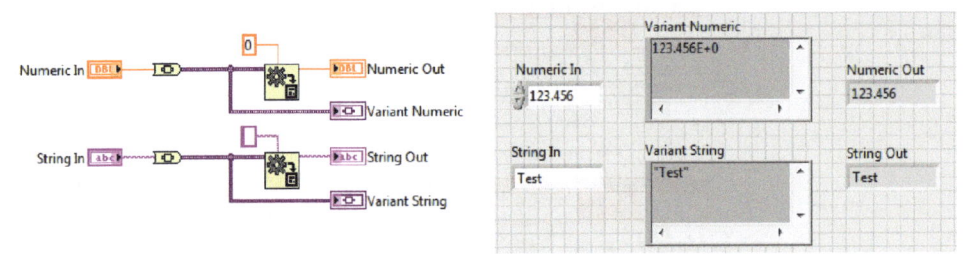

Bild 7.27 DBL und String zu Variant und Rückkonvertierung

Wird eine Rückkonvertierung in einen anderen als den ursprünglichen Datentyp vorgenommen, führt dies zu einem Fehler zur Programmlaufzeit. Dies ist zu vergleichen mit einer Verbindung von zwei nicht kompatiblen Datentypen, allerdings mit dem Unterschied, dass die Applikation trotzdem ausführbar ist. In Bild 7.28 ist der direkte Vergleich der beiden Situationen und deren Resultate zu sehen.

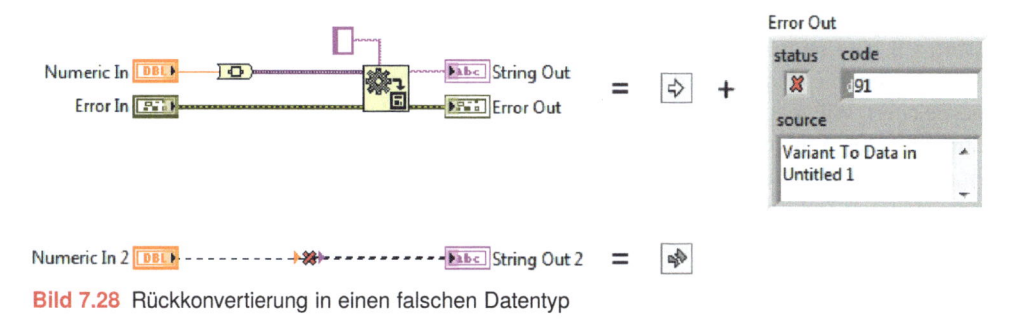

Bild 7.28 Rückkonvertierung in einen falschen Datentyp

7.5.2 Attribute von Variant

Ein Merkmal des Datentyps Variant ist, dass ihm Eigenschaften zugeordnet werden können, er also außer dem Wert zusätzliche Metadaten speichern kann. Diese sogenannten *Attribute* bestehen immer aus einem String als Namen zur Bezeichnung des Attributs und einem entsprechenden Wert. Als Wert sind beliebige Datentypen zugelassen. Der Eingang *value* des *Set Variant Attribute* VIs ist polymorph und passt sich somit dem angeschlossenen Datentyp an. Beide Angaben, sowohl *name* als auch *value* sind beim Setzen eines Attributs, wie Bild 7.29 zeigt, zwingend erforderlich. Ist noch kein Attribut mit dem entsprechenden Namen vorhanden, wird es erstellt. Gibt es hingegen schon ein Attribut mit gleichem Namen, wird dieses überschrieben.

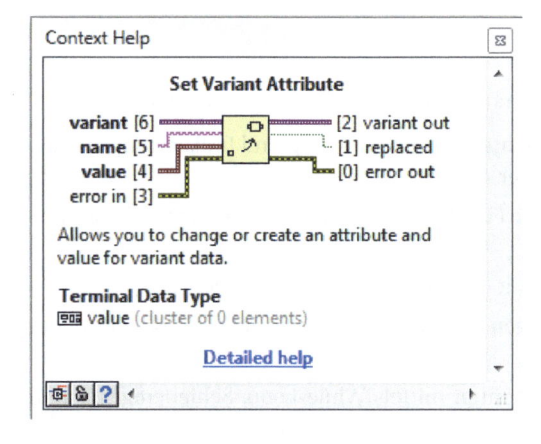

Bild 7.29 Attribut setzen: VI in der Kontexthilfe

Beim Auslesen von Attributen aus einem Variant (*Get Variant Attribute*) wird das gewünschte Attribut mit dessen Namen gewählt. Dabei kann der Datentyp vordefiniert werden, um am Ausgang schon den korrekten Datentyp zu erhalten. Der Ausgang des VIs hat dann schon das entsprechende Format. Oder wird der Datentyp nicht angegeben, dann wird der *value* auch als Variant zurückgegeben.

In Bild 7.30 ist dies am Beispiel einer Einheit gemacht. Das Control *Numeric In* liefert einen Wert, z. B. eine Temperatur, der zu einem Variant konvertiert wird. Um keine Missverständnisse aufkommen zu lassen, wird die Einheit °C als String-Attribut unter dem Namen *Unit* mitgespeichert. Will man das Attribut *Unit* auslesen und weiß man, dass es sich dabei um einen String handelt, kann man mit einer Konstanten den Datentyp gleich vorgeben (Bild 7.30 oben). Ansonsten kann man sich das Attribut auch als Variant zurückgeben lassen (unten), um zu einem späteren Zeitpunkt programmatisch herauszufinden, von welchem Datentyp die Einheit °C ursprünglich war.

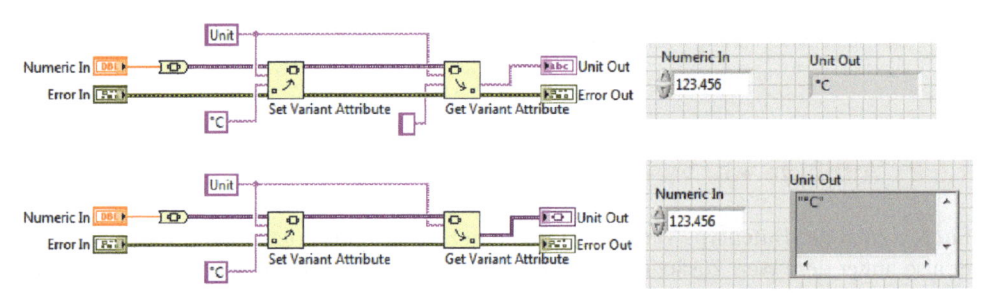

Bild 7.30 Get Variant Attribute mit (oben) und ohne (unten) vordefinierten Datentyp

7.6 Übungsaufgaben

Aufgabe 7.1: Array-Handling

Machen Sie sich mit den Arrayfunktionen vertraut, indem Sie folgende Aufgaben lösen:

Array 1: Erstellen Sie ein Array mit 13 Elementen mittels For-Loop und Indizierung am Ausgang, gefüllt mit dem Schleifenzähler $i + 1$.

Array 2: Extrahieren Sie aus Array 1 mit der Funktion *Array Subset* 6 Elemente (*Length*) ab Index 5.

Array 3: Kehren Sie den Inhalt von Array 1 mit der Funktion *Reverse 1D Array* um.

Array 4: Extrahieren Sie aus einem beliebigen Teil von Array 3 mit *Array Subset* ein neues Array.

Array 5: Erstellen Sie ein Array mit 20 Elementen mittels While-Loop, Schieberegister und der Funktion *Build Array*, mit den Werten Schleifenzähler $i * 2$.

Array 6: Löschen Sie aus Array 5 mittels *Delete From Array* ab Index 3, 10 Elemente (*Length*).

Array 7: Fügen Sie Array 6 mit der Funktion *Insert Into Array* in Array 1 an Indexposition 10 ein.

Array 8: Erstellen Sie mittels For-Loop und Autoindexierung am Ausgang ein Array mit 10 Zufallszahlen.

Array 9: Mittels *Max & Min* ermitteln Sie den Minimum- und Maximumwert von Array 8 und deren Position innerhalb des Arrays.

Array 10: Ersetzen Sie den Minimum- und Maximumwert in Array 8 mit dem Wert 0 *(Replace Array Subset)*.

Aufgabe 7.2: Lottozahlengenerator

a) Entwerfen Sie einen Lottozahlengenerator, der mittels der Funktionen *Random Number* und *Round Toward +Infinity* (Aufrunden, beide Palette *Numeric*) 6 Zahlen zwischen 1 und 42 generiert und einen Array auf dem Frontpanel ausgibt. Verwenden Sie hierzu einen For-Loop mit einem indizierten Ausgang (Bild 7.31).

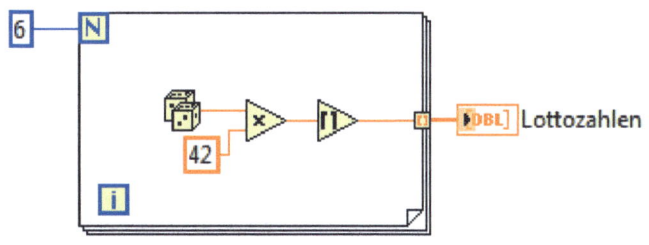

Bild 7.31 Blockdiagramm eines Lottozahlengenerators

b) Beim mehrmaligen Durchlauf des Programms stellen Sie fest, dass in einem Spiel mehrmals die gleiche Zahl vorkommen kann, was im Lotto selbstverständlich nicht erlaubt ist. Damit dies nicht passiert, müssen Sie die Erstellung des Arrays innerhalb der Schleife mit der Funktion *Build Array* vornehmen und die neue Zahl jeweils mit den schon im Array befindlichen Zahlen vergleichen.

Tipp: Array vor der Schleife initialisieren und mit Schieberegister jeweils an nächste Iteration übergeben.

Aufgabe 7.3: Array von Zeichen

Erstellen Sie eine LabVIEW-Applikation mit den in a) genannten Schleifen-Funktionen:

a) Sie können 2 Zeichenketten (Abbildung *String 1* und *String 2*) eingeben, welche nach der Eingabe als eine zusammenhängende Zeichenkette wieder ausgegeben werden *(String Chain)*. Ein weiteres Anzeigeelement gibt die Zeichenkette in umgekehrter Reihenfolge aus *(Inverted String)*. Danach wird die ganze Zeichenkette Zeichen für Zeichen der Reihe nach ausgegeben, bis das letzte Zeichen erreicht wird *(Actual Char)*. Die Ausgabegeschwindigkeit soll so gewählt werden, dass die Ausgabe am Bildschirm mitverfolgt werden kann. Verwenden Sie dazu eine Schleifen-Funktion mit Timing (z. B. 500 ms). Das Frontpanel könnte z. B. wie in Bild 7.32 aussehen.

7 Strukturierte Daten

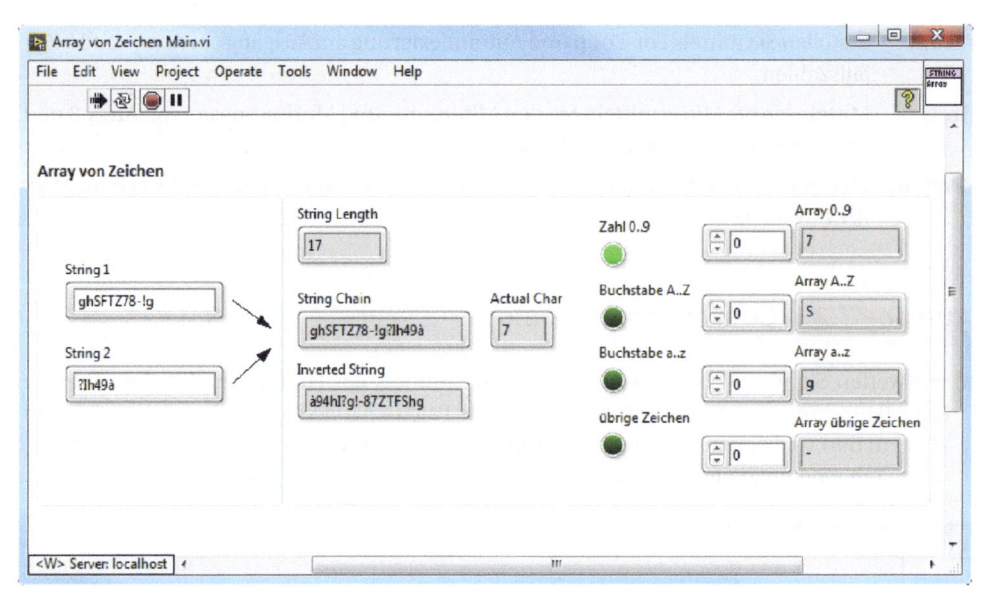

Bild 7.32 Frontpanel eines Arrays von Zeichen

b) Erweitern Sie die Applikation um folgende Komponenten:
Jedes gelesene Zeichen wird auf folgende Eigenschaften hin geprüft, und entsprechend der Zugehörigkeit leuchtet die Zeichenklasse LED auf (Lösungsansatz: CASE-Struktur).

Ziffern:	0..9	ASCII-Code 48d..57d
Buchstabe in Großschrift	A..Z	ASCII-Code 65d..90d
Buchstabe in Kleinschrift	a..z	ASCII-Code 97d..122d
Alle übrigen Zeichen	...	ASCII-Code 0d..48d etc.

c) Die entsprechenden Elemente pro Zeichenklasse sollen am Ende des Durchgangs in Arrays ohne leere Zeichen zur Verfügung stehen. Verwenden Sie dazu das *Auto-Indexing* mit *Conditional*-Anschluss.

Aufgabe 7.4: Metadaten für Prüfprotokoll

Entwerfen Sie ein VI für die Ein- und Ausgabe von Daten mit Hilfe von Clustern.

Mit dem Eingabecluster *Protocol Input* (Bild 7.33, oben) werden die Metadaten eines Tests eingegeben. Daraus sollen die Metadaten auf dem Prüfprotokoll Output (Bild 7.33, unten) nach folgenden Regeln dargestellt werden:

a) Produktnummer (DBL) und Typnummer (DBL) ergeben aneinandergehängt den ersten Teil der Seriennummer (String).

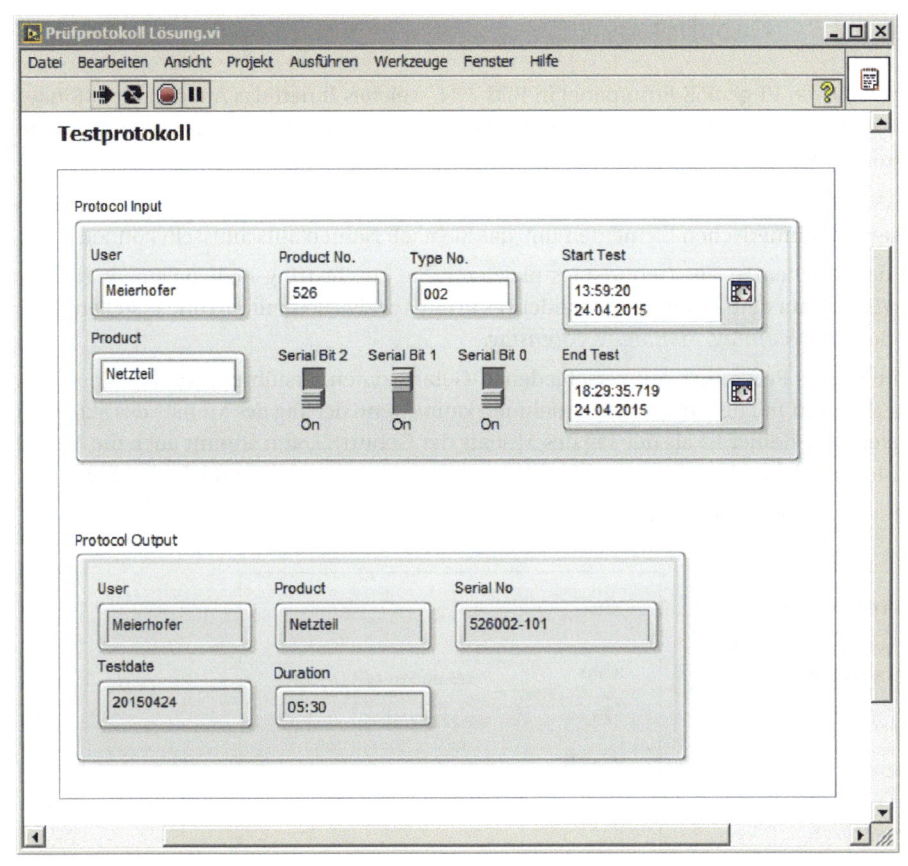

Bild 7.33 Frontpanel eines Prüfprotokolls

b) Der zweite Teil der Seriennummer enthält die eingestellte boolesche Prüfungsnummer. Position ON bedeutet in der Seriennummer 1.

c) Das Prüfdatum wird aus dem Prüfbeginn-Zeitstempel erstellt und mit YYYYMMDD formatiert.

d) Die Prüfdauer ergibt sich aus der Differenz zwischen Testende und Testbeginn. Formatieren Sie die entsprechende DBL-Anzeige wie folgt: HH:MM

e) Verwenden Sie die Funktionen *Unbundle by Name* und *Bundle*.

Achten Sie darauf, dass vorangestellte Nullen in Produktnummer und Typnummer sichtbar sind und auch in der Seriennummer erscheinen.

Zusatzaufgabe: Ersetzen Sie die *Bundle*-Funktion durch *Bundle by Name* und erstellen Sie eine Typdefinition des neuen Clusters, die Sie als Konstante für den Input der Funktion *Bundle by Name* verwenden.

Aufgabe 7.5: Geburtstag

Entwerfen Sie ein VI gemäß Frontpanel in Bild 7.34, welches Ihnen das Alter (Jahre, Monate, Tage) anzeigt und zusätzlich die Anzahl der verstrichenen Sekunden sei Ihrer Geburt. Außerdem wird der Wochentag Ihrer Geburt angezeigt.

a) Die Funktion Sekunden nach Datum/Zeit in Bild 7.35 wandelt einen Zeitstempel in ein Cluster mit numerischen Elementen um, das Sie nach Namen aufschlüsseln können.

b) Für den Wochentag des Geburtstags platzieren Sie ein Textring-Bedienelement (Palette *Ring/Enum*) auf dem Frontpanel, wandeln es in ein Anzeigeelement um und erstellen darin die Elemente *Sonntag, Montag, ..., Samstag*.

c) Wenn Sie das Programm mit verschiedenen Geburtsdaten ausführen, werden Sie sehen, dass *Tage* zum Teil negative Werte annehmen kann (wenn der Tag des Monats des aktuellen Zeitstempels kleiner ist als der Tag des Monats der Geburt). Dann stimmt auch die Anzahl der Monate nicht. Lösen Sie dieses Problem mit einer Case-Struktur und der Bedingung ▷.

d) Rechnen Sie mit 31, 30 und 28 Tagen (Februar).

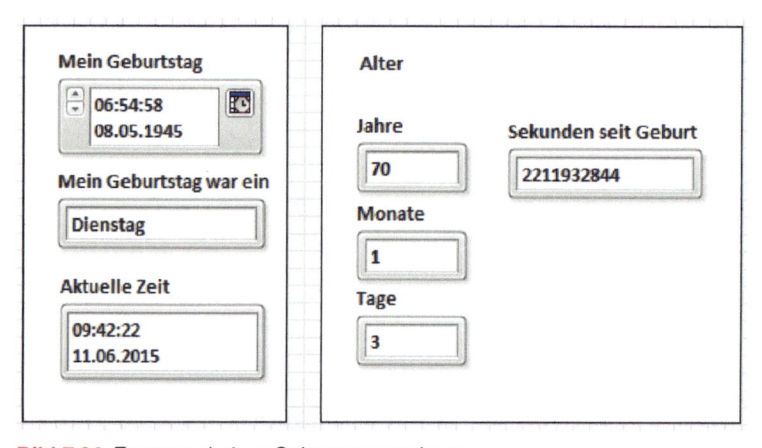

Bild 7.34 Frontpanel einer Geburtstagsrechnung

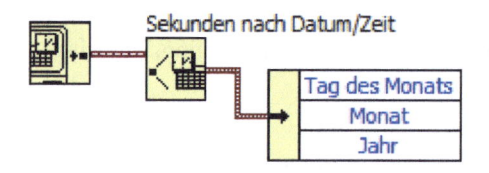

Bild 7.35 Umwandlung eines Zeitstempels nach Datum

8 Visualisierung von Daten

Messwerte werden meist in einem zeitlichen Verlauf dargestellt. Verwendet man einen einfachen numerischen Indicator, so ist nur ein einzelner aktueller Messwert sichtbar. Soll eine fortlaufende Reihe von Werten dargestellt werden, wird eine grafische Anzeige mit zwei Achsen benötigt. Für diese Art der Datenansicht stellt LabVIEW verschiedene Arten von Diagrammen zur Verfügung.

Da es sich um reine Oberflächenelemente handelt, können sie auch nur vom Frontpanel aus über die Palette *Graph* erstellt werden. Hierzu wird das gewünschte Element wie in Bild 8.1 einfach von der Palette aufs Frontpanel gezogen.

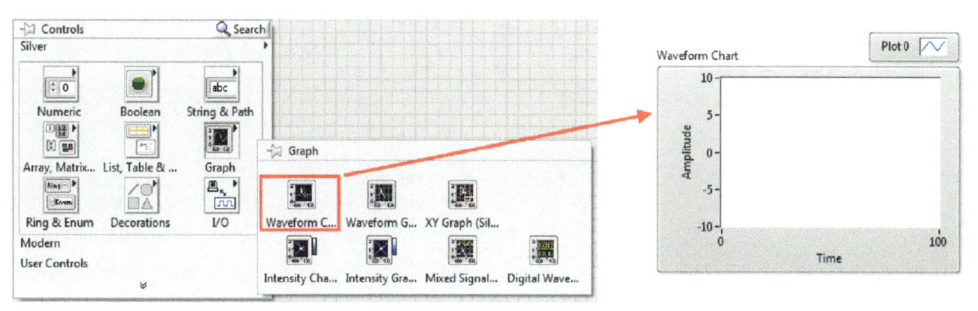

Bild 8.1 Erstellung eines Waveform Charts

Mit den verschiedenen Typen von Anzeigen können analoge und digitale Signalverläufe sowie XY-Plots und gemischte Signalarten dargestellt werden. Am häufigsten werden in der Praxis jedoch *Waveform Chart* und *Waveform Graph* eingesetzt. Sie eignen sich für die Darstellung fast aller Signaltypen.

Die Anzeigen ähneln sich in ihrer Darstellung stark. In Bild 8.2 ist ein Waveform Chart zu sehen. Die sichtbaren Elemente können bei allen anderen grafischen Anzeigen genau gleich ein- oder ausgeblendet werden und werden durch einen Rechtsklick auf *Visible Items* geändert.

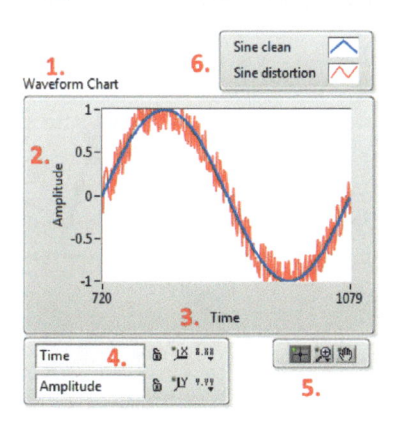

1. Label (Beschriftung)
2. Y-Achse
3. X-Achse
4. Legend
5. Graph Palette
6. Plot Legend

Bild 8.2 Waveform Chart mit zwei Plots

8.1 Eigenschaften von grafischen Anzeigen

Die Eigenschaften der unterschiedlichen Anzeigen ähneln sich stark und werden in der Folge anhand eines Charts in Bild 8.3 genauer betrachtet. Mit Rechtsklick und *Properties* öffnet sich das Eigenschaften-Fenster der Anzeige, wo sich sämtliche Verhaltensweisen, Skalen und Formate definieren lassen.

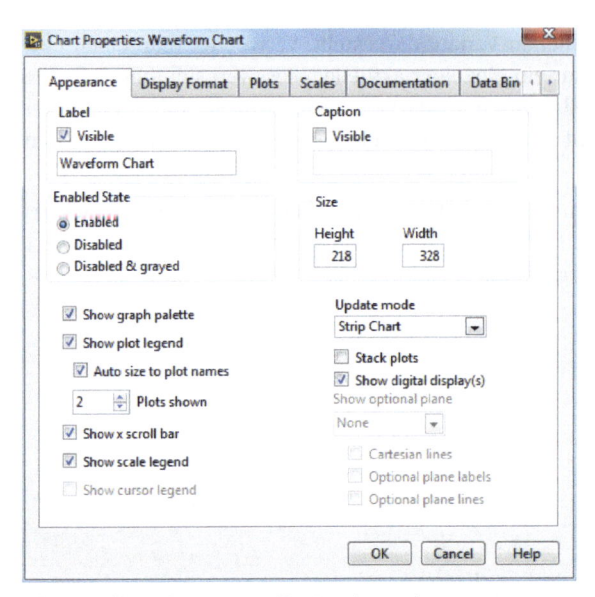

Bild 8.3 Chart Properties: Registerkarte Appearance

In der Registerkarte *Appearance* lässt sich das grundsätzliche Erscheinungsbild sowie die Aktualisierungsart des Charts (nicht bei allen Anzeigen wählbar) einstellen. Alle *Checkboxes* auf der linken Seite betreffen dieselben Anzeigen wie der Rechtsklick auf *Visible Items*.

Der *Update Mode* betrifft die Aktualisierung der Daten zur Laufzeit (Bild 8.4). Auf dem *Strip Chart* werden die Daten kontinuierlich angezeigt, wobei neue Werte rechts an die bestehende Kurve angefügt werden. Beim *Scope Chart* wird die Kurve nach jedem Durchlauf gelöscht und mit neuen Daten erneut aufgebaut (analog eines Oszilloskops). Beim *Sweep Chart* wird die Anzeige des vorherigen Durchlaufs mit den neuen Datenwerten überschrieben, wobei ein roter Laufbalken die Stelle der Aktualisierung anzeigt.

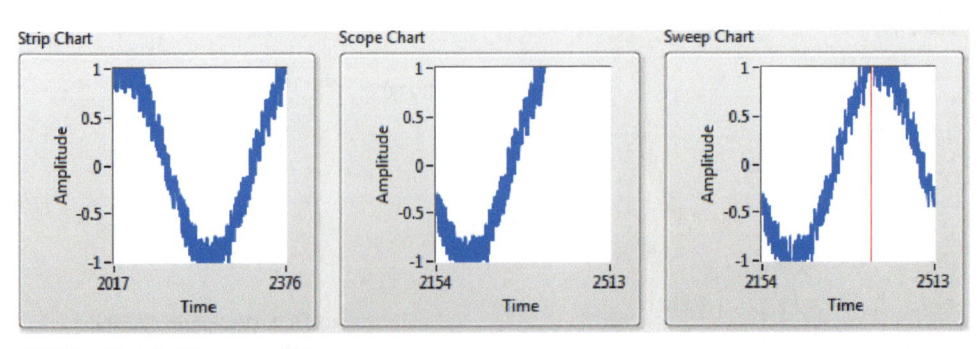

Bild 8.4 Update Mode eines Charts

8.1 Eigenschaften von grafischen Anzeigen

Die Registerkarte *Display Format* bietet diverse Möglichkeiten zur Darstellung und Konfigurierung der Zahlenanzeigen nach Genauigkeit oder Nachkommastellen, mit oder ohne Exponenten, oder aber als Zeit-/Datumsangabe.

Hierzu kann links unter *Type* eine Vorkonfiguration gewählt werden, worauf im rechten Teil des Fensters die möglichen Darstellungsarten ausgewählt werden können. Wie Bild 8.5 zeigt, passen sich die Möglichkeiten je nach gewähltem Typ an. So können z. B. ein Datum und eine Uhrzeit in verschiedenen Kombinationen miteinander angezeigt werden, während man bei Zahlen in wissenschaftlicher Darstellung etwaige Exponenten als Vielfaches von drei darstellen lassen kann. Wie in Bild 8.5 auch zu sehen ist, gilt die Einstellung immer für die oben ausgewählte Achse. Jede Achse kann so individuell konfiguriert werden.

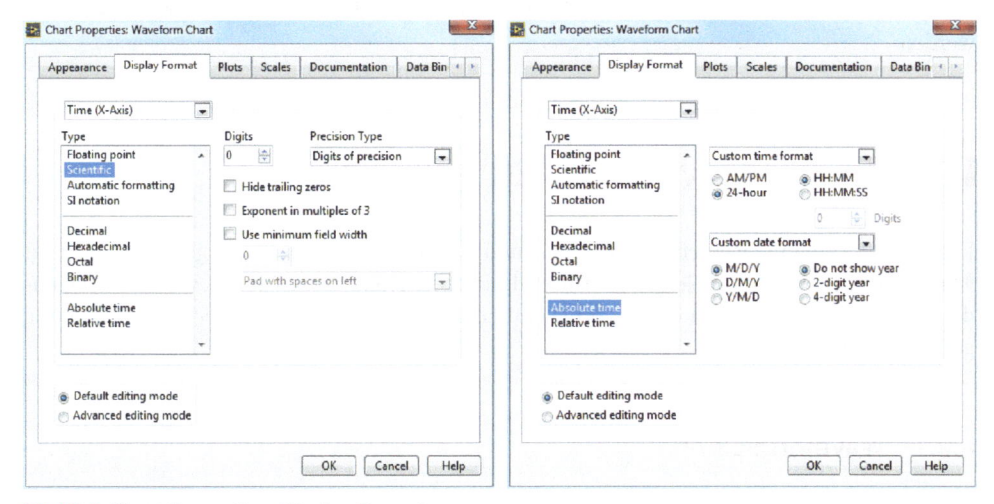

Bild 8.5 Chart Properties: Display Format

Wem die Darstellungsmöglichkeiten des Standard-Editors nicht ausreichen, kann unter *Advanced Editing mode* eigene Format-Strings definieren und zusammensetzen. In der Registerkarte *Plots* (Bild 8.6, links) sind im obersten Dropdown-Menü alle vorhandenen Plots einzeln

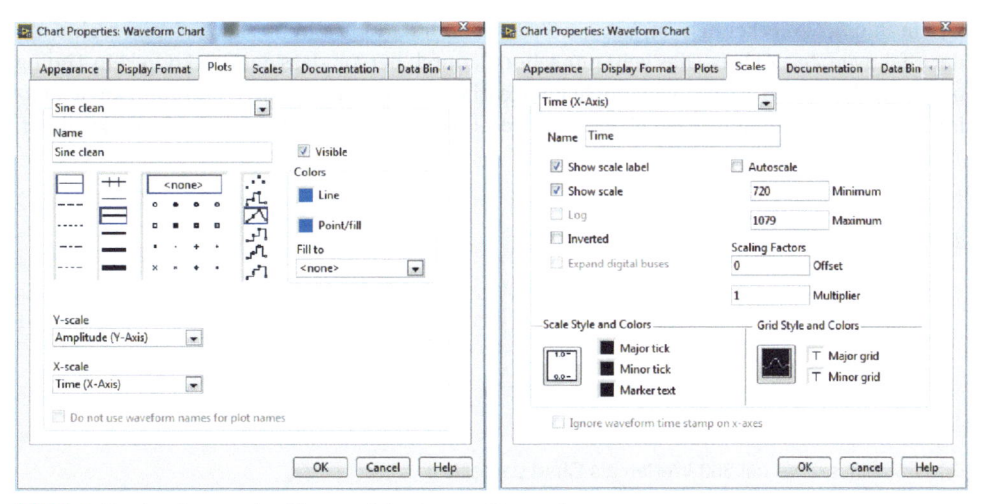

Bild 8.6 Registerkarten der Plots und Scales der Properties

anwählbar. Für jeden Plot können Linientyp, Datenpunkt-Anzeige sowie Interpolation und Farbe aus den dafür bereitstehenden Möglichkeiten gewählt werden. Jedem Plot werden zudem eine horizontale und eine vertikale Achse zugeordnet. Dies ist vor allem dann wichtig, wenn z. B. mehrere y-Achsen verwendet werden um die Plots besser skalieren zu können.

Die Skalen aller Plots können unter *Scales* konfiguriert werden. Hier befindet sich eine Checkbox zur automatischen Skalierung sowie Eingabefelder für Min./Max.-Werte bei manueller Skalierung. Die Darstellung der Skalen kann ebenso konfiguriert werden wie die Arten der Hilfslinien (*Grid*) innerhalb der Plots. Ein *T* im Farbfeld (Standardwert) bedeutet Transparenz, das Grid ist dann nicht zu sehen. Um weitere Skalen zu erstellen, muss im Frontpanel mit Rechtsklick auf die Achse das Kontextmenü aufgerufen werden. Mit *Duplicate scale* wird eine Achse dupliziert, mit *Swap scale* kann die Achse auf die andere Seite des Charts verschoben werden.

■ 8.2 Arten von grafischen Anzeigen

In LabVIEW stehen verschiedene Möglichkeiten zur Verfügung, wie Daten grafisch angezeigt werden können. Die für die jeweilige Anwendung geeignetste Art hängt z. B. vom anzuzeigenden Datentyp ab oder auch davon, ob Daten kontinuierlich oder paketweise zur Verfügung gestellt werden.

8.2.1 Waveform Chart

Die wohl häufigste Form der Datenvisualisierung ist das *Waveform Chart* (Signalverlaufsdiagramm). Das Chart wird in der Regel zur kontinuierlichen Anzeige von Daten verwendet und zeichnet Bildpunkt für Bildpunkt je nach Samplerate im immer gleichen x-Abstand auf. Als Datentyp werden entweder einfache numerische Typen (im Normalfall DBL) oder aber der Datentyp *Waveform* verwendet. Bei einfachen numerischen Datentypen wird der zugehörige x-Wert für jeden Messpunkt inkrementiert.

Wie in Bild 8.7 zu erkennen ist, hat die Skalierung der x-Achse in diesem Beispiel nichts mit der effektiven Zeit zu tun. Dies geht nur schon dadurch hervor, dass der For-Loop kein Timing besitzt und somit so schnell wie möglich abgearbeitet wird. Im Datentyp DBL sind keine Zeitinformationen enthalten, weshalb die x-Achse lediglich als Aufzählung der Datenpunkte dient.

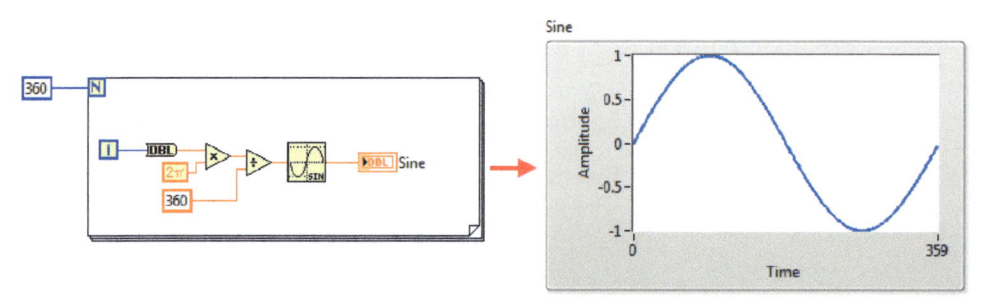

Bild 8.7 Sinuskurve mit 360 Werten als Chart dargestellt

Will man einen zeitlichen Verlauf wie in Bild 8.8 darstellen, muss zum einen das *Display Format* der x-Achse auf absolute oder relative Zeit umgestellt werden, andererseits muss auch das Signal eine Zeitinformation aufweisen. Hierzu kann der Datentyp *Waveform* verwendet werden. Zwar ist es aus ressourcentechnischer Sicht nicht optimal, aus jedem Skalar eine eigene *Waveform* mit der aktuellen Zeit als t_0 zu bilden, aber damit lassen sich sehr einfach und ohne großen Aufwand längere Aufzeichnungen kontinuierlich im zeitlichen Verlauf darstellen.

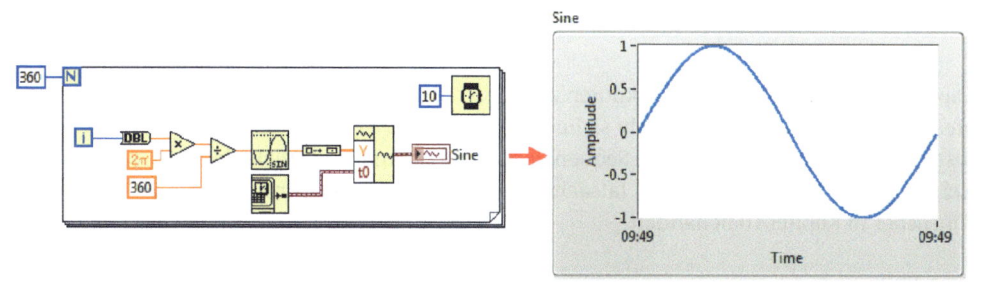

Bild 8.8 Sinuskurve mit 360 Werten als Waveform Chart dargestellt

Die Darstellung mehrerer Plots auf einem Diagramm findet über das einfache Bundle der Signale statt. Es wird somit ein Cluster mit 1...n Datenpunkten an das Chart übergeben, jeder Punkt entspricht einem unterschiedlichen Plot zum aktuellen gemeinsamen Zeitpunkt. In Bild 8.9 wurde dem Sinus-Plot noch eine Zufallszahl zwischen von −0,1...0,1 hinzugefügt.

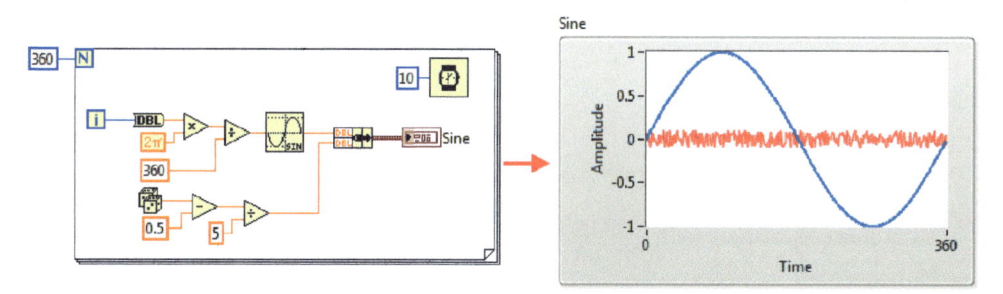

Bild 8.9 Mehrere Plots auf einem Chart

Falls ein Plot eine separate y-Achse benötigt, wird diese mit Rechtsklick auf die Skala und *Duplicate Scale* erstellt und danach mit Rechtsklick auf *Swap Sides* auf die andere Seite des Charts gelegt. Danach kann in den Properties die Achse konfiguriert und die Plots den verschiedenen Achsen zugewiesen werden. Charts besitzen einen Speicher, die sogenannte *History*, welche per Default die letzten 1024 Werte umfasst. Dieser Speicher stellt den Datenpuffer des Charts dar. Sobald die Anzahl der Werte die Puffergröße übersteigt, überschreibt LabVIEW die jeweils ältesten Werte des Puffers. Die Größe dieses temporären Speichers kann mittels Rechtsklick auf *Chart History Length* angepasst werden. Die *History* ist auch dafür zuständig, dass der Chart bei wiederholtem Programmstart nicht leer erscheint, sondern die letzten Daten angezeigt werden. Sollen alte Daten gelöscht werden, muss dies mit einem Eigenschaftsknoten (Rechtsklick auf den Chart-Indicator, dann *Create → Property Node → History Data*, befindet sich ganz unten) zu Beginn der Ausführung programmatisch erledigt werden. Wie in Bild 8.10 übergibt man dem Property Node ein leeres Array, welches die noch gespeicherte *History* überschreibt.

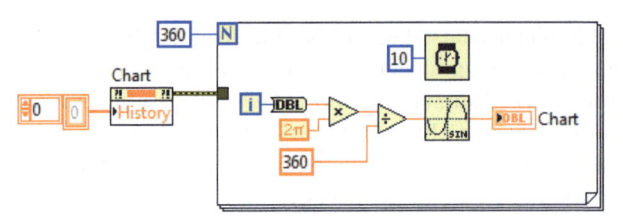

Bild 8.10 Leeres Array für die Löschung der History-Daten vor Ausführung

Das Error-Wire vom Eigenschaftsknoten zum For-Loop hat programmatisch keine Bedeutung, stellt aber gemäß Datenflussregeln sicher, dass die *History* vor der Ausführung des Loops gelöscht wird. Würde man auf diese Sequenzierung verzichten, wäre nicht definiert, zu welchem Zeitpunkt die *History* des Charts tatsächlich gelöscht wird. Eigenschaftsknoten werden ausführlicher in Kapitel 10 behandelt.

8.2.2 Waveform Graph

Im Gegensatz zum Chart nimmt ein *Waveform Graph* statische Datensätze entgegen und zeichnet keinen kontinuierlichen Datenverlauf auf. In Bild 8.11 ist die gleiche Anwendung eines erzeugten Sinussignals mit 360 Werten abgebildet. Jedoch wird erst der ganze Datensatz erstellt, als indexiertes Array ausgegeben und am Schluss durch den Graphen dargestellt.

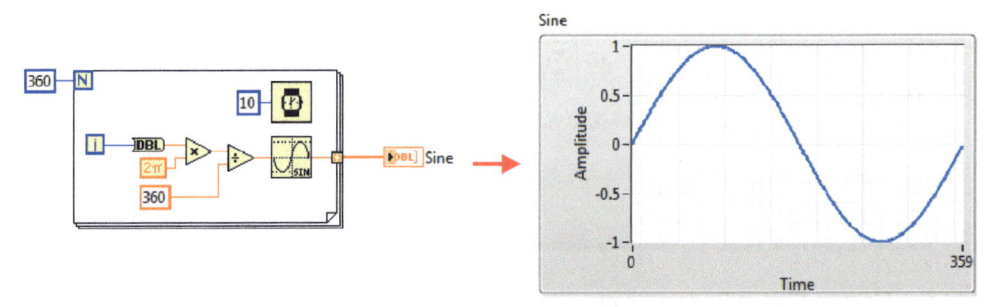

Bild 8.11 Sinuskurve mit 360 Werten in einem Graphen dargestellt

Wie schon beim Chart ist der Abstand zwischen den Datenpunkten jeweils 1. Beim Graph kann diese Samplerate jedoch definiert werden, genauso wie der Startzeitpunkt t_0. In Bild 8.12 wurde $t_0 = 1000$ gesetzt und $\Delta t = 10$. Es resultiert eine andere Skalierung als beim oberen Beispiel. Diese Definition wird über die *Bundle*-Funktion zu einem Cluster vorgenommen.

Die Kontexthilfe des Graphen in Bild 8.13 gibt darüber Aufschluss, welche Funktionen die Cluster-Eingänge haben. So lassen sich Startzeitpunkt t_0 (Im Bild mit x_0 bezeichnet) die Zeitdifferenz zwischen den Werten Δt (Im Bild mit Δx bezeichnet) sowie ein eindimensionales Array (für einen einzigen Plot auf dem Chart) oder ein zweidimensionales Array (für mehrere Plots gleichzeitig) als Cluster bündeln und können dem Graphen übergeben werden.

Auch beim Graphen sind beliebig viele Plots im gleichen Fenster darstellbar. Hierzu müssen die Datenarrays anders als beim Chart nicht als Cluster kombiniert, sondern zu einem 2D-

8.2 Arten von grafischen Anzeigen

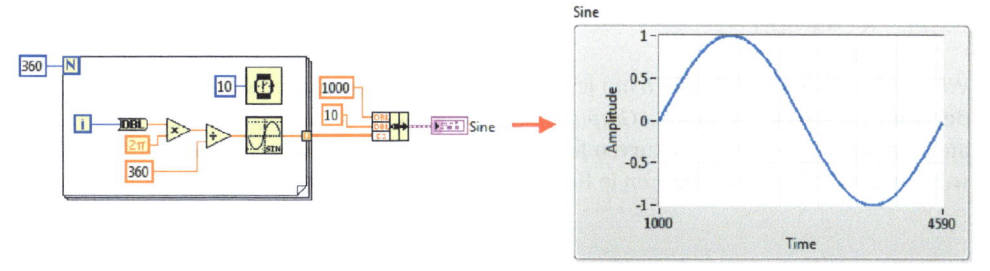

Bild 8.12 Sinuskurve mit geändertem t_0 und Δt als Cluster mit drei Elementen

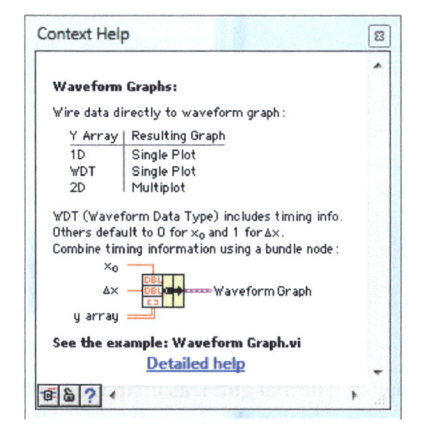

Bild 8.13 Kontexthilfe des Waveform Graphen

Array erweitert werden. Dies kann entweder ohne Veränderung von t_0 und Δt geschehen, oder aber mit dem entsprechenden Cluster kombiniert werden, gezeigt in Bild 8.14.

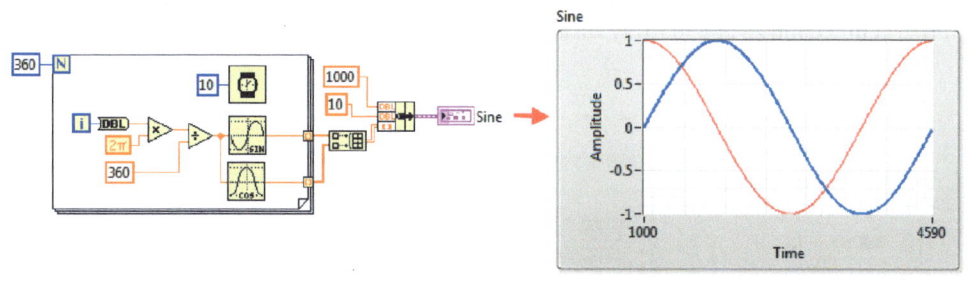

Bild 8.14 Multiplot eines Graphen unter der Verwendung eines 2D-Arrays (Daten) und geänderten t_0 und Δt

Aufgabe 8.1: Diagramme und Graphen

Aufgabe 8.2: Eigenschaften von Diagrammen

8.2.3 XY-Graph

Während in Charts und Graphen nur jeweils ein einziger y-Wert einem x-Wert zugeordnet werden kann, gestaltet sich der *XY-Graph* bei der grafischen Darstellung z. B. von Kreisen oder anderen nichtsignalförmigen Kurven flexibler. Der XY-Graph verlangt als Eingabe ein Cluster, welcher die gebündelten Vektoren in Relation zueinander stellt.

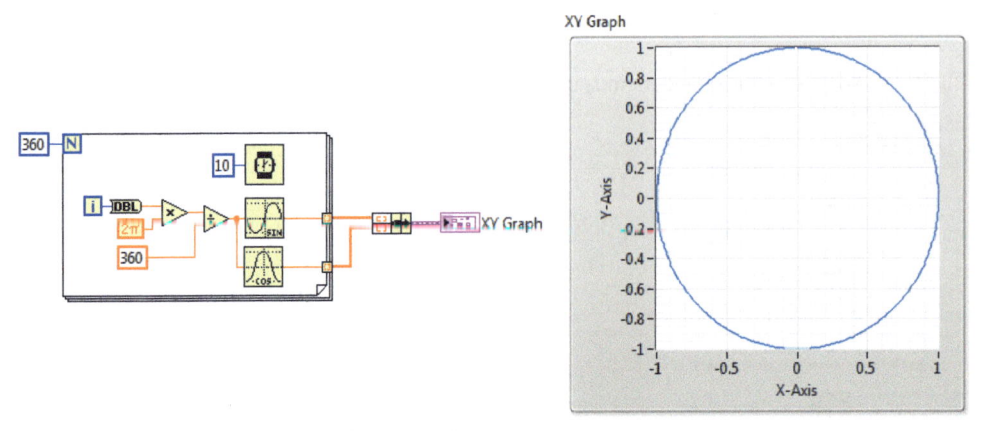

Bild 8.15 Einfacher XY-Graph mit Sinus und Cosinus

Natürlich sind auch beim XY-Graphen mehrere Plots möglich. Hierbei gilt: Das erste Element des Clusters (im Beispiel in Bild 8.15 das Sinus-Array) entspricht immer den x-Werten, alle anderen Elemente des Clusters stellen y-Wert-Arrays dar, die immer auf die x-Werte bezogen sind.

In Bild 8.16 werden zwei unterschiedliche Plots gezeigt, jeweils in Bezug auf die Sinusfunktion. Um die beiden Plots zu kombinieren, muss jeder einzeln mit der Referenzfunktion als Cluster verpackt und dann zu einem Array zusammengefügt werden.

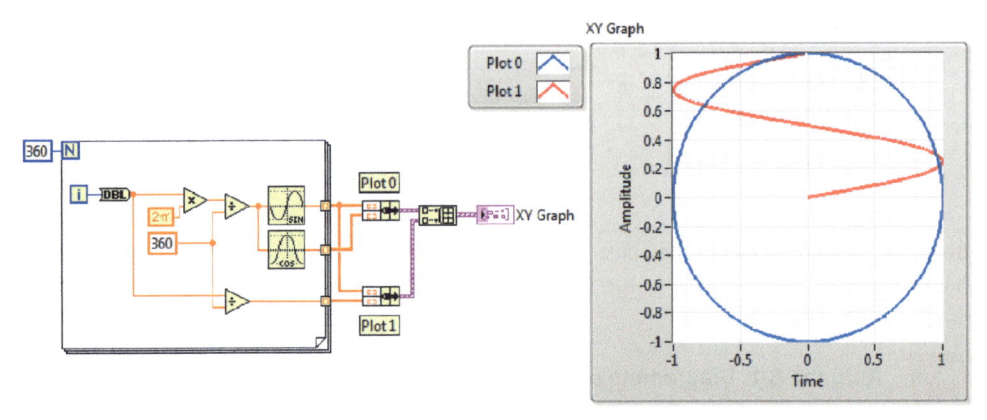

Bild 8.16 XY-Graph mit mehreren Plots über ein Array von mehreren identischen Clustern

Die abgebildete Variante enthält schlussendlich ein Array von einer bestimmten Anzahl (nämlich eines pro Plot) an Clustern, wobei jedes Cluster aus zwei Arrays mit x- und y-Werten zusammengesetzt ist.

Ebenfalls möglich und etwas effizienter ist der Weg, mit allen Skalaren zuerst ein gemeinsames Cluster zu bilden (wieder mit dem ersten Element als x-Achse) und danach ein Array dieses Clusters zu erstellen. So entfällt eine Struktur-Ebene und die Referenzachse muss nur einmal für alle y-Achsen integriert werden. In Bild 8.17 ist diese Form der Cluster-Zusammensetzung zu sehen. Das Ergebnis ist identisch mit demjenigen aus Bild 8.16, allerdings ist die zweite Art im Blockdiagramm etwas übersichtlicher.

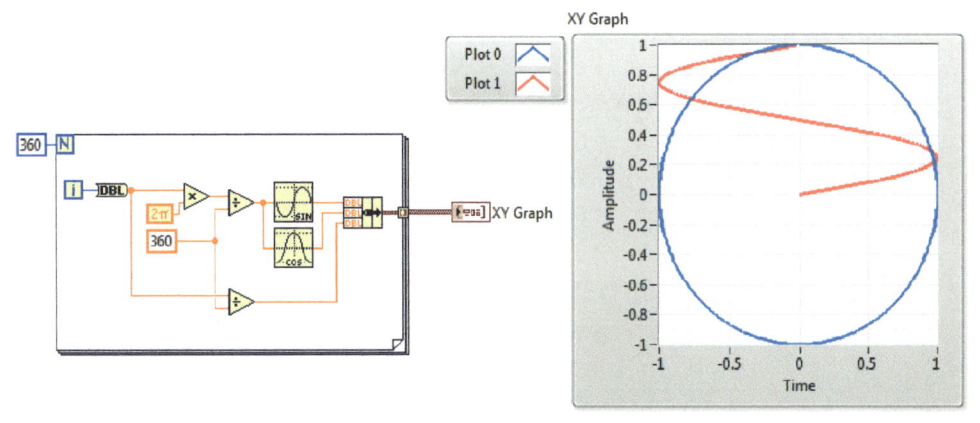

Bild 8.17 Array von Clustern für den XY-Graphen

Die unterschiedlichen Farben der Wires und Graph-Terminals resultieren lediglich aufgrund der unterschiedlichen Datentypen (gemischtes Cluster: pink, Cluster mit rein numerischen Werten: braun) und hat keine Auswirkungen auf Verhalten und Darstellung des Graphen.

Aufgabe 8.3: Lissajous-Figur

8.3 Übungsaufgaben

Aufgabe 8.1: Diagramme und Graphen

Erstellen Sie ein VI, welches kontinuierliche Zufallszahlen als Pseudomesswerte in einem Intervall von 100 ms erzeugt. Lassen Sie diese Messwerte numerisch und als Diagramm darstellen. Durch Betätigen des *Stop*-Buttons wird die Applikation beendet. Die Messwerte werden am Ende der Schlaufe als Array weitergegeben und im Folgenden als Datensammlung in einem Graphen dargestellt (Bild 8.18).

a) Probieren Sie sich durch die Aktualisierungsmodi und die anzeigbaren Objekte auf dem Frontpanel. Spielen Sie mit Cursors und der Graph-Palette.

b) Verwenden und verändern Sie die Historienlänge des Diagramm-Objekts. Welchen Einfluss hat diese Einstellung?

c) Skalieren Sie die x-Achse in einer relativen Zeiteinheit, beginnend bei 0 mit einer Schrittweite, welche der Abtastrate entspricht, also die x-Achse in Sekunden skaliert.

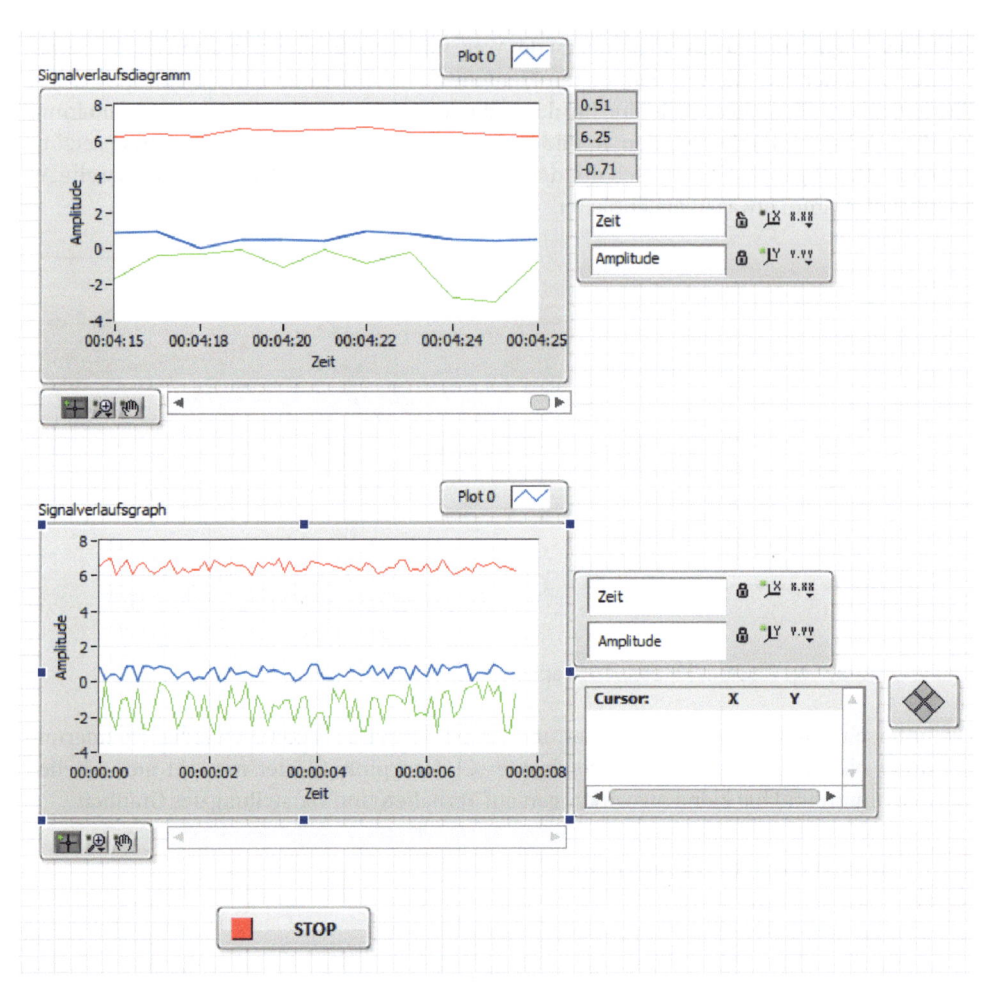

Bild 8.18 Frontpanel mit Diagrammen und Graphen

d) Verändern Sie die Diagramm Eigenschaften wie folgt:
   - Diagramm-Hintergrund in Weiß
   - x- und y-Raster einblenden und entsprechende Farbe wählen
e) Erweitern Sie die Applikation so, dass Sie zwei bis drei Zufallsmesswerte erzeugen und als mehrere Kanäle auf dem Diagramm und auf dem Graphen als Objekt darstellen.
f) Stellen Sie Ihre zwei bis drei Messreihen als Stapel-Plot (jede Messreihe in einem eigenen Diagramm) dar. Aktivieren Sie den entsprechenden Haken in den Chart-Properties.
g) Ihre Anzeigen sollen bei einem wiederholten Starten der Applikation gelöscht, also neu initialisiert werden. Treffen Sie hierfür die entsprechenden Maßnahmen.

Aufgabe 8.2: Eigenschaften von Diagrammen

Auf der Basis ihrer Lösung der **Aufgabe 8.1: Diagramme und Graphen** (oder der Musterlösung) schaffen Sie einige zusätzliche Möglichkeiten zur Gestaltung Ihres Signalverlaufsdiagramms während zur Laufzeit:

a) Mit *Colorboxen* ermöglichen Sie es, der Applikation die Hintergrundfarbe und die Farbe der Hauptgitter und Feingitter während des Betriebs zu verändern.

b) Erstellen Sie zwei Bedienelemente, mit welchen Sie die Achsenbeschriftungen zur Laufzeit ändern können.

c) In einem Design-Rahmen (Bild 8.19, unten rechts) können Sie den aktiven Plot setzen und von diesem dann mittels numerischen Bedienelementen Linienart, Linienbreite und Interpolationsart verändern. Mit einer *Colorbox* können Sie außerdem seine Farbe ändern.

Verwenden Sie für die Änderungen dieser Eigenschaften einen oder mehrere *Property Nodes*.

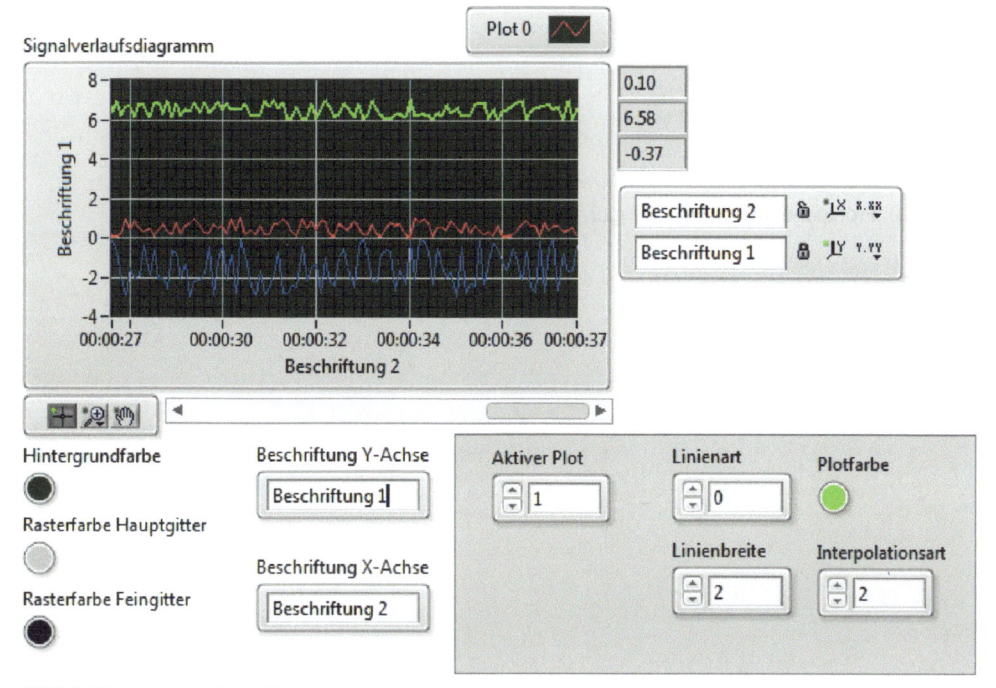

Bild 8.19 Frontpanel mit Diagrammeigenschaften

Aufgabe 8.3: Lissajous-Figur

Erstellen Sie ein VI mit einem XY-Graphen, mit dem sich eine Lissajous-Figur wie in Bild 8.20 darstellen lässt. Am x-Eingang legen Sie dazu eine Sinusquelle an, am y-Eingang eine um 90° dazu verschobene Cosinusquelle. Implementieren Sie einen Drehknopf, mit dem Sie Phasenverschiebungen von −90…90° während der Laufzeit simulieren können.

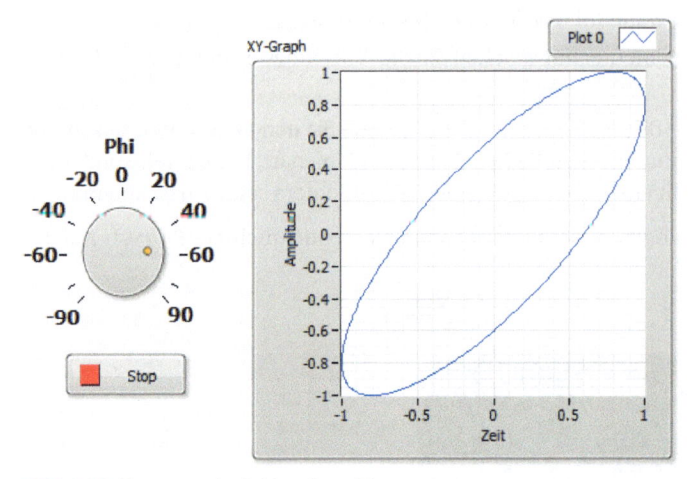

Bild 8.20 Frontpanel mit Lissajous-Figur

9 Dateibearbeitung

In Messapplikation müssen gemessene Signale meist nicht nur angezeigt, sondern zur späteren Auswertung und Nachbearbeitung auch gespeichert werden *(Datalogging)*. Hierzu steht in LabVIEW ein umfangreiches Set an VIs zur Verfügung. Damit kann auf das Dateisystem und die Ordnerstruktur zugegriffen, sowie unterschiedliche Dateiformate gelesen und geschrieben werden. Allgemein wird hierfür der Begriff *File I/O* (Input/Output) verwendet.

■ 9.1 Schreiben und Lesen von Dateien

Der Vorgang (Bild 9.1), sowohl beim Lesen als auch beim Schreiben, geschieht meist nach einem festen Muster:

1. Datei öffnen
2. Daten schreiben/lesen
3. Datei schließen
4. Auf Fehler prüfen

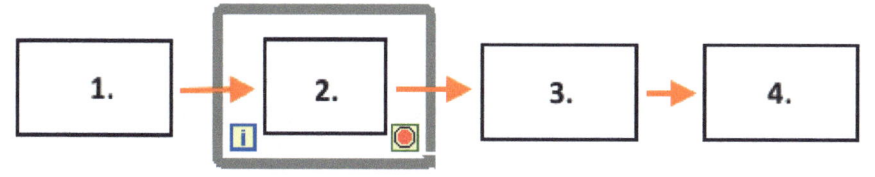

Bild 9.1 Schematischer Vorgang File-I/O

Beim (erfolgreichen) Öffnen der Datei über den Dateipfad wird eine *Referenz* auf diese Datei erzeugt, welche für die nachfolgenden Schritte benötigt wird. Sämtliche weiteren Funktionen arbeiten ausschließlich mit dieser Dateireferenz, nicht mehr mit dem Dateipfad. Mit dem Schließen der Datei wird diese Referenz wieder gelöscht.

Der in Bild 9.1 abgebildete Vorgang bezieht sich auf sogenannte *Low-Level-Funktionen*, also die Basisfunktionen, welche von LabVIEW zur Bearbeitung von Dateien zur Verfügung gestellt werden. Dabei hat der Entwickler die volle Kontrolle über die Art des Zugriffs, des Dateiformats, die Trennung von Zeilen und Spalten sowie auf andere Parameter.

Daneben sind einige standardisierte und vorkonfigurierte *High-Level-VIs* und *Express-VIs* verfügbar, die dem Benutzer viele Grundeinstellungen abnehmen, z. B. zum direkten Schreiben von 1D- oder 2D-Arrays in eine tabellenförmige Struktur.

9 Dateibearbeitung

Sämtliche Funktionen für die Dateibearbeitung befinden sich in der Palette *File I/O*. Die in Bild 9.2 rot markierten VIs stellen *High-Level-Funktionen* dar, die grün markierten VIs sind *Low-Level-Funktionen*. Unter *Adv File Funcs* (blau) stehen zudem weitere hilfreiche Funktionen zur Verfügung, welche in Tabelle 9.1 kurz erläutert werden.

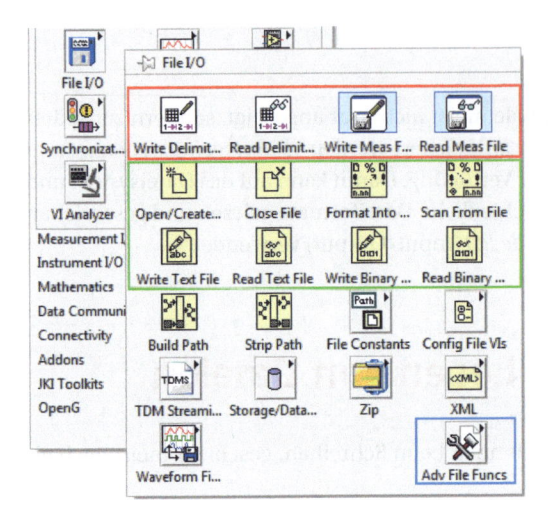

Bild 9.2 Palette des File I/O

Tabelle 9.1 Häufig verwendete Dateifunktionen

	Open/Create/Replace File: Wird benötigt, um eine Datei mittels eines vollständigen Pfads zu öffnen, aber auch um sie zu erstellen oder eine bestehende Datei zu ersetzen. Dabei wird eine Dateireferenz erzeugt. Speziell zu beachten ist der Anschluss *Operation*, mit welchem bestimmt wird, was geschehen soll (Öffnen, Erstellen, Ersetzen).
	Close File: Schließt die Dateireferenz und gibt den Dateipfad aus.
	Write to Text File: Stellt eine einfache Schreiboperation dar. Der Eingang besteht aus der Dateireferenz, dem zu schreibenden String und dem Error-Wire.
	Read from Text File: Liest eine Datei anhand ihrer Dateireferenz aus und gibt den Inhalt als String zurück.
	Create Folder: (Adv File Funcs) wird zur Erstellung eines neuen Ordners innerhalb des Dateisystems verwendet.
	File/Directory Info: (Adv File Funcs) kann verwendet werden, um Informationen über einen Ordner oder eine Datei einzuholen. Mögliche Ausgänge: Größe, letzte Bearbeitung, Ordner ja/nein.
	Copy: (Adv File Funcs) wird benötigt, um einzelne Dateien oder ganze Ordner zu kopieren.

Tabelle 9.1 Häufig verwendete Dateifunktionen (Fortsetzung)

	Delete: (Adv File Funcs) löscht einzelne Files oder ganze Ordner mit oder ohne Bestätigung durch den User.
	Check if File or Folder exists.vi: (Adv File Funcs) eine nützliche High Level Funktion, welche prüft, ob eine Datei oder ein Ordner bereits existiert.
	Get File Extension.vi: (Adv File Funcs) eine nützliche High Level Funktion, welche die Trennung von Dateinamen und Dateiendung erlaubt.

In Bild 9.3 ist eine einfache Anwendung abgebildet, welche für das Logging einer Zufallszahl in einem Textfile verantwortlich ist.

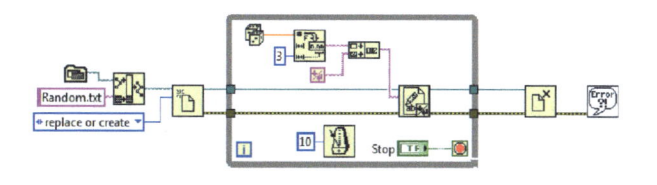

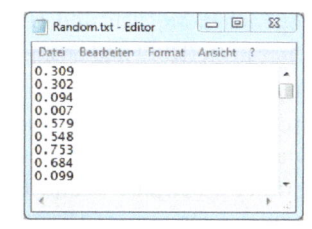

Bild 9.3 Vorgang zum Logging einer Zufallszahl im 10-ms-Zyklus

Die gewünschte Datei *Random.txt* wird erstellt oder ersetzt (Enum *replace or create*), je nachdem, ob sie schon existiert oder nicht. Danach folg der Schreibvorgang innerhalb des While-Loops im 10-ms-Takt, so lange bis der Benutzer den Vorgang abbricht. Die String-Konstante EOL *(End of Line)* bewirkt, dass nach jeder Zahl ein Zeilenumbruch erfolgt. Ansonsten würden die Zahlen in einer Zeile direkt aneinandergereiht. Nach Verlassen des Loops wird das File geschlossen und etwaige Fehler, die während des Vorgangs aufgetreten sind dem Benutzer durch einen *Simple Error Handler* ausgegeben. Der Inhalt der Datei stellt sich nun wie gewünscht dar.

Sämtliche File I/O-VIs nach der Öffnung einer Datei werden mittels Dateireferenz miteinander verbunden. Sie werden zur Kennzeichnung von File I/O Sessions benötigt und führen den Zugriff auf die geöffnete Datei weiter. Solange keine Schließung der Datei durch die entsprechende Funktion erfolgt, bleibt die Referenz bestehen und die Datei geöffnet. Dieser Vorgang eignet sich, um einen Schreib- oder Lesevorgang immer wieder durchzuführen. Das kontinuierliche Schreiben und Lesen auf eine geöffnete Datei bezeichnet man als *Streaming*.

Werden Daten nur sehr sporadisch in eine Datei geschrieben oder von einer Datei gelesen, so empfiehlt es sich, die Datei jedes Mal neu zu öffnen und danach zu schließen. Sollte die Applikation aus unerwarteten Gründen beendet werden, solange die Datei geöffnet ist, sind aktuelle Daten noch nicht gespeichert und gehen verloren.

High Level VIs haben das Öffnen und Schließen der Datei bereits integriert und eignen sich aufgrund der unnötigen Aktionen nur bedingt für die Anwendung innerhalb eines Loops.

9.2 Spreadsheets

LabVIEW bietet die Möglichkeit, auf einem höheren Level direkt mit tabellarischen Daten zu operieren. Zum Beispiel werden für die Speicherung von Datensätzen oftmals universelle Dateiformate wie .csv verwendet. Damit nicht jeder Programmierer den Prozess der Datenspeicherung selbst modellieren muss, stellt LabVIEW die VIs *Write Delimited Spreadsheet* und *Read Delimited Spreadsheet* zur Verfügung.

Innerhalb dieser VIs werden numerische Daten automatisch nach String konvertiert, die Datei automatisch geöffnet und wieder geschlossen, ohne dass der Programmierer sich um diese *Low-Level-Funktionen* kümmern muss. Er kann im einfachsten Fall nur die Daten, den Dateipfad und das Trennzeichen zur Verfügung stellen, den Rest übernimmt das VI.

Die *Spreadsheed-VIs* sind zudem polymorph, sie können also mit verschiedenen Datentypen operieren. Möglich sind 1D- oder 2D-Arrays von ganzzahligen Datentypen (U, I), Fließkommazahlen (DBL) und Strings.

Um die Datei nachher beispielsweise mit *Microsoft Excel* öffnen zu können, kann man den Pfad schon mit der entsprechenden Dateiendung versehen. Ein Semikolon als Trennzeichen sorgt dann dafür, dass beim Öffnen mit Excel das 2D-Array gleich in Zeilen und Spalten unterteilt wird. Die Beispiele in Bild 9.4 zeigen zwei unterschiedlich generierte Datenfiles mit 2D-Arrays und das daraus resultierende File.

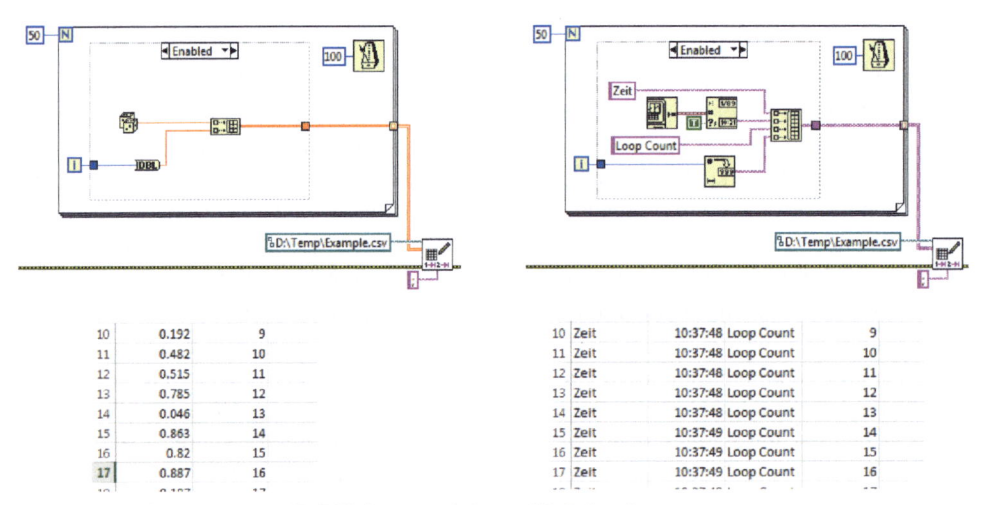

Bild 9.4 Beispiel mit einem 2D-DBL-Array und einem 2D-String-Array

Bei einem Blick in das *Write Delimited Spreadsheet.vi* (Bild 9.5) erkennt man die üblichen Low Level VIs, welche für die File-I/O-Operation verwendet werden. Für den Benutzer ist das komfortabel als VI verpackt, sodass er sich nur noch um seine Daten und die Formatierung kümmern muss.

Mit der Kontexthilfe lassen sich, wie in Bild 9.6 gezeigt, die zusätzlichen Möglichkeiten an In- und Outputs der Write-Funktion anzeigen.

9.2 Spreadsheets

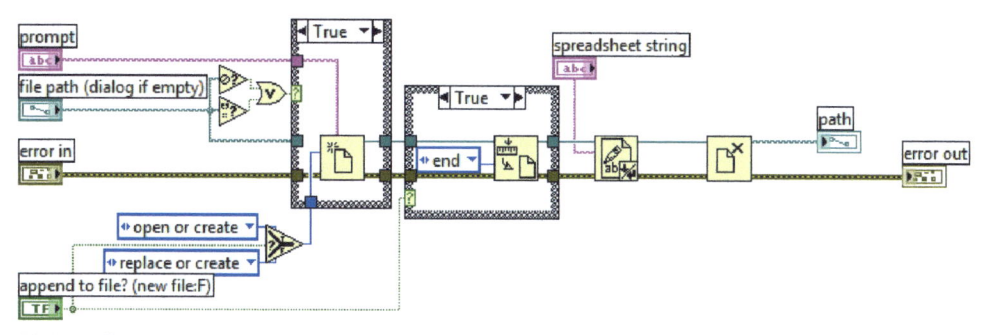

Bild 9.5 Blockdiagramm der Write Delimited Spreadsheet.vi

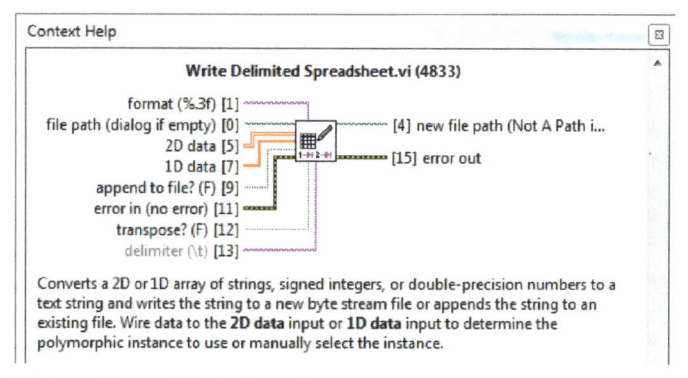

Bild 9.6 Kontexthilfe für Write Delimited Spreadsheet.vi

Für das Lesen von tabellarischen Datenfiles gilt im Grundsatz das Gleiche wie beim Schreiben. Mit dem VI *Read Delimited Spreadsheet.vi* können auf die gleiche Art und Weise mit wenig Aufwand Dateien ausgelesen werden. Mit dem Dropdown-Menü des polymorphen VIs wird bestimmt, welcher Datentyp das Ausgabearray annehmen soll. In Bild 9.7 ist dies wiederum mit den Datentypen DBL und String dargestellt.

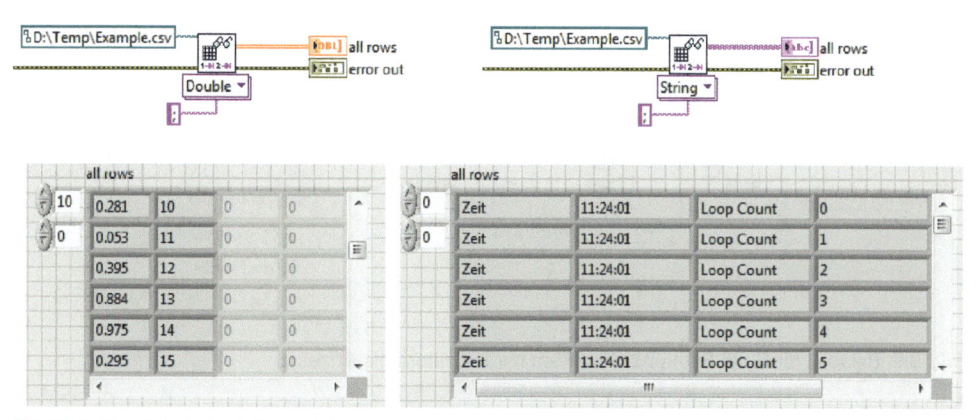

Bild 9.7 Read Delimited Spreadsheet für die zwei vorher erzeugten Files

Intern ist das VI ein wenig komplexer aufgebaut als die Write-Funktion, aber für den Benutzer bleibt es dennoch mit wenigen Elementen konfigurierbar. Die Kontexthilfe weist auf die zusätzlichen Parameter hin (Bild 9.8).

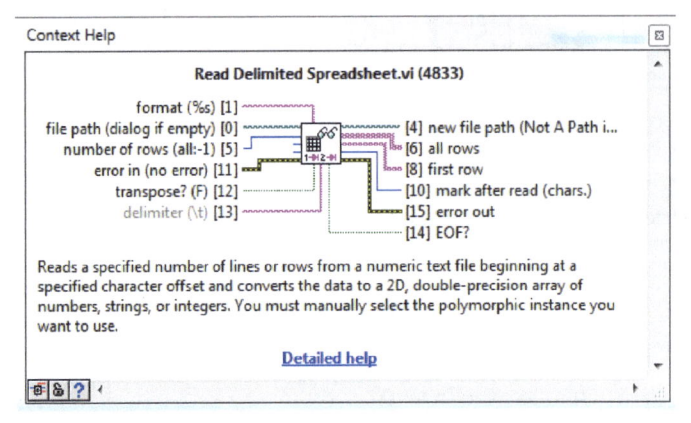

Bild 9.8 Kontexthilfe für die Read Delimited Spreadsheet.vi

■ 9.3 Pfade

Ein Pfad gilt unter LabVIEW als eigener Dateityp und wird im Blockdiagramm mit türkisen Wires dargestellt. Im Grunde ist dieser Datentyp nichts anderes als ein String, der die speziellen Pfad-Trennzeichen des Systems erkennt und als Pfad interpretiert.

Für jegliche Bearbeitung von Dateien müssen die absoluten oder relativen Pfade innerhalb des Dateisystems bekannt sein. Hierfür stellt LabVIEW einige Funktionen und Konstanten zur Verfügung, mit denen Pfade verändert, erstellt und durchsucht werden können. Unter der Palette *File I/O* befinden sich *Build Path* und *Strip Path*. Damit können Pfade erweitert oder aufgetrennt werden. Entsprechend dem Beispiel in Bild 9.9 können so neue Pfade ausgewählt oder direkt Dateien mit Pfaden verknüpft werden.

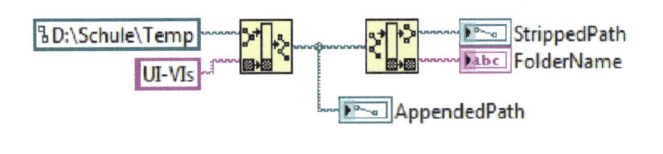

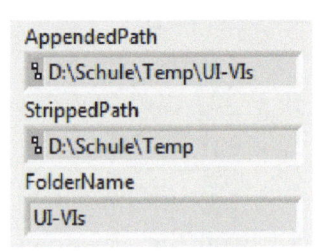

Bild 9.9 Beispiel für Build Path und Strip Path mit Indicators als Anzeige

Mit diesen Elementen können Pfade beliebig zusammengesetzt werden. Anstatt eines Ordners können auch direkt Dateinamen (mit Endung) angehängt werden. Allerdings überprüfen diese Funktionen nicht, ob ein Pfad oder eine Datei auch effektiv existiert.

Daneben gibt es mehrere Pfadkonstanten (Bild 9.10), welche als Basis eingesetzt werden können. Sie befinden sich unter *File I/O → File Constants*.

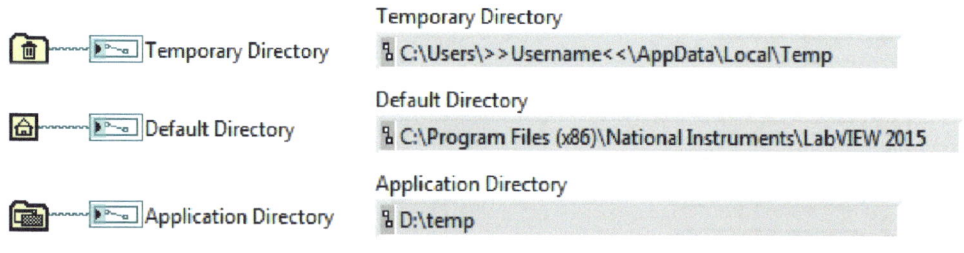

Temporary Directory
Temporary Directory   C:\Users\>>Username<<\AppData\Local\Temp

Default Directory
Default Directory   C:\Program Files (x86)\National Instruments\LabVIEW 2015

Application Directory
Application Directory   D:\temp

Bild 9.10 Häufig verwendete Pfadkonstanten

Aufgabe 9.1: File I/O

9.4 Technical Data Management Streaming (TDMS)

Das *TDMS* (oder TDM)-Format wurde von National Instruments speziell für das Datenmanagement und das schnelle Streaming entwickelt. Es überträgt die Daten im Binärformat an den Datenträger und kann so im Gegensatz zu Textdateien wesentlich mehr und schneller Informationen speichern und abrufen. Dies ist insbesondere dann von Vorteil, wenn mehrere Prozesse gleichzeitig am Arbeiten sind, z. B. die Messdatenerfassung, die Regelung, das User Interface Update und das Logging.

9.4.1 Aufbau der TDMS-Struktur

Das Technical Data Management hat eine mehrstufige hierarchische Datenstruktur und besteht aus *Groups* (Gruppen) und *Channels* (Kanäle). Jede Hierarchieebene kann mit Eigenschaften beschrieben werden. Dies erlaubt die individuelle Erstellung von Datenfiles und die Ordnung nach verschiedensten Kriterien. In Bild 9.11 ist die Datenstruktur mit ihren drei Ebenen abgebildet.

Die unterste Ebene bilden die sogenannten *Channels*, also der einzelne Messkanal, welcher z. B. von einem Sensor mit Daten beschrieben wird. Einem Channel können samt Messwerten

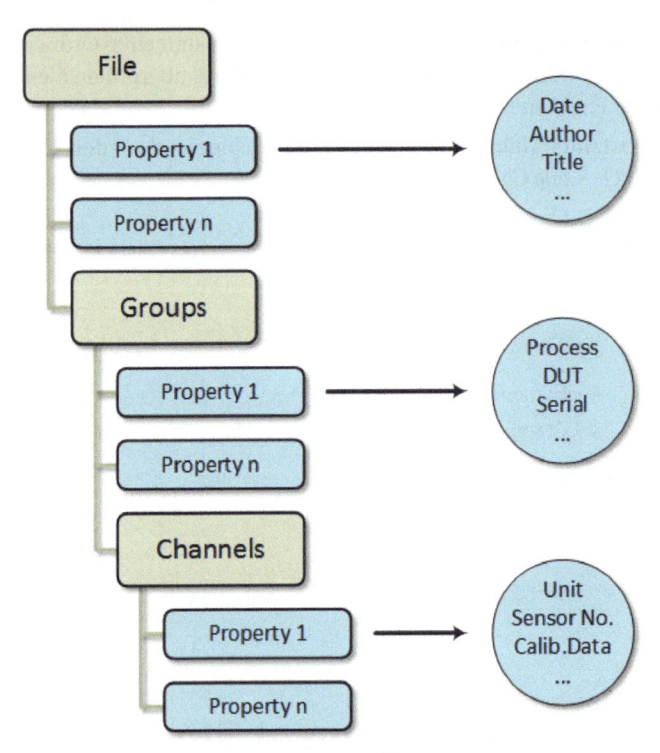

Bild 9.11 Datenhierarchie eines TDMS-Files

auch verschiedene Eigenschaften, z. B. eine Sensor-Info oder die Einheit des Messwerts, zugeordnet werden. Lassen sich verschiedene Kanäle logisch zusammenfassen, spricht man von *Channel Groups*, also einer Gruppe von Kanälen. Eine Gruppe kann 1 – n Kanäle beinhalten. Zu jeder Gruppe können ebenfalls wieder individuelle Eigenschaften mitgeschrieben werden. Schließlich werden alle Gruppen in einem *Data Set*, der eigentlichen Datei, zusammengefasst. Auch auf dieser Ebene können weitere Eigenschaften definiert werden. Das TDMS-File besteht also aus insgesamt drei hierarchischen Ebenen, wobei jedem Element jeder Ebene individuelle Eigenschaften zugeordnet werden können.

9.4.2 Anwendung von TDMS

Die in Bild 9.12 gezeigte Palette findet sich unter *File I/O* → *TDM Streaming* und funktioniert im Grundsatz gleich wie andere Fileoperationen: Öffnen der Datei (*TDMS Open*), Schreiben/Lesen (*TDMS Write/TDMS Read*) mittels Dateireferenz solange und so oft wie gewünscht, danach folgt das Schließen der Datei (*TDMS Close*) und das Error Handling.

9.4 Technical Data Management Streaming (TDMS)

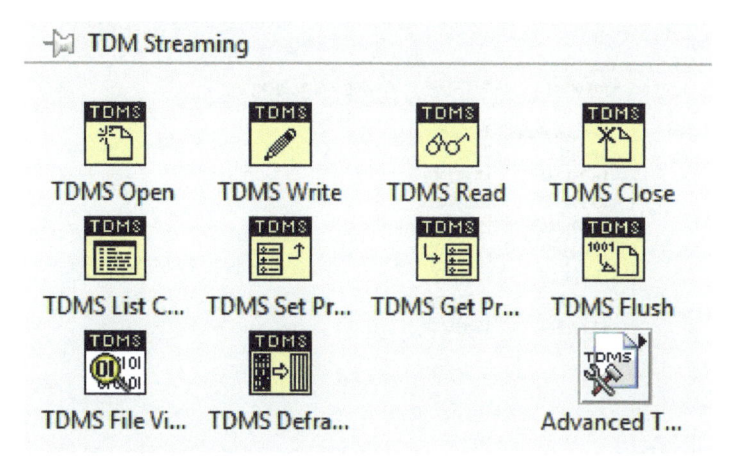

Bild 9.12 Palette TDM Streaming

Im Unterschied zu einfachen Dateitypen müssen bei TDMS allerdings auch die angesprochenen Gruppen und Kanäle sowie deren Eigenschaften verwaltet werden. Das heißt, eine Serie von Messwerten muss einem Kanal zugeordnet werden und dieser Kanal einer Gruppe. Das Beispiel in Bild 9.13 zeigt die Erfassung von zwei Temperaturwerten, die in den Kanälen *Temp1* und *Temp2* gespeichert werden. Beide Temperaturkanäle werden der Gruppe *Temperatures* hinzugefügt.

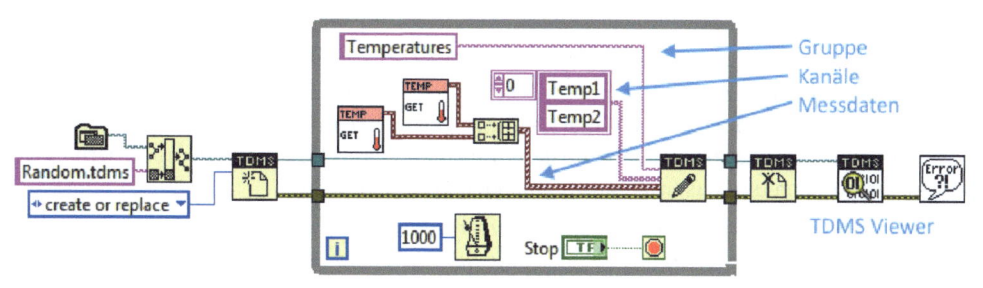

Bild 9.13 Einfaches Schreiben von zwei Kanälen mittels TDMS

Nach Beendigung des Loops durch den *Stop*-Button wird die TDMS-Datei geschlossen. In diesem Beispiel ist direkt danach der *TDMS Viewer* angeschlossen, der die eben erstellte (oder ersetzte) Datei öffnet und den Inhalt sichtbar darstellt. Dieses Tool ist zur Ansicht von TDMS-Dateien während der Entwicklung äußerst nützlich, da sich sofort der Inhalt der Datei kontrollieren lässt. Im Viewer (Bild 9.14) erkennt man die einzelnen Gruppen (hier: *Temperatures*) und Kanäle (*Temp1*, *Temp2*) und kann sich den Inhalt der Kanäle anzeigen lassen (Reiter *Values*). Auch die definierten Eigenschaften (Reiter *Properties*) können im TDMS Viewer überprüft werden.

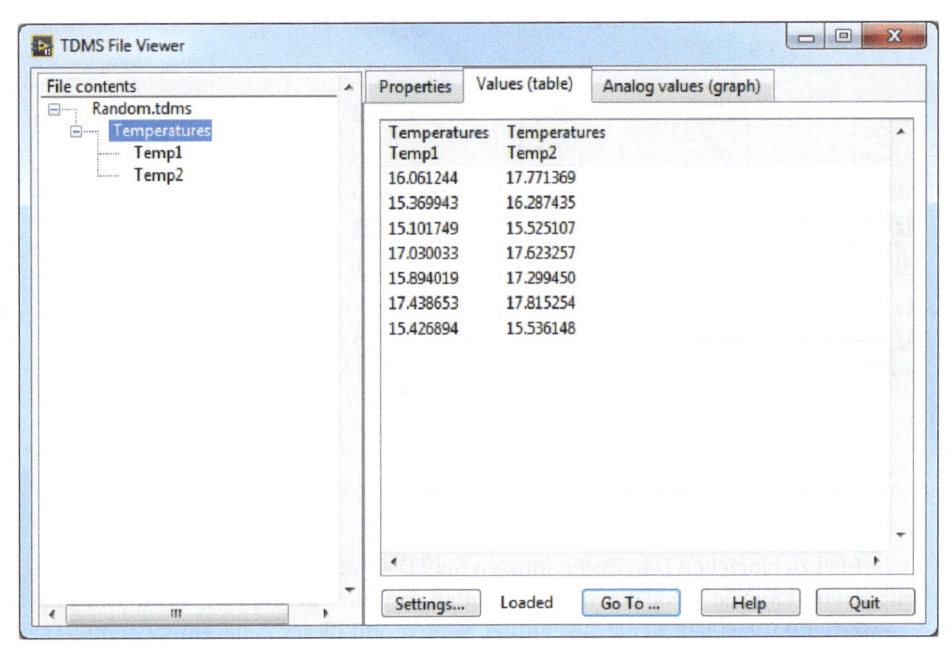

Bild 9.14 TDMS Viewer mit Gruppen, Kanälen und deren Wertereihen

9.4.3 Eigenschaften

Wie bereits erwähnt, kann jede der drei Ebenen (Datei, Gruppen, Kanäle) eine beliebige Anzahl von Eigenschaften und Attributen mitgegeben werden. Auf Dateiebene kann dies z. B. der Name der Testperson sein. Zu einem Kanal könnte man so die benutzte Einheit (z. B. °C) oder die Seriennummer des Sensors mitgeben. Diese Informationen erhöhen die Reproduzierbarkeit von Messresultaten und das Eruieren von möglichen Fehlerquellen.

In Bild 9.15 ist die übergeordnete Gruppe *Temperatures* mit Eigenschaften beschrieben worden, nämlich mit dem Namen des Testers sowie der Einheit der Messgrößen in dieser Gruppe. Wird zusätzlich zur Gruppe beim VI *TDMS Set Properties* auch der Eingang *Channel Name* verbunden, werden die Eigenschaften nur auf den Kanal bezogen und nicht den Eigenschaften der Gruppe hinzugefügt. Da Werte der Eigenschaften nicht nur als Text vorliegen können, ist der Datentyp des Eingangs-Property-Values ein Variant bzw. ein Array davon. In gleicher Weise wie Eigenschaften geschrieben werden, können sie mit dem entsprechenden VI *TDMS Get Properties* auch ausgelesen werden.

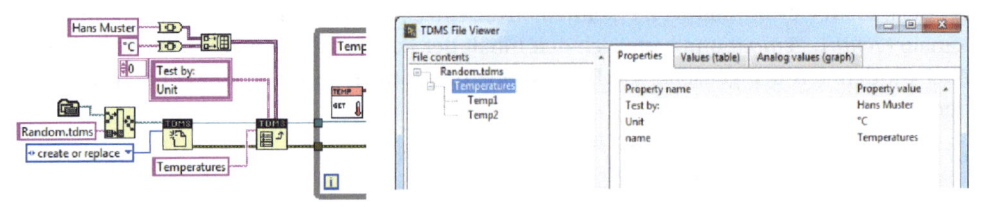

Bild 9.15 Beschreibung von Eigenschaften (Testperson, Einheit) und Abbildung im Viewer nach Abschluss der Messung

In Tabelle 9.2 sind einige gängige VIs rund um TDMS kurz zusammengefasst.

Tabelle 9.2 Wichtige TDMS-Funktionen

TDMS	*TDMS Open:* Öffnet, erstellt oder ersetzt je nach gewählter Operation ein Datenfile und stellt eine Dateireferenz zur weiteren Bearbeitung des Files zur Verfügung.
TDMS	*TDMS write:* Schreibt Daten in die angegebenen Gruppen und Kanäle. Bei nicht angeschlossenen Gruppennamen oder Kanalnamen wird eine Standardgruppe und ein Standardkanal eröffnet. Gruppen- und Kanalnamen können als Ausgänge für nachfolgende Operationen wiederverwendet werden.
TDMS	*TDMS read:* Liest Daten aus den angegebenen Gruppen und Kanälen aus. Gruppen- und Kanalnamen können als Ausgänge für nachfolgende Operationen wiederverwendet werden.
TDMS	*TDMS close:* Schließt die Streaming Session und damit die Dateireferenz und gibt den Dateipfad aus.
TDMS	*TDMS List Contents:* Ermittelt alle vorhandenen Gruppen- und Kanalnamen und gibt sie als Arrays aus.
TDMS	*TDMS Set Properties:* Schreibt ein oder mehrere Attribute als Eigenschaften auf File-Ebene, auf Gruppen- oder auf Kanalebene, abhängig von den verbundenen Eingängen.
TDMS	*TDMS Get Properties:* Liest ein oder mehrere Attribute als Eigenschaften auf File-Ebene, auf Gruppen- oder auf Kanalebene, abhängig von den verbundenen Eingängen.
TDMS	*TDMS Defragment:* Defragmentiert ein TDMS-File (nach Schließung) und sorgt so für die Einsparung von Speicherplatz und die saubere Indexierung des Files.
TDMS	*TDMS File Viewer:* Kontrolle/Darstellung erzeugter TDMS-Files. Sowohl sämtliche Daten als auch Eigenschaften auf allen Ebenen sind mit dem Viewer sichtbar.

Aufgabe 9.2: TDM Streaming

Aufgabe 9.3: TDMS File Read

■ 9.5 Konfigurationsfiles

Konfigurationsdateien oder auch *.ini-Files* dienen zur Speicherung von Systemdaten oder Einstellungen, welche die Applikation z. B. beim Start abruft. Ein bekanntes Beispiel ist die von DOS bekannte Datei *config.sys*, welche die wichtigsten Einstellungen des Betriebssystems enthielt.

Gespeichert werden die Konfigurationen in aller Regel als normale Textdateien und können als solche auch mit einem einfachen Texteditor angesehen und bei Bedarf editiert werden. Die Dateiendung lautet stets *.ini*.

Der Aufbau der Dateien ist in sogenannte *Sections* und *Keys* unterteilt. Unter einer Section (Abschnitt) können sich beliebig viele Keys befinden, wobei jedem Key genau ein Wert zugeordnet ist. Der Key stellt somit den Namen für die Variable dar. In Bild 9.16 ist eine geöffnete Konfigurationsdatei im Editor abgebildet.

Bild 9.16 Konfigurationsdatei mit Sections & Keys

Die Paletten zur Erstellung und zum Auslesen von Konfigurationsdateien (Bild 9.17) sind unter *File I/O → Config File VIs* zu finden. Wie bei allen Dateioperationen besteht der Ablauf auch hier hauptsächlich aus dem Öffnen einer Datei, dem Schreiben/Lesen der Informationen und dem Schließen. Daneben gibt es einige andere nützliche Funktionen, mit denen sich etwa einzelne Keys oder Sections löschen oder eine Übersicht über alle Keys und Sections ausgeben lassen.

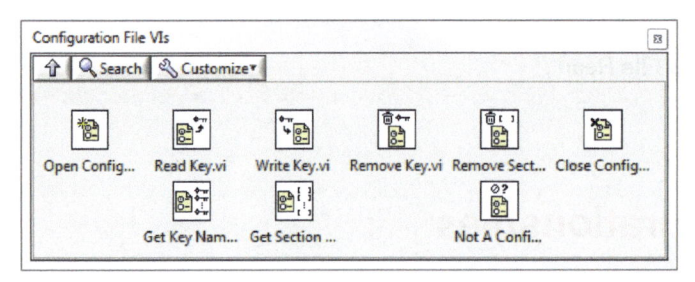

Bild 9.17 Palette der Configuration File VIs

Die VIs zum Lesen und Schreiben von Konfigurationsfiles arbeiten mit verschiedenen Datentypen (Polymorphie), was verhindert, dass alle zu speichernden Daten zu Strings oder die gelesenen Daten zum entsprechenden Datentyp umgewandelt werden müssen. So kann die Erstellung eines ini-Files etwa aussehen wie in Bild 9.18. Die Daten werden hier in zwei Sections

(*Section 1* und *Section 2*) mit ihren individuellen Keys abgelegt. Sowohl Section- als auch Keynamen sind frei wählbar.

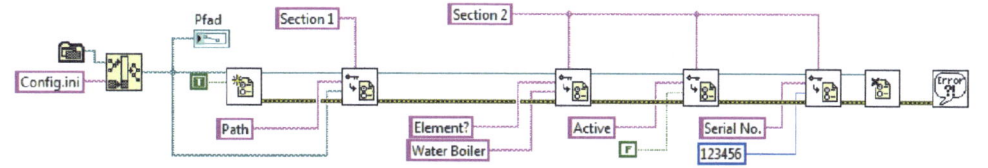

Bild 9.18 Erstellen einer Konfigurationsdatei mit mehreren Parametern

Das so erstellte ini-File wird bei Ansicht im Editor aussehen wie in Bild 9.19. Die Methode zum Auslesen und Extrahieren der Daten unter den entsprechenden Sections und Keys würde dann aussehen wie in Bild 9.20.

Bild 9.19 Erzeugtes ini-File

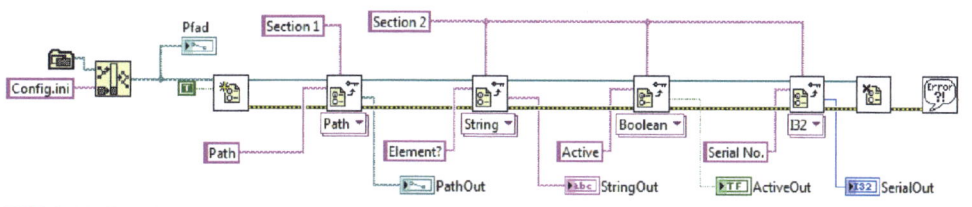

Bild 9.20 Read des oben erstellten ini-Files

Aufgabe 9.4: Read/Write von Konfigurationsdateien

9.6 Best Practice File-I/O

Bei der Arbeit mit dem Filesystem müssen oftmals zusätzliche Faktoren berücksichtigt werden, die zu Fehlern oder ungewolltem Verhalten führen können.

Ein Pfad, erstellt mit der Funktion *Build Path*, ist noch nicht zwingend existent und wird durch diese Aktion auch nicht automatisch erstellt. Versucht man eine Operation auf einem solchen Pfad, z. B. die *File/Directory Info* zur Feststellung der Größe einer Datei oder eines Ordners wie in Bild 9.21, so wird ein Error daraus resultieren, da das File oder der Ordner nicht existiert, obwohl der Pfad in einem Indicator *(appended path)* korrekt angezeigt wird.

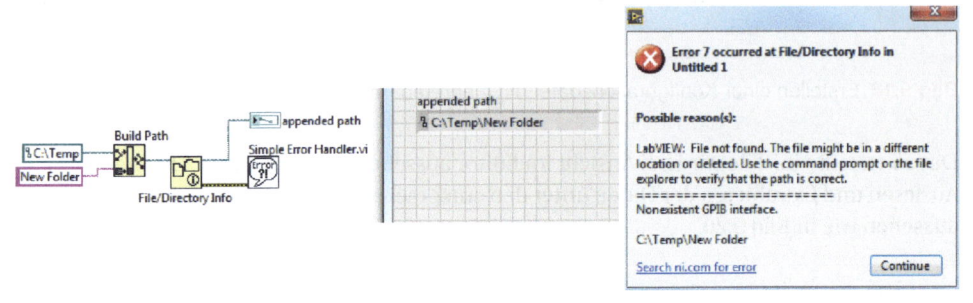

Bild 9.21 Fehlermeldung bei Operation in einem nichtexistierenden Pfad

Einige Methoden, um Fehlverhalten zu vermeiden oder programmatisch zu behandeln, haben sich deshalb in der Praxis etabliert. Zum Beispiel bei der Neuerstellung von Ordnern und Files der vorherige Check, ob das jeweilige Objekt schon existiert (Bild 9.22). Während dieses Problem bei Dateien mit der Option *replace or create* direkt abgefangen werden kann, ist dies bei Ordnern nicht möglich und muss daher ausprogrammiert werden.

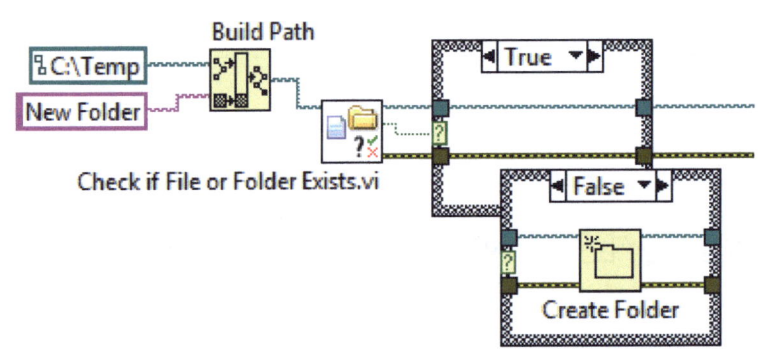

Bild 9.22 Programmatische Prüfung, ob ein Ordner im Dateisystem bereits existiert. Falls nein, wird er erstellt (Case False)

■ 9.7 Übungsaufgaben

Aufgabe 9.1: File I/O

Öffnen Sie das File *IO Vorlage.vi* (Bild 9.23) und schauen Sie sich den Quadratzahlengenerator und dessen Funktion an. Im Sekundentakt wird ein Array mit jeweils neuen Quadratzahlen gebildet und auf dem Frontpanel mit einem Anzeigeelement dargestellt.

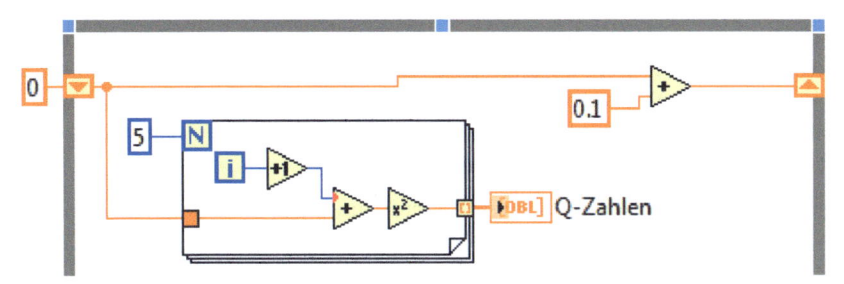

Bild 9.23 Quadratzahlengenerator

Sorgen Sie dafür, dass jedes Array zu einer Datei hinzugefügt wird und tun Sie dies auf unterschiedliche Arten:

a) Erstellen Sie vor Ihrem While-Loop eine Datei, indem Sie die Funktion *Open/Create/Replace File* auswählen und mit *replace or create* initialisieren. Als Pfad nehmen sie aus der Palette *File I/O → File Constants* das Element *Application Directory*. Nun müssen Sie mit der Funktion *Build Path* noch einen Dateinamen (inkl. *.txt*) zum Pfad hinzufügen. Innerhalb des Loops konvertieren Sie das DBL-Array zu String (Stringfunktionen) und schreiben den String mittels *Write to Text File* in die erstellte Datei (Dateireferenz und Error-Leitung müssen angeschlossen sein). Nach dem Loop platzieren Sie ein *Close File* und mit einem *Simple Error Handler* danach stellen Sie sicher, dass etwaige Fehlermeldungen nach Beendigung des Programms auch angezeigt werden.

b) Ihnen wird auffallen, dass in der Textdatei alle Werte einfach nacheinander aufgelistet sind. Manipulieren Sie den erzeugten String so, dass die Werte innerhalb eines Arrays mit Tabulator getrennt werden und somit in der Textdatei jedes Array in eine Zeile geschrieben wird. Setzen Sie die *Precision* der DBL-String-Umwandlung auf 3, damit ihre Nachkommastellen begrenzt werden.

c) Generieren Sie einen weiteren Pfad mit neuem Dateinamen und schreiben Sie ihr DBL-Array direkt mit der Funktion *Write Delimited Spreadsheet.vi* in die Datei. Der Eingang *Append to File?* muss dabei auf TRUE gesetzt sein.

Aufgabe 9.2:   TDM Streaming

Schreiben Sie eine Applikation, welche einen Sinus gemäß Bild 9.24 erzeugt und vergleichen Sie den Output des Sinus mit dem Wert eines Schiebereglers *(Slider)*, welcher als Limit mit dem Wertebereich $-1 \cdots +1$ fungieren soll. Sowohl den Sinus als auch das Limit geben Sie auf

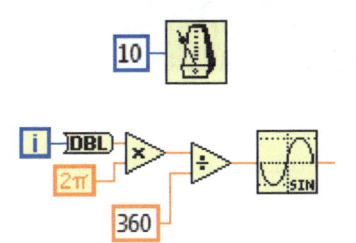

Bild 9.24 Sinusgenerator

einem Waveform Chart aus und schreiben die Werte per TDMS in eine entsprechende Datei. Ebenfalls wird der boolesche Wert *Limit überschritten* geschrieben, wenn der Sinus den Wert des Limiters überschreitet, sowie Datum und Uhrzeit. Dazu kommt der Name der Testperson als Eigenschaft auf Dateiebene. Die Applikation soll in einem While-Loop mit 10 ms laufen und bei Betätigung eines *Stop*-Buttons beendet werden.

a) Eröffnen Sie eine TDMS-Datei im Application Directory und schreiben Sie vor Beginn des Loops den Namen der Testperson (per String Control einzugeben) als Eigenschaft auf Dateiebene.

b) Erzeugen Sie einen Timestamp fürs Frontpanel und formatieren Sie ihn als String zum Streaming in die TDMS-Datei. Sowohl Gruppe als auch Kanal nennen Sie *Time*.

c) Erzeugen Sie den Sinus gemäß Abbildung sowie den Schieberegler und schreiben Sie beide Werte in eine gemeinsame Gruppe *Measurement*. Benennen Sie die Kanäle mit *Value* und *Limit*.

d) Vergleichen Sie den Sinuswert mit dem Limit-Wert des Schiebereglers und platzieren Sie einen booleschen Indicator (z. B. LED) auf dem Frontpanel zur Anzeige. Loggen Sie den booleschen Wert in der Gruppe Limit und dem Kanal Limit.

e) Nach Beendigung des Loops schließen Sie den TDMS-Stream ordentlich und geben das Resultat im *TDMS File Viewer* aus. Am Ende platzieren Sie einen *Simple Error Handler*.

f) Bei der Ausführung können Sie sich an der Struktur des TDMS-Files (Bild 9.25) sowie an der Darstellung des Frontpanels (Bild 9.26) orientieren.

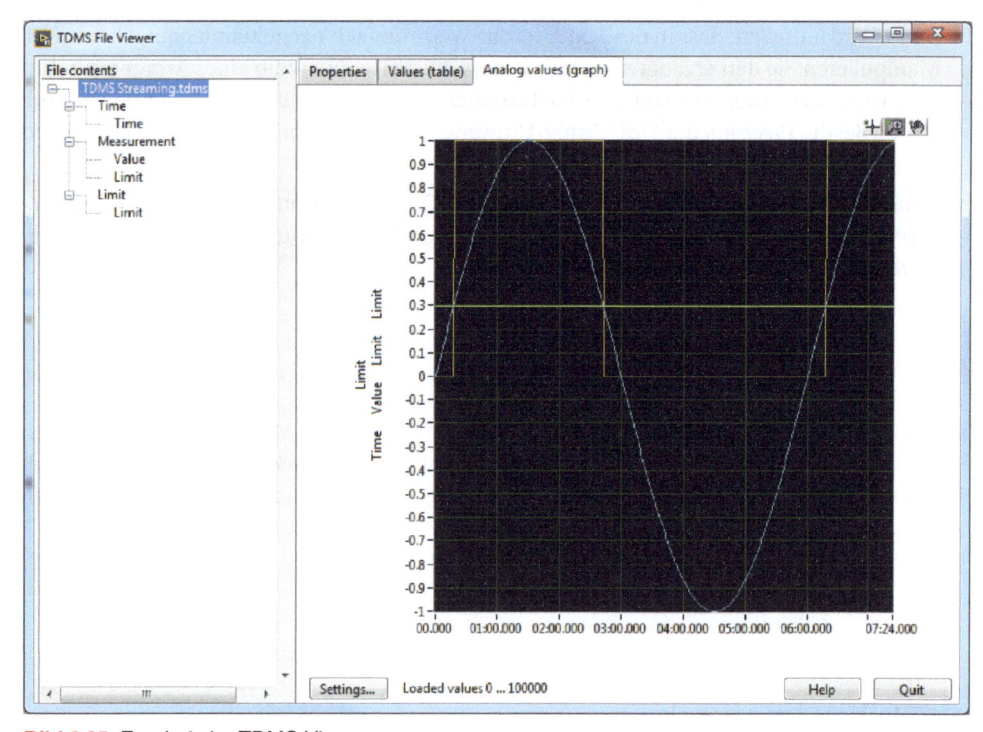

Bild 9.25 Ergebnis im TDMS Viewer

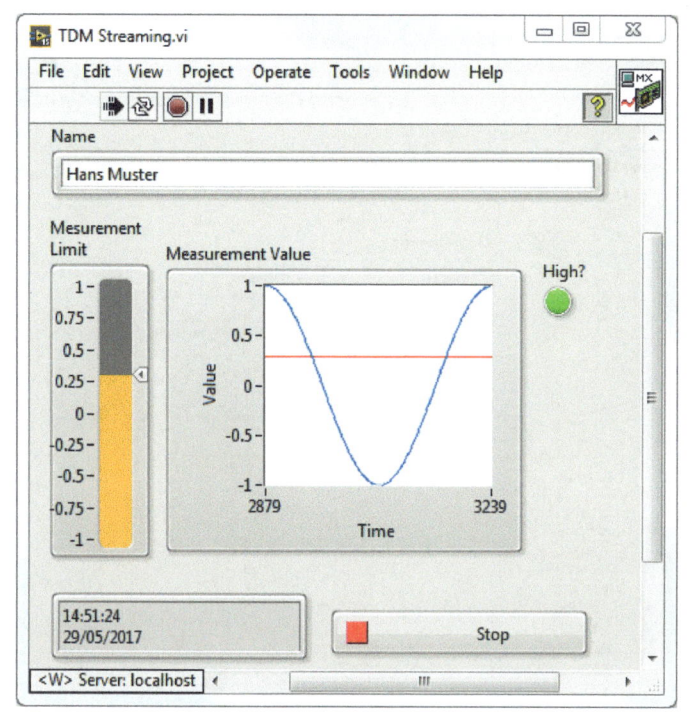

Bild 9.26 Frontpanel mit TDM-Streaming

Aufgabe 9.3: TDMS File Read

Sie haben nun bereits TDMS-Dateien erstellt und sie mit Messwerten gefüllt. Nun möchten Sie innerhalb einer LabVIEW-Applikation auf diese Messdaten zugreifen. Hierzu benötigen Sie die Read-Funktion aus der Palette *File I/O → TDM Streaming*.

a) Sie erstellen eine Applikation mit einem User Interface gemäß Bild 9.27, welche auf die Pfadeingabe des Benutzers reagiert und eine gewählte TDMS-Datei öffnet. Stellen Sie sicher, dass sie im Pfad-Dialog NUR Dateien mit der Endung *.tdms* sichtbar machen, um eine Fehlbedienung des Benutzers zu vermeiden.

b) Mit der Öffnung der Datei sollen in zwei String Arrays die Gruppen bzw. die Gruppen- und Kanalnamen angezeigt werden. Hierzu können Sie die Funktion *TDMS List Contents* verwenden.

c) Platzieren Sie zwei String-Eingabefelder, die Sie als Gruppen- bzw. Kanalselektion verwenden, sowie einen *Read*-Button. Bei Betätigung des Buttons wird der gewünschte Kanal der entsprechenden Gruppe ausgelesen und in einem Array dargestellt. Sie haben somit einen einzelnen Kanal aus einer TDMS-Datei extrahiert.

d) Optional: Ersetzen Sie die String-Eingabefelder durch Text-Ring-Elemente (Palette *Ring & Enum*) und sorgen sie dafür, dass diese Rings (Gruppe, Kanal) nach dem Einlesen der Datei nur Namen von Gruppen und Kanälen haben, die auch tatsächlich existieren.

Hinweis: Verwenden Sie dafür einen Property Node des Ring-Elements.

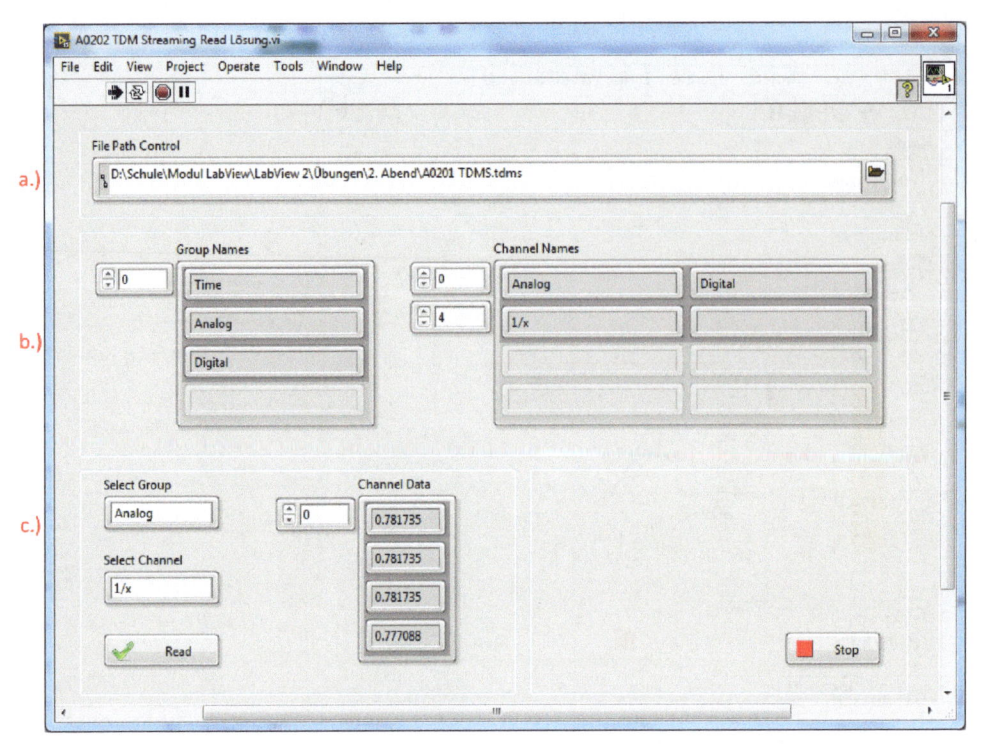

Bild 9.27 Frontpanel mit TDMS File Read

Aufgabe 9.4: Read/Write von Konfigurationsdateien

Entwickeln Sie ein Programm, mit dem Sie Testparameter in eine Konfigurationsdatei schreiben und abrufen können. Hierzu können Sie das Vorlage-Projekt *Config Files Vorlage.lvproj* verwenden, welches bereits mit einer entsprechenden Eventstruktur versehen ist.

a) Ihr Programm schreibt mit einem Write-Button die Testparameter der *Write*-Spalte (Siehe Bild 9.28) in ein fixes Konfigurationsfile *Config.ini*. Mit dem *Read*-Button kann dieses File wieder ausgelesen werden, und die Daten der entsprechenden Keys werden in die Read-Spalte eingefüllt.

b) Erweitern Sie das Programm folgendermaßen: Beim Drücken des *Write*-Buttons sollen Sie in der Lage sein, eine Datei mit neuem Namen anlegen zu können (eigenes SubVI mit User Interface). Beim Drücken des *Read*-Buttons soll ebenfalls ein Dialog mit der möglichen Auswahl an ladbaren ini-Files erfolgen (eigenes SubVI mit User Interface). Die Daten werden aus dieser Datei ausgelesen.

c) Bieten Sie dem Benutzer die Möglichkeit, einzelne Keys und Sections aus dem File zu entfernen. Um die vorhandenen Keys/Sections zu ermitteln, werden die Funktionen *Get Key Names.vi* und *Get Section Names.vi* verwendet. Für die Löschung der Keys/Sections stehen

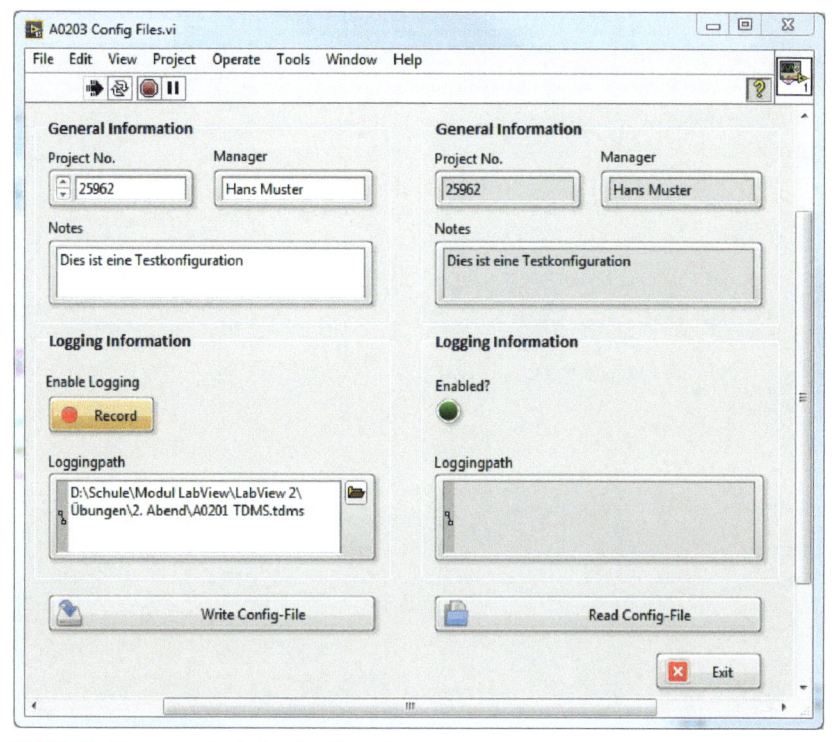

Bild 9.28 Frontpanel mit Config Files.vi

Remove Key.vi und *Remove Section.vi* zur Verfügung. Binden Sie diese Operationen ebenfalls in die Eventstruktur ein (neuer Event). Die komplette Projektstruktur ist in Bild 9.29 abgebildet.

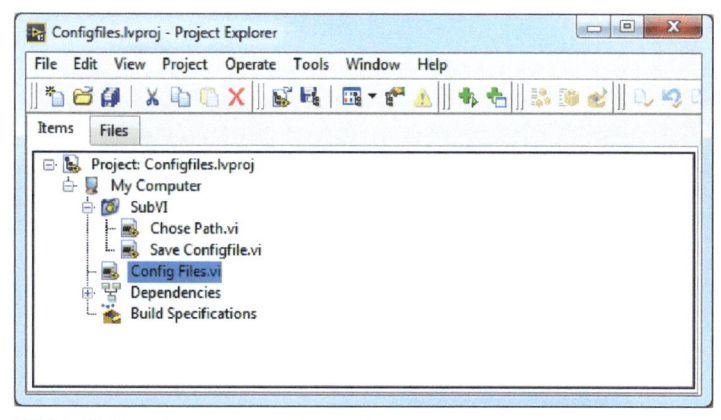

Bild 9.29 Projektstruktur der Configfiles.lvproj

10 Steuerung der Benutzeroberfläche

Wie der Name *Guided User Interface*, kurz GUI schon vermuten lässt, kann eine Benutzeroberfläche dazu dienen, um den Benutzer durch die Programmschritte zu führen. Dies geschieht, in dem man beispielsweise Elemente deaktiviert, farbliche Komponenten eines Indicators ändert oder auch nur, indem man ihm einen Dialog anzeigt, mit dem er sich befassen muss. Für die Manipulation der Elemente, aber auch ganzer VIs und Programmteile, stellt LabVIEW mit dem VI-Server ein sehr mächtiges Werkzeug zur Verfügung.

■ 10.1 VI-Server-Architektur

Der VI-Server ermöglicht den programmatischen Zugriff auf LabVIEW und LabVIEW-Applikationen. Er wird benötigt, um z. B. Frontpanelobjekte zu steuern, VIs dynamisch zu laden oder VIs über Netzwerke auszuführen.

Da der VI-Server objektorientiert ausgeführt ist, wird auch von VI-Serverklassen gesprochen. Jede Klasse und Unterklasse enthält eine beliebige Anzahl an Eigenschaften und Methoden (Bild 10.1).

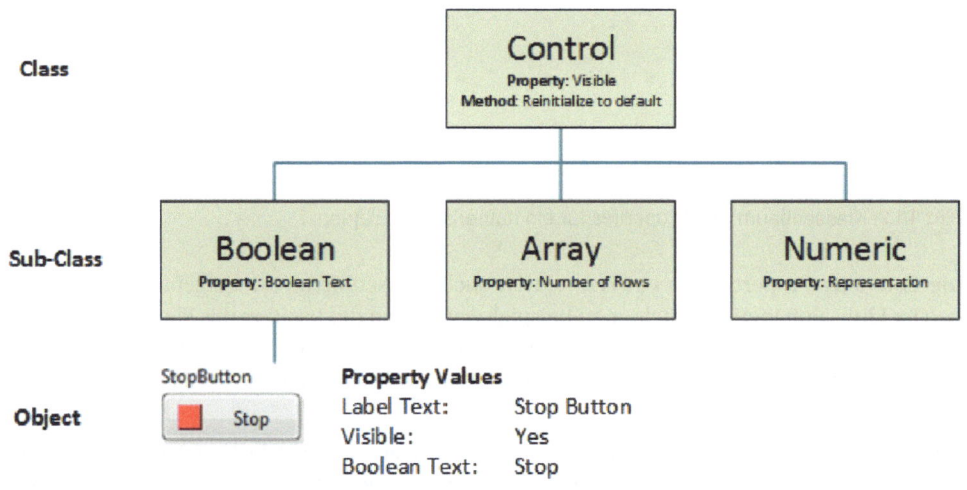

Bild 10.1 Klassenhierarchie eines VI-Servers

Eigenschaften: Attribute des Objekts; lesbar, schreibbar oder beides
Methoden: am Objekt ausgeführte Funktionen

Frontpanelobjekte erben die Eigenschaften und Methoden derjenigen Klasse, der die Objekte angehören. Der in Bild 10.1 gezeigte *Stop*-Button gehört z. B. zur Klasse *Boolean*. Die Eigenschaften und Methoden dieses Elements werden daher von der Klasse Boolean vererbt. Zusätzlich bringt das Objekt weitere Eigenschaften und Methoden mit.

Ein Beispiel an Eigenschaften eines numerischen Elements ist in Bild 10.2 ersichtlich. Sämtliche Elemente stammen von der Klasse *GObject* ab, die wiederum aus der Klasse *Generic* auf der höchsten Ebene abstammt. Somit werden für ein numerisches Element alle Eigenschaften und Methoden dieser übergeordneten Klassen wählbar sein.

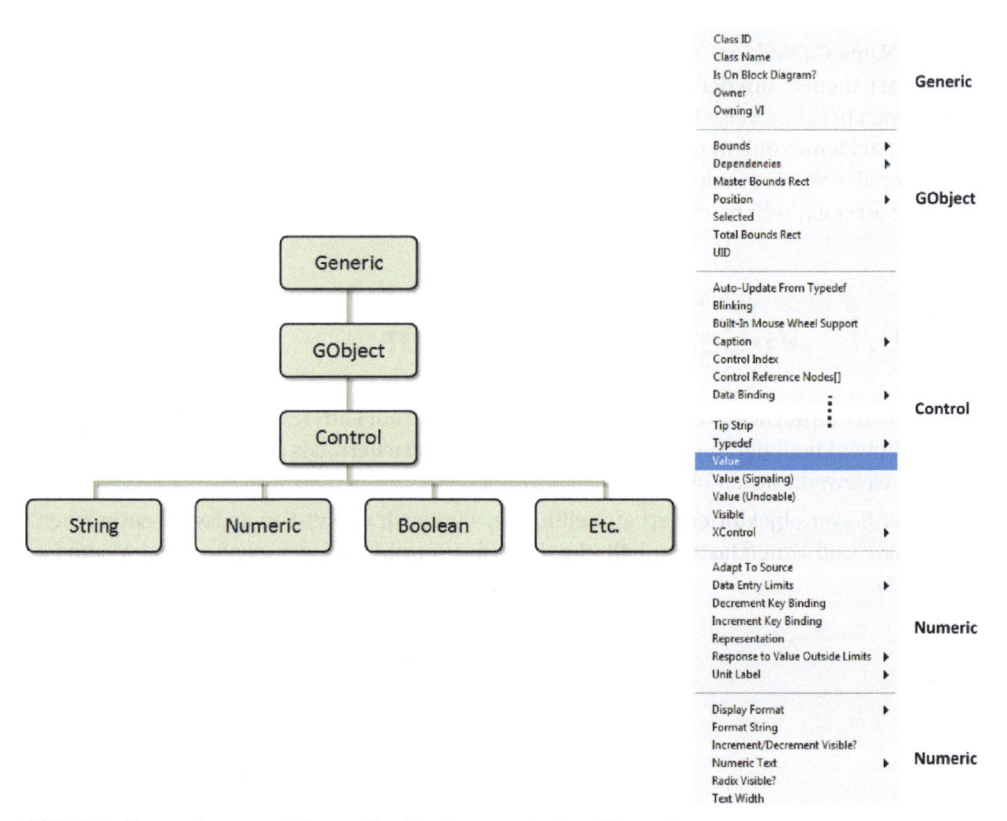

Bild 10.2 Klassenbaum und Properties für ein numerisches Element

Die Liste aller Properties für ein Element ist nach Klassenhierarchie aufgebaut und erst in zweiter Linie alphabetisch. Sucht man beispielsweise nach der Position des Elements auf dem Frontpanel, so ist diese Eigenschaft in der Klasse *GObject* zu finden, da sie auf jedes platzierte Objekt auf dem Frontpanel angewendet werden kann und nicht z. B. von der Art eines Controls abhängig ist.

Hingegen kann z. B. die Eigenschaft *Display Format* nur auf numerische Datentypen angewendet werden und befindet sich deshalb auf einer Ebene, die schon zwischen den Datentypen unterscheidet.

10.2 Property Nodes

Wie schon erwähnt, können mithilfe von *Property Nodes* die Eigenschaften eines Elements verändert werden. Dies entspricht in etwa dem Vorgang, als wenn der Entwickler mittels Rechtsklick auf *Properties* die Eigenschaften des Elements aufruft und von Hand ändert. Nur, dass dies mittels Eigenschaftsknoten dynamisch und somit innerhalb des Programmablaufs geschehen kann. So können für alle Frontpanel-Objekte, egal ob numerisch, als String oder Boolean, z. B. das Aussehen, die Position, die Bezeichnungen und viele andere Eigenschaften verändert werden. Zudem können je nach Datentyp auch Anzeigeformat und z. B. etwaige Minimum-, und Maximumwerte programmatisch ausgelesen und/oder verändert werden.

Mit einen Property Node kann auf beliebig viele Eigenschaften zugegriffen werden. Hierzu lässt sich der Node einfach per Drag am unteren Ende des Nodes um die benötigte Anzahl an Elementen erweitern.

Viele der Eigenschaften besitzen die Möglichkeit, sowohl als *Read* als auch als *Write* ausgeführt zu werden. Der jeweilige schwarze Pfeil links oder rechts signalisiert die aktuelle Option und kann mit Rechtsklick auf die Eigenschaft und *Change to read* oder *Change to write* geändert werden. In Bild 10.3 ist ein Property Node für ein numerisches Element mit drei Properties (alle *write*) zu sehen.

Eigenschaftsknoten arbeiten immer mit Referenzen auf ein Element. Sie sind über diese Referenz entweder implizit oder explizit mit dem zugehörigen Objekt verknüpft.

10.2.1 Implizite Property Nodes

Implizit bedeutet, dass der Property Node selbst eine Referenz zum zu bearbeiteten Element erstellt und nach der Bearbeitung wieder schließt. Dies hat den Vorteil, dass keine zusätzlichen Referenz-Wires angeschlossen werden müssen. Ein Nachteil ist dafür, dass der implizite Node etwas weniger performant ist, da bei jedem Aufruf die Erstellung und Schließung der Element-Referenz durchgeführt wird.

Die Erstellung eines impliziten Property Nodes geschieht mit dem Rechtsklick auf ein Control oder Indicator im Blockdiagramm und *Create → Property Node*, worauf es die gewünschte Eigenschaft auszuwählen gilt. Implizite Property Nodes erkennt man immer an der Farbe im Balken, welche dem Datentyp des Elements entspricht. In Bild 10.3 ist dies ein numerisches DBL-Element.

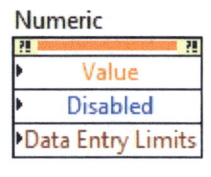

Bild 10.3 Impliziter Property Node

10.2.2 Explizite Property Nodes

Explizite Property Nodes haben die genau gleiche Anwendung und denselben Funktionsumfang wie implizite Property Nodes. Sie werden allerdings mittels einer Referenz dem Element zugeordnet. Die Referenz muss vom Entwickler selbst erstellt und danach wieder geschlossen werden, kann aber dafür mehrmals verwendet werden. Der Vorteil liegt darin, dass sie flexibler und schneller sind als implizite Knoten, aber dafür mit Wires an die Referenz gebunden sein müssen und nicht auf den ersten Blick eindeutig identifizierbar sind.

Die Erstellung geschieht über die Palette *Application Control* → *Property Node*. Um aus dem unspezifischen Eigenschaftsknoten an ein Element zu binden, muss von diesem Element eine Referenz erstellt werden mit Rechtsklick auf das Element und *Create* → *Reference*. Sobald die Referenz angeschlossen ist, lassen sich die Eigenschaften des Elements auswählen.

Referenzen sollten, falls nicht mehr benötigt, wie in Bild 10.4 wieder geschlossen werden, um den dafür belegten Speicherplatz freizugeben. Da ein expliziter Node mit Referenz meist dann gebraucht wird, wenn das Objekt an mehreren Stellen im Code verändert werden soll, muss dabei allerdings darauf geachtet werden, dass danach keine Nodes mehr aufgerufen werden. Aufgrund der gelöschten Referenz würde dies zu einem Error führen.

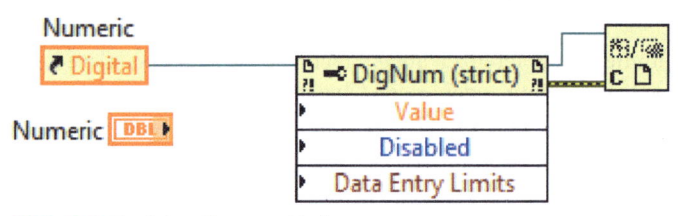

Bild 10.4 Expliziter Property Node

10.2.3 Anwendung von Property Nodes

Korrekt angewendet, sollten Eigenschaftsknoten, wenn immer möglich, mit dem Error-Wire wie in Bild 10.5 sequenziert werden. Stehen sie völlig losgelöst im Blockdiagramm, ist die zeitliche Abfolge nicht sichergestellt und kann zu unvorhergesehenem Verhalten der Applikation führen.

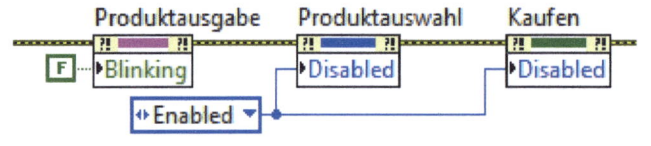

Bild 10.5 Sequenzierung von impliziten Eigenschaftsknoten

Ebenso ist es bei expliziten Eigenschaftsknoten unerlässlich, geöffnete Referenzen bei Beendigung des Programms (oder wenn die Referenz nicht mehr benötigt wird, auch schon früher) wieder zu schließen (Bild 10.6).

Wenn viele Frontpanel-Elemente zur Laufzeit modifiziert werden sollen, können Referenzen bei der Initialisierung eines VIs erstellt und in ein Array (wenn von gleichem Datentyp) oder

10.2 Property Nodes

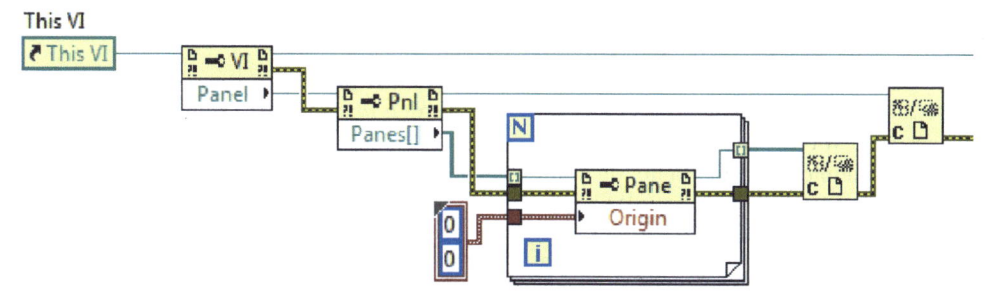

Bild 10.6 Explizite Eigenschaftsknoten mit Referenzen

Cluster gebündelt werden. Bei Verwendung der Referenzen wird das Array/Cluster entpackt und die nötigen Frontpanel-Elemente mit expliziten Eigenschaftsknoten bearbeitet. Dies kann in Verbindung mit einem For-Loop komfortabel gelöst werden.

Eine sehr häufig genutzte Eigenschaft eines Frontpanel-Elements ist das Ausgrauen und Deaktivieren. Damit kann z. B. ein Button für den Benutzer gesperrt und ihm dies durch Ausgrauen des Elements visuell angezeigt werden.

Wie in Bild 10.7 sichtbar, gibt es für die Eigenschaft *Disabled* drei Einstellungsmöglichkeiten. *Enabled* ist dabei der Standardwert. Wenn ein Bedienelement für den Benutzer gesperrt werden soll, ist vorzugsweise *Disabled and Grayed Out* zu wählen. Bei *Disabled* wird das Element nach wie vor normal angezeigt, kann aber nicht benutzt werden. Das kann zur Folge haben, dass der Benutzer fälschlicherweise annimmt, die Applikation reagiere nicht auf seine Eingabe.

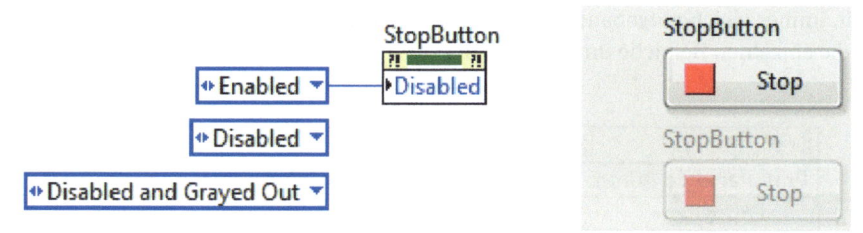

Bild 10.7 Deaktivieren eines Controls

Auf das komplette Ausblenden von Elementen (Property: *Visible*) sollte in diesem Fall verzichtet werden, da das Element auch für den Entwickler unsichtbar bleibt und damit nicht mehr bearbeitet werden kann.

> 1) Mit einem *Property Node* kann auf beliebig viele Eigenschaften eines Elements zugegriffen werden.
>
> 2) Die meisten Eigenschaften können sowohl gelesen als auch geschrieben werden.

Aufgabe 10.1: Temperature Limit

10.3 Invoke Nodes

Wesentlich seltener eingesetzt als Property Nodes werden *Invoke Nodes*, auch Methodenknoten genannt. Mit Invoke Nodes werden nicht statische Angaben eines Elements verändert, sondern eine definierte, abzuarbeitende Routine aufgerufen. Dies kann z. B. wie in Bild 10.8 der Export eines *Waveform Graph* als Bild sein.

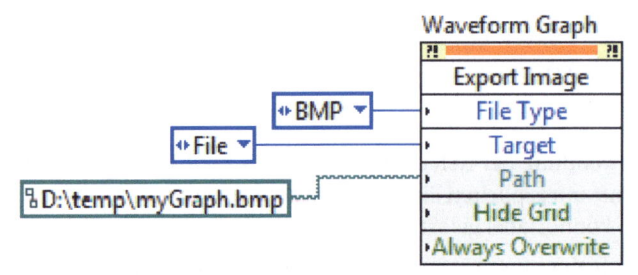

Bild 10.8 Invoke Node für den Image Export

Hierbei müssen z. T. zwingend zusätzliche Angaben an den Knoten erfolgen: in diesem Beispiel das Format *(File Type)* und die Rückgabe als File *(Target)* oder in die Zwischenablage. Die weißen Felder sind zwingend benötigte Inputs, die grau hinterlegten Felder sind optional.

Wie bei Property Nodes können Invoke Nodes, die sich auf Frontpanel-Elemente beziehen, sowohl implizit als auch explizit definiert sein. Invoke Nodes, welche sich z. B. auf die Klasse *VI* beziehen, können nicht implizit erstellt werden. Grundsätzlich ist ein Invoke Node, ob implizit oder explizit, immer gleich aufgebaut. Am Beispiel eines expliziten Invoke Nodes in Bild 10.9 lassen sich die einzelnen Bereiche unterscheiden.

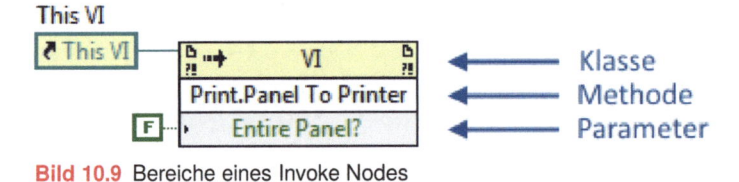

Bild 10.9 Bereiche eines Invoke Nodes

Folgende Leitsätze kann man sich in Bezug auf Invoke Nodes merken:

> 1) Eine Methode wird immer auf ein Objekt einer Klasse angewendet.
> 2) Ein *Invoke Node* kann nur immer eine einzige Methode aufrufen.
> 3) Eine Methode kann beliebig viele erforderliche und optionale Parameter haben.

Eine beliebte Methode ist z. B. die Rückstellung aller Elemente auf ihre Standardwerte zu Beginn einer Applikation oder beim Aufruf eines VIs. Damit sind die Frontpanel-Elemente frisch initialisiert und enthalten definierte Werte. Die Funktion ist in Bild 10.10 ausprogrammiert. Auch bei Invoke Nodes gelten die Regeln bezüglich Sequenzierung mit der Error-Leitung sowie der sauberen Schließung nicht mehr benötigter Referenzen.

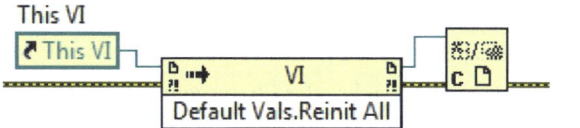

Bild 10.10 Reinitialize all Values to default

Aufgabe 10.2: Referenzen und SubVIs

Aufgabe 10.3: Taschenrechner geführte Übung

10.4 Übungsaufgaben

Aufgabe 10.1:   Temperature Limit

Öffnen Sie das Vorlage-Projekt *Temperature Limit.lvproj* und darin das Main VI *Temperature Limit.vi*. Starten Sie das Programm (Frontpanel in Bild 10.11) und klicken Sie auf den Button *Start*. Eine Temperatur wird simuliert und Sie sind in der Lage, die Controls *Obergrenze* und *Delta t (ms)* während der Laufzeit anzupassen. Drücken Sie *Stop*.

a) Sorgen Sie dafür, dass bei Betätigung des Buttons *Start* die Controls *Obergrenze* und *Delta t (ms)* deaktiviert und ausgegraut werden. Bei *Stop* sollen beide Elemente wieder bedienbar sein. Tipp: Fügen Sie im Event-Case *Start* bzw. *Stop* zwei Property Nodes ein mit der Eigen-

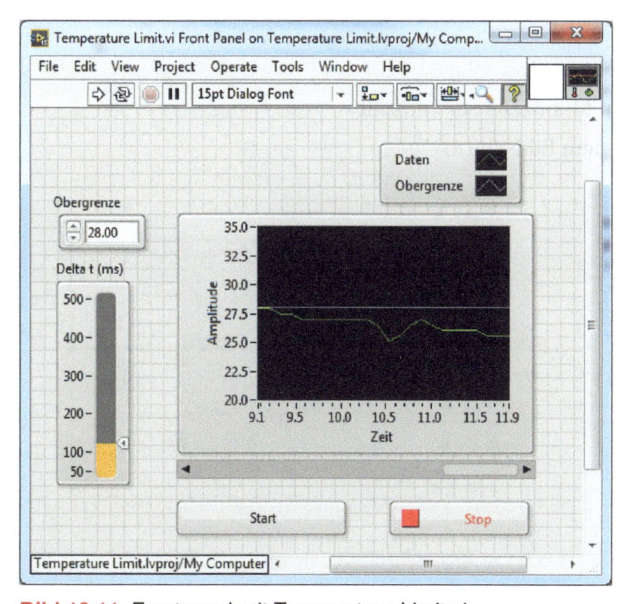

Bild 10.11 Frontpanel mit Temperature Limit.vi

schaft *Disabled and greyed out* bzw. *Enabled*. Achtung: Vergessen Sie nicht, zu Beginn des Programms beide Buttons bedienbar zu machen.

b) Skalieren Sie beim Betätigen des *Start*-Buttons die x-Achse des Charts gemäß des Controls *Delta t (ms)*. Hierzu teilen Sie den Wert in ms durch 1000. Ein Property Node des Temperatur-Charts mit der Eigenschaft *XScale* → *Offset and Multiplier* → *Multiplier* bietet Ihnen die Möglichkeit hierzu (Bild 10.12).

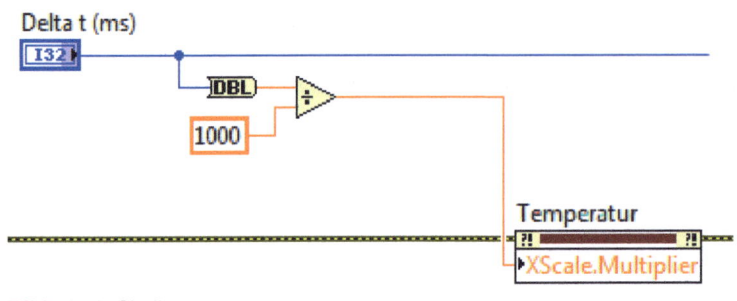

Bild 10.12 Skalierung der x-Achse

c) Bearbeiten Sie das VI so, dass sich die Hintergrundfarbe des Plots bei Überschreitung der Obergrenze ändert.

Aufgabe 10.2: Referenzen und SubVIs

Öffnen Sie das Vorlage-Projekt *Temperature Limit.lvproj* und darin das Main VI *Temperature Limit.vi*. Im Blockdiagramm in Bild 10.13 sehen Sie bereits einige *Property Nodes* und *Invoke Nodes* zur Initialisierung des VIs:

- Ausblenden der Scrollbalken zur Laufzeit
- Ausblenden der Titelzeile und der Menüzeile zur Laufzeit
- Zentrierung des Frontpanels auf dem Bildschirm
- Löschung der Chart-History

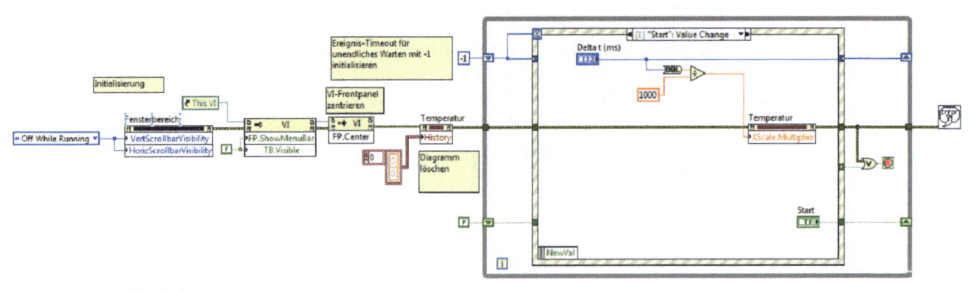

Bild 10.13 Blockdiagramm

10.4 Übungsaufgaben

a) Markieren Sie den ersten Property Node *Fensterbereich* und erstellen Sie daraus ein SubVI mit Icon gemäß Bild 10.14. Was passiert mit dem impliziten Eigenschaftsknoten und warum?

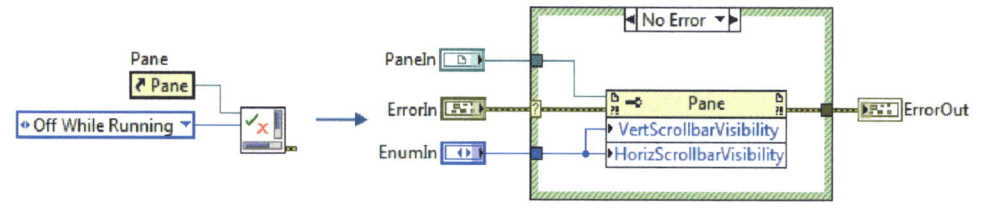

Bild 10.14 Sub-VI mit explizitem Property Node

b) Erstellen Sie auch ein SubVI (Bild 10.15, rechts) aus dem Property Node und dem Invoke Node, welche für die Zentrierung und Ein-/Ausblendung der Titlebar und Menübar zuständig sind.

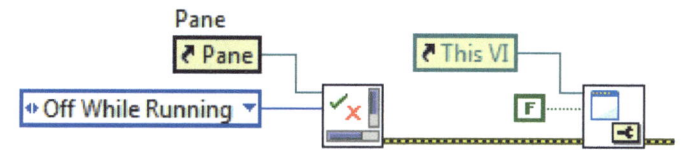

Bild 10.15 SubVIs mit Referenzen

c) Erstellen Sie Referenzen von den Elementen *Delta t (ms)*, *Obergrenze* und *Start* und packen Sie die Referenzen in ein Array. Erstellen Sie ein SubVI, das Ihnen ermöglicht, die Disable-Eigenschaft dieser drei Bedienelemente zu verändern, und kopieren Sie das SubVI wie in Bild 10.16 zweimal ins Blockdiagramm: einmal zu Beginn, um alle Elemente zu aktivieren, und einmal im Start-Event, um sie zu deaktivieren und auszugrauen. Warum weisen die Referenzen bei der Zusammenfassung zu einem Array rote Typumwandlungspunkte auf?

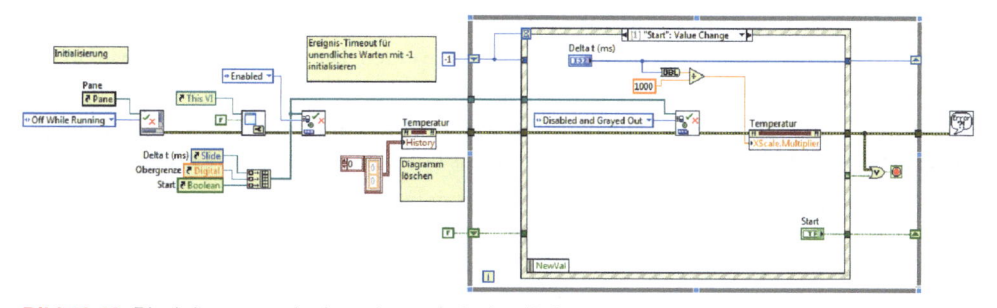

Bild 10.16 Blockdiagramm der kompletten Aufgabe 10.2

Aufgabe 10.3: Taschenrechner geführte Übung

Sie programmieren eine Taschenrechner-Applikation, mit der einfache Rechenoperationen zweier Zahlen durchgeführt werden können. Die Eingabe der Zahlen erfolgt, wie bei einem Taschenrechner üblich, durch einen Nummernblock (Frontpanel des *Main.vi* in Bild 10.17).

Bild 10.17 Frontpanel mit Taschenrechner

Aus Gründen der Einfachheit sind zwei Felder (*Zahl 1* und *Zahl 2*) vordefiniert, die jeweils mit dem daneben liegenden Pfeil-Button ausgewählt werden. Die eingetippte Zahl wird in das jeweils aktive Feld eingetragen.

Sind beide Felder mit gültigen Zahlen gefüllt, wird die Berechnung durch Betätigung der jeweiligen Rechenoperationstaste ausgeführt und das Ergebnis in *Resultat* angezeigt.

Die Applikation wird durch den *Beenden*-Button beendet.

Voraussetzung

Das LabVIEW-Projekt (Bild 10.18) sowie das *Main.vi* sind bereits gegeben. Ebenfalls sind alle Frontpanel-Elemente vorhanden und korrekt formatiert. Das Blockdiagramm ist außer Controls und Indicators noch leer und wird in der Folge Schritt für Schritt aufgebaut.

10.4 Übungsaufgaben 177

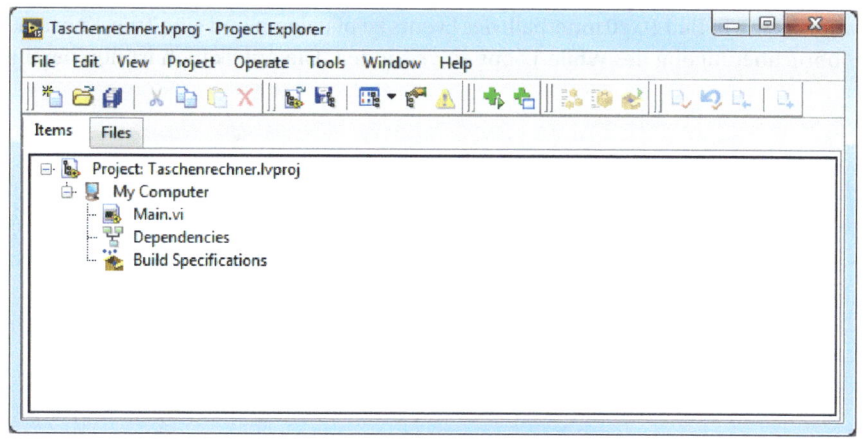

Bild 10.18 Projekt und Main.vi

Architektur

Ein Taschenrechner reagiert nur auf die Eingabe des Benutzers. Folglich handelt es sich hier um eine eventgesteuerte Anwendung, die mit einem While-Loop und einer Eventstruktur umgesetzt werden kann.

Hierzu ist ein übergeordneter While-Loop zu generieren und eine darin enthaltene Eventstruktur. Sie enthält standardmäßig den Timeout-Event, den wir für unsere Applikation allerdings nicht benötigen. Ändern Sie den Timeout-Event in einen *Value Change-Event* des Exit-Buttons, indem Sie mittels Rechtsklick auf den Rahmen und *Edit Events handled by this case* die Event Source und den Event wie auf Bild 10.19 auswählen.

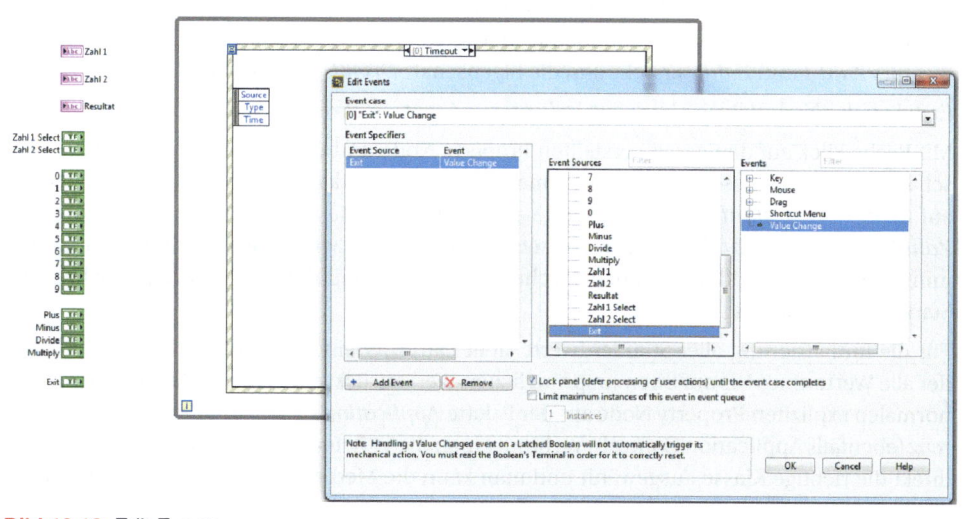

Bild 10.19 Edit Events

Der Exit-Button ist wie in Bild 10.20 innerhalb des Events zu platzieren und eine True-Konstante mit der Abbruchbedingung des While-Loops zu verbinden. Die Applikation ist nun bereits lauffähig.

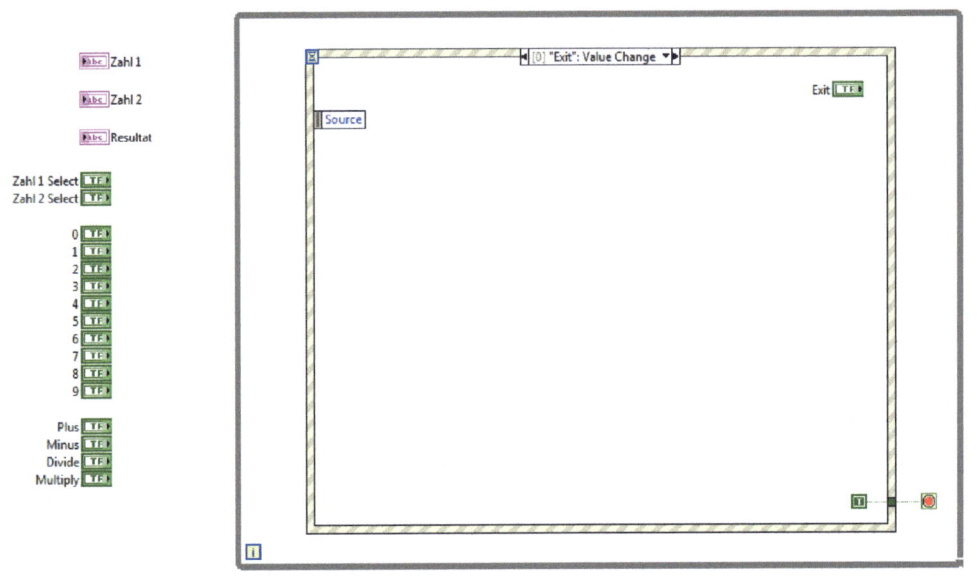

Bild 10.20 Exit-Event

Initialisierung

Für die Initialisierung, um den Standardzustand bei jedem Neustart der Applikation zu gewährleisten, müssen zunächst zwei (einfacherweise implizite) Property Nodes der String-Indicators *Zahl 1* und *Zahl 2* erstellt und die Eigenschaft *Disabled* ausgewählt werden.

Erstellen der Nodes: Rechtsklick auf *Indicator* → *Create* → *Property Node* → *Disabled*

Mit Rechtsklick auf den gerade erstellten Property Node und *Change to write* wird der Eigenschaftsknoten vom Lese- in den Schreibmodus gesetzt. Nun kann am Eingang mit Rechtsklick auf *Create* → *Constant* je eine Konstante erstellt werden, die für *Zahl 1* auf *Enabled* und für *Zahl 2* auf *Disabled and Greyed Out* gesetzt wird. Da man, wie in Bild 10.17 dargestellt, nur immer ein Eingabefeld aktiv haben möchte, muss zu Beginn definiert werden, welches zum Startzeitpunkt aktiv ist.

Für die Initialisierung aller Standardwerte stellt LabVIEW einen Invoke Node zur Verfügung, der alle Werte eines VIs auf ihren ursprünglichen Wert zurücksetzt. Hierzu platziert man einen normalen expliziten Property Node aus der Palette *Application Control* und eine *VI Server Referenz* (ebenfalls Application Control). Verbindet man die VI Referenz mit dem Invoke Node, wird direkt die richtige Klasse ausgewählt und man kann die Methode *Default Values* → *Reinitial-*

ize All To Default wählen. Nach der Ausführung des Knotens wird die VI-Referenz nicht weiter benötigt und sollte gelöscht werden. Hierfür wird aus der Palette *Application Control* die Funktion *Close Reference* platziert und mit dem Referenz-Wire und dem Error-Wire verbunden.

Mögliche auftretende Fehler werden mit dem Element *Merge Errors* zusammengefasst und einem Error Wire zur Sequenzierung an den While-Loop weitergeleitet. So wird sichergestellt, dass sämtliche Initialisierungsoperationen ausgeführt wurden, bevor die Benutzerfunktionen innerhalb des Loops ausgeführt werden. In Bild 10.21 sind alle oben genannten Schritte ausprogrammiert dargestellt.

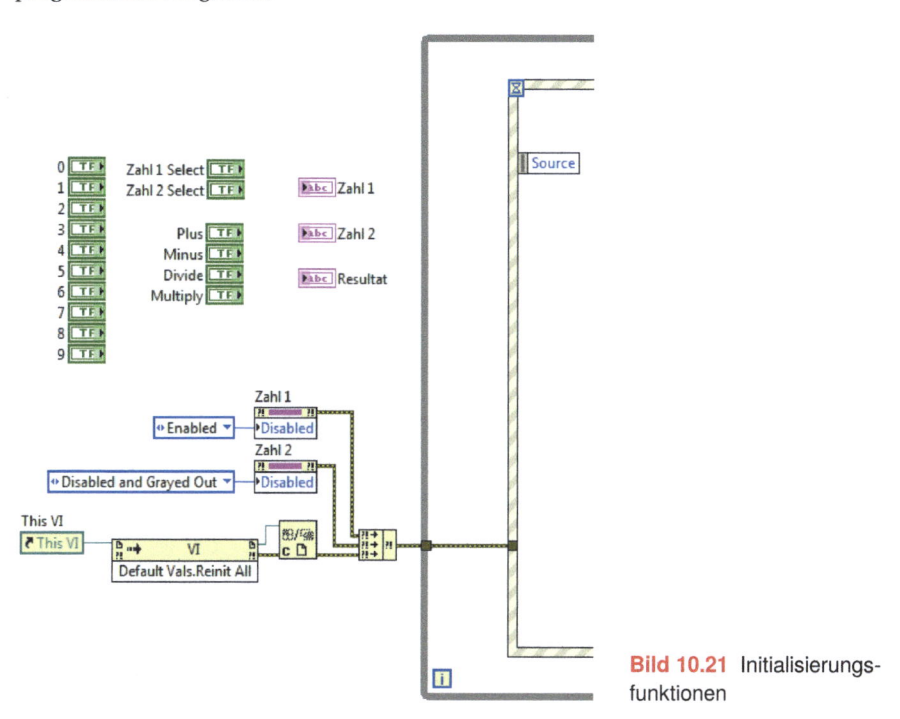

Bild 10.21 Initialisierungsfunktionen

Selektion der Zahlenfelder

Sobald der Benutzer eine Zahlentaste drückt, muss die Zahl im aktiven Zahlenfeld erscheinen. Um die Zahlenfelder zu wechseln, wird der jeweils rechts des Zahlenfelds befindliche Pfeil-Button (siehe Frontpanel, Bild 10.17) mit dem Namen *Zahl 1 Select* oder *Zahl 2 Select* gedrückt.

Für jeden dieser beiden Buttons ist ein Event-Case zu definieren: Rechtsklick auf *Rahmen* → *Add Event Case* und den *Value Change* des Buttons als Event auswählen. Wird wie in Bild 10.22 *Zahl 1 Select* gedrückt, wird das Zahlenfeld *Zahl 1* aktiv (Enabled) und das Feld *Zahl 2* inaktiv und ausgegraut (*Disabled and Greyed Out*). Hierzu können die beiden zur Initialisierung schon verwendeten Property Nodes kopiert und im jeweiligen Event-Case platziert werden.

180 10 Steuerung der Benutzeroberfläche

Die Buttons *Zahl 1 Select* und *Zahl 2 Select* werden in ihren jeweiligen Event-Cases platziert.

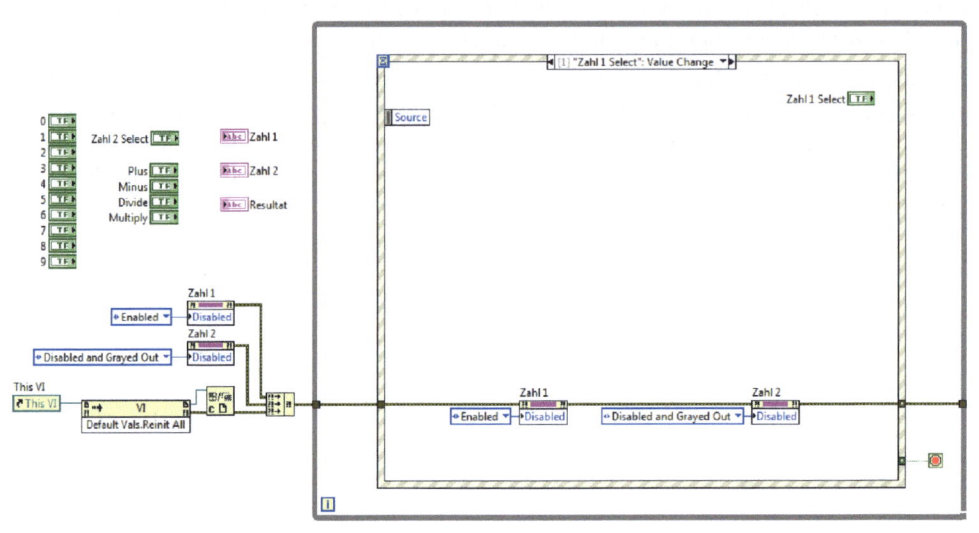

Bild 10.22 Selektion von Zahl 1

Event beim Drücken einer Zahlentaste

Wie man es von einem Taschenrechner kennt, soll die gedrückte Ziffer an eine bestehende Zahlenfolge angehängt werden. Da wir die Zahlenfelder als String-Indicators gebildet haben, ist dies ziemlich einfach realisierbar.

Erst einmal wird mit Rechtsklick auf den Eventrahmen *Add Event Case* ein neuer Event erstellt, der auf den *Value Change* der Tasten 0 bis 9 reagiert. Da bei jeder Taste die gleiche Aktion ausgeführt wird (das Anhängen der gedrückten Zahl), kann ein einziger Event-Case für alle Tasten ausgeführt werden. Hierzu müssen, wie in Bild 10.23 gezeigt, mit dem Button *Add Event* zu-

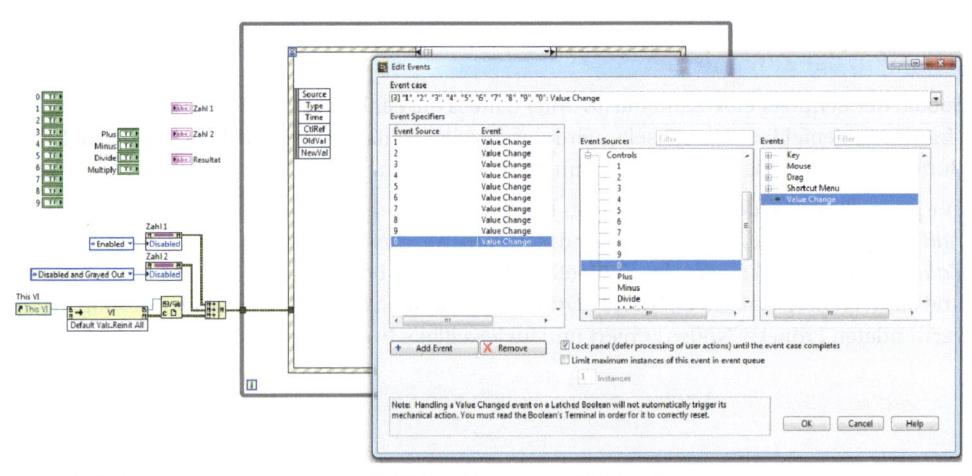

Bild 10.23 Spezifizierung der Events für Value Change der Zahlen-Buttons

sätzliche Events für jeden einzelnen Button spezifiziert werden. Am Schluss ergibt sich eine Liste aus zehn Events, die alle den gleichen Event-Case auslösen werden. Sind die Events definiert, kann die Programmierung des entsprechenden Case umgesetzt werden.

Wenn der Event ausgelöst wurde, sind zwei Dinge ausschlaggebend:

- Welche Taste wurde gedrückt (der Event wird ja durch jede Zahlentaste ausgelöst)?
- In welches Zahlenfeld (*Zahl 1* oder *Zahl 2*) soll die gedrückte Zahl geschrieben werden?

Für den ersten Punkt bietet die Eventstruktur den sogenannten *Event Data Node* an, mit welchem verschiedene Merkmale des Events ausgelesen werden können. Für den aktuellen Case benötigen wir die *CtlRef*, welche sich am Node wie bei einer *Unbundle by Name*-Funktion auswählen lässt. Damit erhalten wir die Referenz des gedrückten Buttons und können mittels explizitem Property Node und der Eigenschaft *Boolean Text → Text* den booleschen Text des Buttons, welcher in unserem Fall der Zahl des Buttons entspricht, auslesen. Der boolesche Text des Zahlenbuttons wird als String ausgegeben.

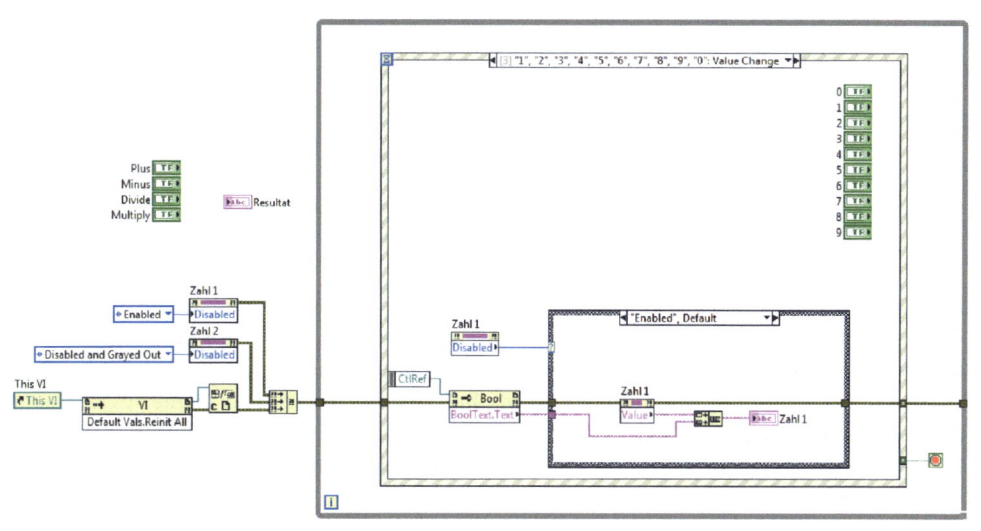

Bild 10.24 Ausprogrammierter Event-Case für das Betätigen der Zahlenbuttons

Zur Erkennung, welchem Zahlenfeld der ausgelesene Wert angefügt werden muss, wird ein impliziter Property Node von *Zahl 1* von der Initialisierung kopiert und mittels Rechtsklick auf *Change To Read* auf den Lesemodus umgestellt. Mit einer Case-Struktur wird unterschieden, ob *Zahl 1* Enabled (aktiv) oder *Disabled and Greyed Out* (inaktiv) ist. Im Enabled-Fall (abgebildet in Bild 10.24) wird die gedrückte Zahl mit der Funktion *String → Concatenate String* an den bestehenden String des Zahlenfelds *Zahl 1* angehängt. Hierzu wird der vorherige Wert von *Zahl 1* mit einem Property Node und der Eigenschaft *Value* ausgelesen und danach der um eine Ziffer erweiterte String direkt in den Indicator geschrieben. Selbstverständlich könnte auch zum Schreiben wieder ein Property Node mit der Eigenschaft *Value* verwendet werden.

Dementsprechend wird im Case *Disabled* and *Greyed Out* das Gleiche mit *Zahl 2* gemacht. Die Logik dahinter: Wenn *Zahl 1* inaktiv ist, muss das im Umkehrschluss heißen, dass *Zahl 2* aktiv ist. So wurde es in Bild 10.22 definiert.

Programmierung der mathematischen Operationen

Wie im vorherigen Fall können die vier mathematischen Operationen (Addition, Subtraktion, Multiplikation und Division) in einem Event-Case abgehandelt werden. Hierfür wird auch wieder ein neuer Event-Case erzeugt *(Add Event Case)* und die vier Buttons je mit dem Event *Value Change* diesem Event Case zugeordnet. In Bild 10.25 im Dialogfenster *Edit Events* sind alle vier Events korrekt spezifiziert worden.

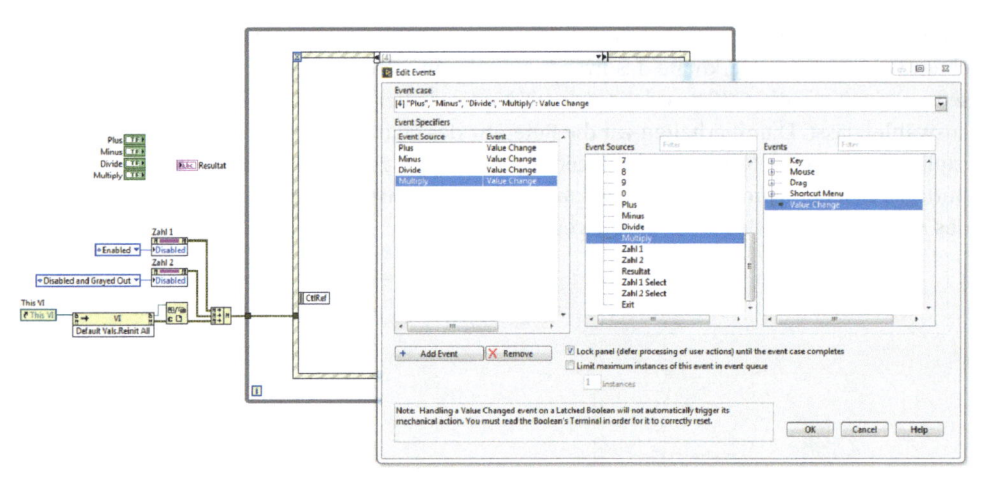

Bild 10.25 Zuordnung der Operations-Buttons zum Event-Case

Auch in diesem Case spielt der Auslöser eine Rolle, schließlich muss man wissen, welche der Operationstasten gedrückt wurde. Dazu nimmt man wiederum den *Event Data Node* zuhilfe und wählt dort die *CtlRef* aus, also die Referenz des Buttons, der zum Event geführt hat. Mit einem expliziten Property Node und der Eigenschaft *Label → Text* wird der Name des Elements ausgelesen und auf eine Case-Struktur geführt. Man könnte auch in diesem Fall wie vorhin den booleschen Text nehmen, allerdings besteht dieser bei den Operations-Buttons nur aus einem einzigen Zeichen.

Die Case-Struktur enthält vier Cases, und der *Case Selector* wird mit dem Ausgabe-String des Property Nodes angesteuert. Für jede Operation wird ein Case erstellt und die entsprechende Rechenoperation als DBL-Zahl ausgeführt.

Damit aus den String-Indicators *Zahl 1* und *Zahl 2* Zahlen werden, muss man sie mittels Property Node und Value auslesen und den String mit *String → Number/String Conversion → Fract/Exp String To Number* zu einer DBL-Zahl konvertieren.

Nach der Operation wird die Zahl wieder zurückkonvertiert (in Bild 10.26 verdeckt vom Dropdown-Menü der Case-Struktur) mit *String → Number/String Conversion → Number to Fractional String* und in den Indicator *Resultat* geschrieben. Der Taschenrechner ist nun vollständig funktionsfähig.

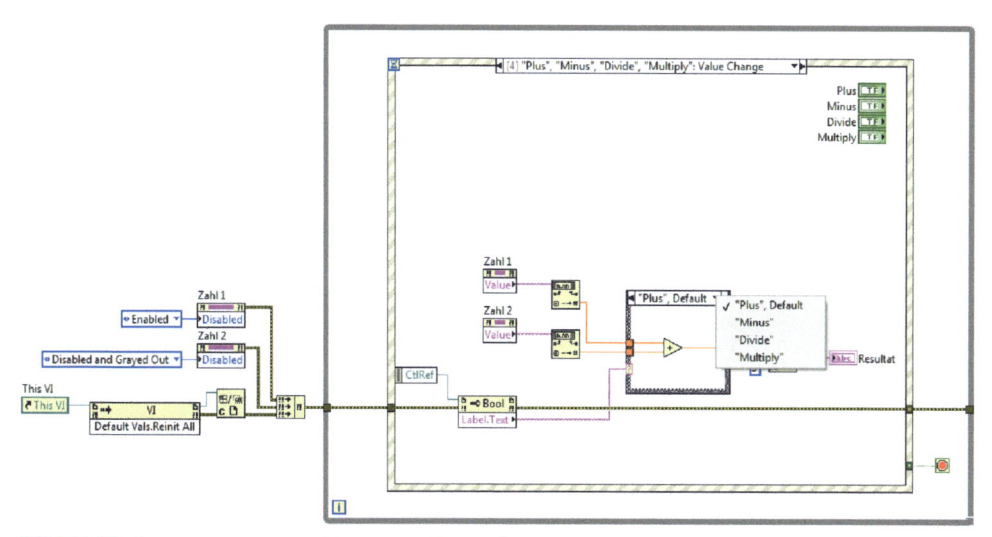

Bild 10.26 Ausprogrammierter Operations-Event-Case

Weitere Möglichkeiten, die Applikation auszubauen wären z. B.

- einen Dezimalpunkt-Button auf dem Frontpanel zu integrieren, um Dezimalzahlen eingeben zu können
- den Fall einer Division durch Null abzufangen,
- eine Löschfunktion der Zahlenfelder,
- weitere mathematische Operationen hinzuzufügen,
- die Zahlen als Binär-, Hexadezimal- und Oktalzahlen anzuzeigen,
- nur ein einziges Zahlenfeld zuzulassen (wie bei herkömmlichen Taschenrechnern).

11 Datenerfassung mit NI-Hardware

LabVIEW ist als Testsoftware dafür ausgelegt, Messdaten zu erfassen, zu verarbeiten und Aktoren anzusteuern. Zwischen der Welt der physikalischen Messgrößen wie Spannung, Temperatur, Frequenzen usw. und der LabVIEW-Applikation gehört eine leistungsfähige Hardware, welche in der Lage ist, alle erforderlichen Signale aufzunehmen, zu digitalisieren und an den Rechner weiterzuleiten.

■ 11.1 Übersicht über die Hardware

National Instruments bietet eine große Anzahl an verschiedenen Hardwareprodukten für unterschiedliche Anwendungen. Im Wesentlichen lassen sich die in Tabelle 11.1 dargestellten Produktlinien unterscheiden.

Tabelle 11.1 Übersicht über einige verbreitete Hardwareprodukte von National Instruments

	PCI/PCI-E	Die PCI(E)-Karten von National Instruments eignen sich zum festen Einbau in Mess-PCs. Sie sind relativ preisgünstig, allerdings unflexibel, da fix verbaut.	+ relativ preiswert + Anzahl Messkanäle – Einbau nötig – Erweiterbarkeit
	NI-USB	Die USB-Reihe ist sehr einfach zu bedienen, um simple Datenakquisition zu betreiben. Die Module sind preiswert, aber stark begrenzt in der Anzahl der Kanäle und Sampleraten.	+ preiswert + einfachster Aufbau – Anzahl Messkanäle – Erweiterbarkeit

Tabelle 11.1 Übersicht über einige verbreitete Hardwareprodukte von National Instruments (Fortsetzung)

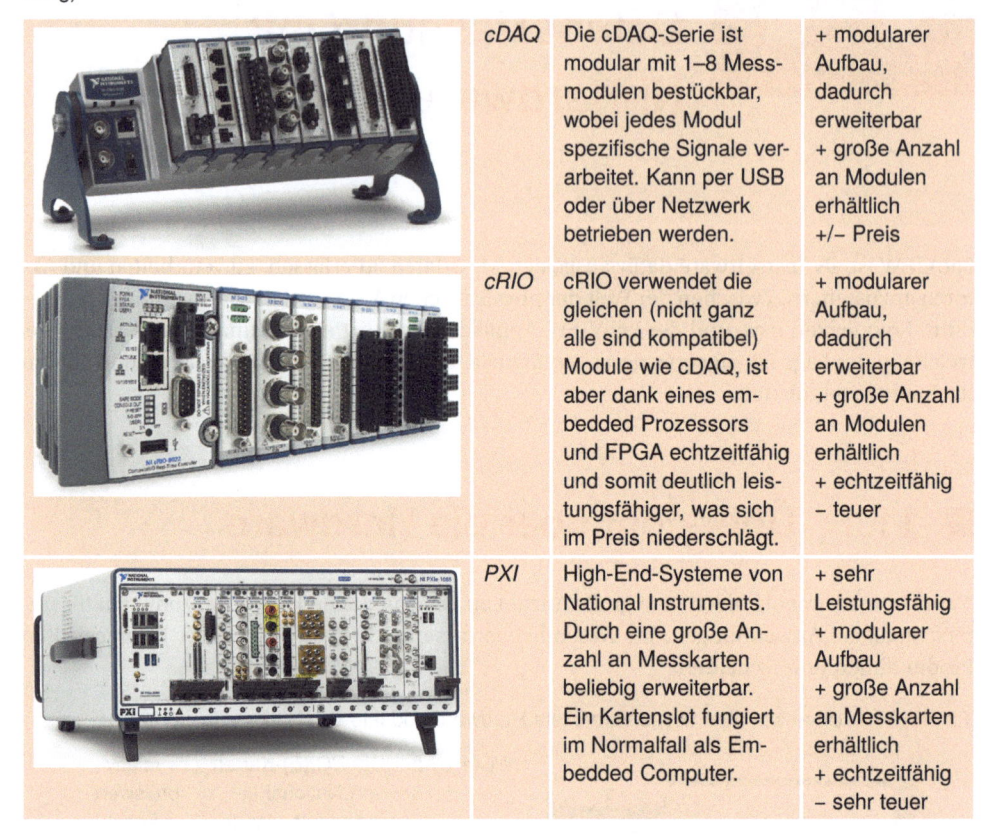

	cDAQ	Die cDAQ-Serie ist modular mit 1–8 Messmodulen bestückbar, wobei jedes Modul spezifische Signale verarbeitet. Kann per USB oder über Netzwerk betrieben werden.	+ modularer Aufbau, dadurch erweiterbar + große Anzahl an Modulen erhältlich +/− Preis
	cRIO	cRIO verwendet die gleichen (nicht ganz alle sind kompatibel) Module wie cDAQ, ist aber dank eines embedded Prozessors und FPGA echtzeitfähig und somit deutlich leistungsfähiger, was sich im Preis niederschlägt.	+ modularer Aufbau, dadurch erweiterbar + große Anzahl an Modulen erhältlich + echtzeitfähig − teuer
	PXI	High-End-Systeme von National Instruments. Durch eine große Anzahl an Messkarten beliebig erweiterbar. Ein Kartenslot fungiert im Normalfall als Embedded Computer.	+ sehr Leistungsfähig + modularer Aufbau + große Anzahl an Messkarten erhältlich + echtzeitfähig − sehr teuer

LabVIEW stellt eine umfassende Palette an VIs zur Verfügung, mit denen die Datenakquisition sämtlicher Geräte einheitlich bewerkstelligt werden kann. Die Palette *Measurement I/O → NI-DAQmx* ist nicht standardmäßig mit LabVIEW installiert und muss mittels eines Softwarepakets (z. B. *NI-DAQmx 17.6*) separat heruntergeladen und installiert werden.

■ 11.2 Measurement & Automation Explorer

Der *Measurement & Automation Explorer* (MAX) ist ein Standalone-Tool, welches die Übersicht und Verwaltung der Hardware, Tasks und Software von National Instruments ermöglicht. Im Zusammenhang mit der hardwaregestützten Datenerfassung ist vor allem der Ast *Geräte und Schnittstellen* interessant. Hier werden alle Geräte aufgelistet, welche aktuell mit dem System verbunden sind oder in der Vergangenheit schon einmal erkannt wurden. In Bild 11.1

(blauer Kasten) sind dies sowohl USB- als auch Netzwerkgeräte sowie die Webcam des verwendeten Notebooks. Ebenso ist die im vorigen Abschnitt erwähnte Unterstützung der DAQmx-Geräte in der installierten Software ersichtlich (rot).

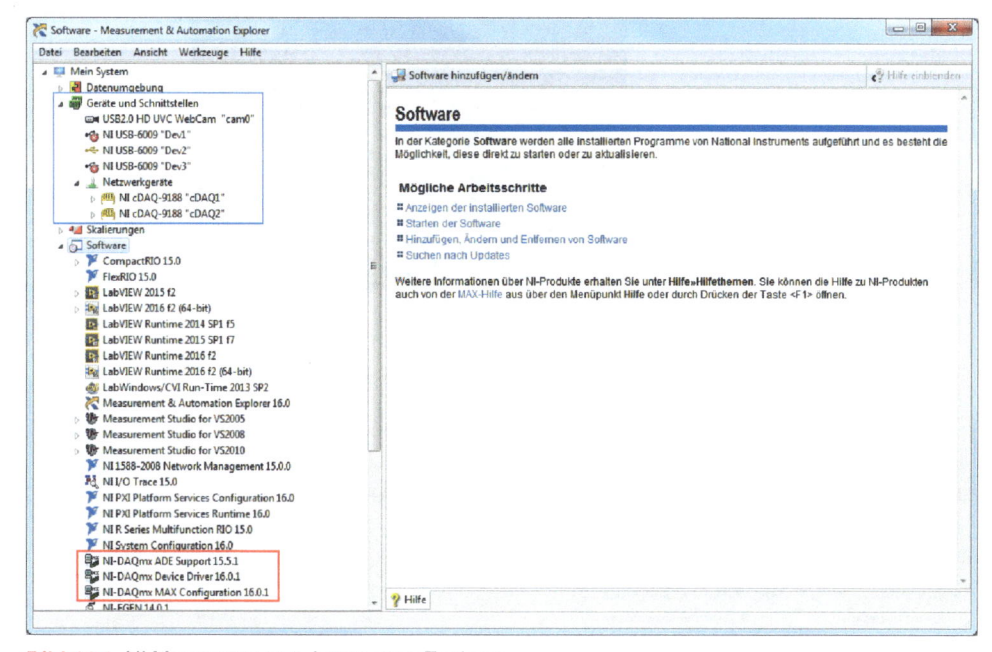

Bild 11.1 NI Measurement & Automation Explorer

Wird eine Datenakquisition mit Hardware von National Instruments betrieben, bietet der MAX die Möglichkeit, ohne Programmierung in LabVIEW die korrekte Funktion der Hardware zu testen. Hierzu wird die entsprechende Hardware angewählt, worauf die Informationen dazu (Modell, Serien-Nr. etc.) auf der rechten Seite sichtbar werden. Dem *Device* kann hier auch ein eindeutiger Name zugewiesen werden.

Ist das Gerät aktiv, kann mittels der *Testpanels* ein neues Fenster aufgerufen werden, mit dem sich die Ein- und Ausgänge der Hardware manuell lesen und schreiben lassen. Im Falle eines *NI USB-6009* stellt sich dies wie in Bild 11.2 dar. Im Fall des abgebildeten Testpanels handelt es sich um die Erfassung, also analoge Eingangskanäle, welche einzeln angewählt, konfiguriert und mit *Start* getestet werden können.

Zum Vergleich ist in Bild 11.3 das Panel für die digitalen I/Os dargestellt. Sie lassen sich entweder als Input oder als Output schalten und können dementsprechend geschrieben oder gelesen werden. Die Methode mit den Testpanels funktioniert allerdings nur für einfachere DAQ-Hardware wie USB- und cDAQ-Systeme.

Aufgabe 11.1: Measurement & Automation Explorer (Hardware benötigt)

11 Datenerfassung mit NI-Hardware

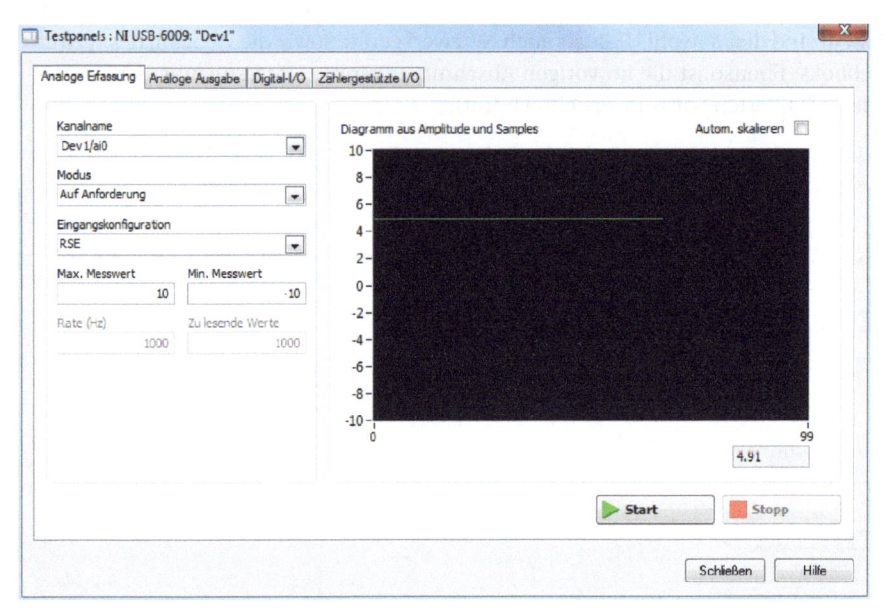

Bild 11.2 Testpanel für die analogen Eingänge eines USB-6009

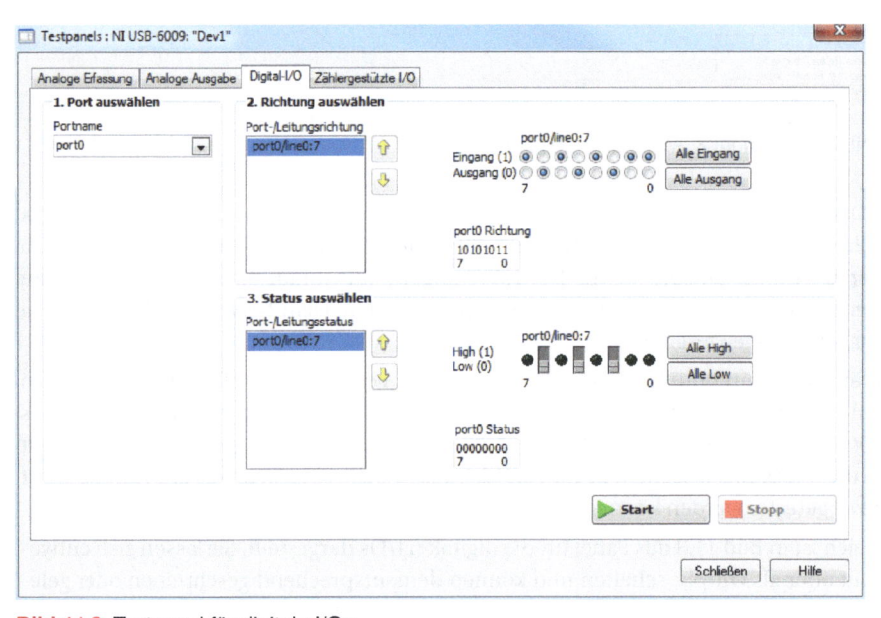

Bild 11.3 Testpanel für digitale I/Os

■ 11.3 Die DAQmx-Palette

Unter *Measurement I/O → NI-DAQmx* finden sich nach dem Download und der Installation von DAQmx sämtliche Funktionen, die zur Datenerfassung nötig sind (Bild 11.4). Bei der Eröffnung von Messkanälen spricht man von *Tasks*. Jeder Task übernimmt die Verwaltung der ihm zugewiesenen physikalischen Kanäle, also wann welcher Eingang/Ausgang gelesen/ geschrieben wird und in welcher Wiederholrate.

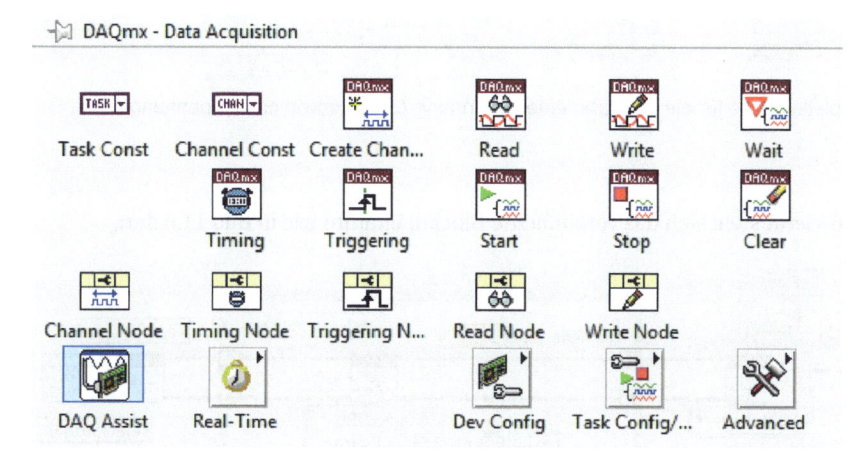

Bild 11.4 Übersicht über die Funktionen der DAQmx-Palette

Sehr häufig verwendete Funktionen sind *Create Channel, Read, Write* und *Clear*, welche in vielen Anwendungen für ein korrektes Handling der Hardware implementiert sein müssen. Daneben werden z. B. die Funktionen *Timing* und *Triggering* nicht von allen Geräten unterstützt. Unter *Advanced* sind erweiterte Funktionen z. B. zur Erkennung von Netzwerkgeräten oder automatische Kalibrierfunktionen verfügbar, auf die jedoch hier nicht näher eingegangen wird.

Ein kompletter Mess- oder Schreibvorgang könnte für ein Gerät der *cDAQ*-Serie aussehen wie in Bild 11.5. Beginnend mit der Erstellung eines Tasks aus einem oder mehreren physikalischen Kanälen (Ein-, Ausgänge der Hardware) über die optionale Konfiguration eines Timings, über die wiederholte Messung (While-Loop) sowie die Beendigung und Löschung des Tasks sind alle Bearbeitungsschritte berücksichtigt.

Bei einfacheren Geräten ohne explizite Einstellungsmöglichkeiten des Timings (wie etwa einigen USB-Geräten) entfallen Teile dieser Architektur, worauf sich das Blockdiagramm etwas übersichtlicher gestaltet.

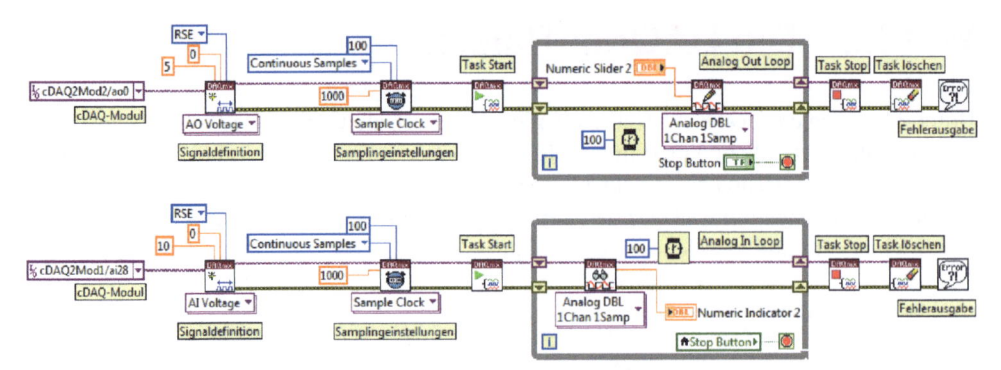

Bild 11.5 Komplette Tasks für die Ausgabe einer Spannung (oben) sowie einer Spannungsmessung (unten)

Für ein NI USB-Gerät stellt sich das vereinfachte Blockdiagramm wie in Bild 11.6 dar:

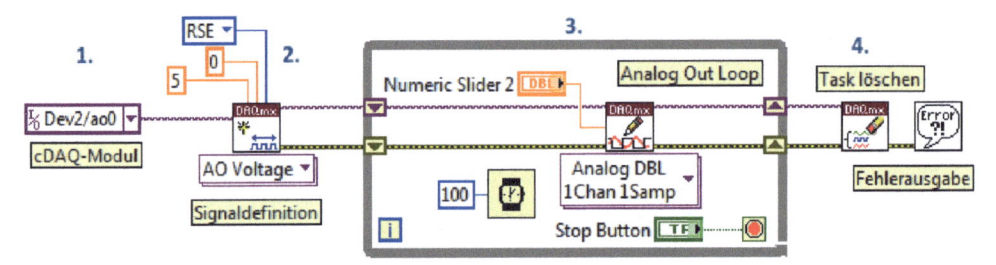

Bild 11.6 Einfache Konfiguration eines einkanaligen Analog Output Tasks mit NI USB-Hardware

1. Physikalischer Kanal: Gerät und Anschluss
2. Task erstellen: In/Out, Signalart, Messbereich, Bezug der Messung
3. Schreiben/Lesen mit Loop-Timing
4. Task löschen, Error-Handling

In der Folge wird auf die einzelnen Komponenten eingegangen.

11.3.1 Task erstellen

Mit *Create Channel* wird zu Beginn die Hardware definiert und ein *Task* eröffnet. In Bild 11.7 ist die Konfiguration als Messung einer Spannung aufgezeigt. Es wird ersichtlich, dass eine große Anzahl an optionalen Konfigurationsmöglichkeiten zur Verfügung steht. Lediglich die Angabe der Hardware ist zwingend *(physical channels)* und kann mit Rechtsklick auf den entsprechenden Eingang und *Create → Constant* bequem erstellt werden. Die Konstante besteht aus einem Dropdown-Menü, in welchem nur aktive (angeschlossene) Hardware zur Auswahl steht.

11.3 Die DAQmx-Palette   191

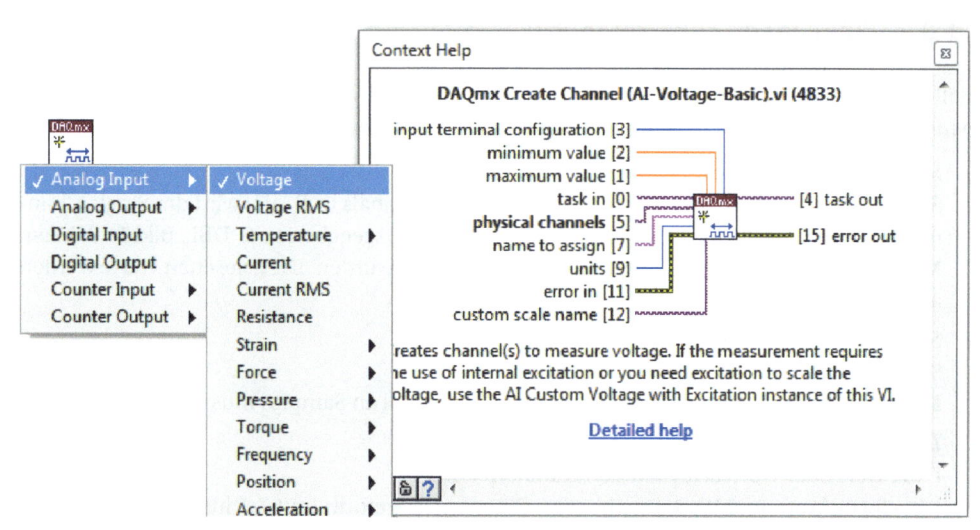

Bild 11.7 DAQmx Create Channel in der Kontexthilfe

Empfohlen sind immer auch die *minimum/maximum values*, da sie sich von Hardware zu Hardware unterscheiden, sowie die *input terminal configuration*, welche für den Bezug der Messung (gegen GND, differentiell etc.) verantwortlich ist.

In Bild 11.8 ist ein ausreichend konfigurierter Messtask erstellt, welcher eine *Spannung* von 0…10 V auf dem Gerät *cDAQMod1* und dessen *Kanal ai3* gegen *GND* misst. Es ist zudem möglich, mehrere physikalische Kanäle mit einem Task zu erfassen. Hierzu ergänzt man die Konstante mit Doppelpunkt und der Kanalnummer des letzten Messkanals. So sind im rechten Beispiel alle Kanäle von *ai3* bis *ai10* erfasst, werden jeweils zusammen ausgelesen und als Array zur Verfügung gestellt.

Bild 11.8 Konfigurierter AI-Task mit einem Kanal (ai3, links) und mit 8 Kanälen (ai3–10) sowe Error-Handling (rechts)

Da auch bei der Arbeit mit Hardware Fehler auftreten können, ist es zwingend notwendig, die Operationen mit einem Error-Handling auszustatten. Werden mehrere Tasks parallel erstellt, sollte für jeden einzelnen Task eine eigene Error-Leitung benutzt werden.

11.3.2 Task lesen (Analog Input)

Will man einen oder mehrere analoge Eingangswerte einlesen, wird die Funktion *Task Read* benötigt. Es stehen mehrere Datenformate und Konfigurationsmöglichkeiten zur Auswahl.

1. *Single/Multiple Channels*:
   Single: Für das Lesen eines einzigen physikalischen Kanals (z. B. ai3) wird der Single Channel Modus verwendet. Jede Messung wird als Skalar ausgegeben (z. B. DBL, Bild 11.9 links). Multiple: wenn mehrere Kanäle dem Task zugewiesen wurden. Die gelesenen Werte werden als Array bereitgestellt.
2. *Single/Multiple Samples*:
   Single: Ein einziges Sample wird gelesen.
   Multiple: Mehrere Samples werden gelesen, die Anzahl an Samples muss definiert werden.
3. *DBL/Waveform*:
   DBL: Wert oder Wertearray hat den Datentyp DBL.
   Waveform: Wert oder Wertarray hat den Datentyp Waveform (mit Zeitinformation).

Das Format der Ausgabe ist davon abhängig, wie viele Kanäle und wie viele Samples eingelesen werden sollen. Tabelle 11.2 Verdeutlicht die jeweilige Form der Ausgabe.

Tabelle 11.2 Ausgabeformat von DAQmx Read

Phys. Kanäle	Samples	Ausgabeform
1	1	Skalar
1	2...n	1D-Array
2...n	1	1D-Array
2...n	2...n	2D-Array

Als Beispiele dienen die in Bild 11.9 gezeigten Konfigurationen. Grundsätzlich ist der Datentyp Waveform bequem, wenn es um die Darstellung eines zeitlichen Verlaufs geht. Waveform kann direkt mit *Charts* verknüpft und/oder mittels *TDMS* in eine Datei gespeichert werden.

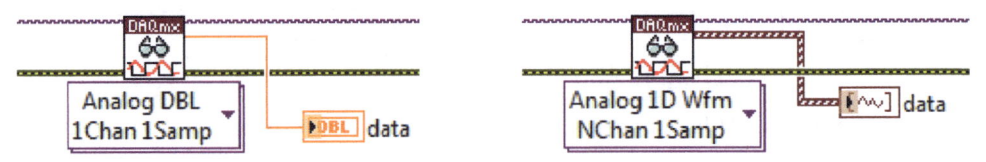

Bild 11.9 Read Task, 1 Channel/1 Sample/DBL (links) und Multiple Channels/1 Sample/Waveform (rechts)

11.3.3 Task schreiben (Analog Output)

Für den Schreibvorgang gilt das Gleiche wie für das Lesen: Die Konfigurationsmöglichkeiten über die Anzahl der Kanäle, die Anzahl der Samples und den Datentyp müssen auch hier wieder über ein Dropdown-Menü des polymorphen VIs gewählt werden (Bild 11.10).

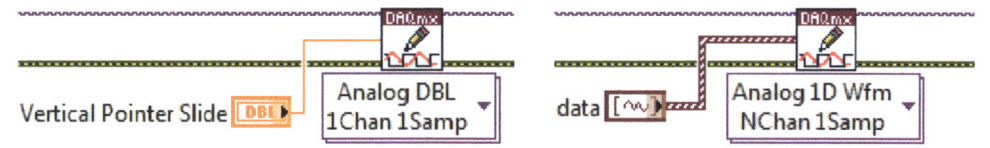

Bild 11.10 Write Task, 1 Channel/1 Sample/DBL (links) und Multiple Channels/1 Sample/Waveform (rechts)

Bei den meisten Messungen werden Schreib- und Lesevorgänge wiederholt ausgeführt, was sich ganz einfach durch einen While-Loop mit entsprechenden Abbruchbedingungen (*Stop*-Button, Error, etc.) realisieren lässt. Hierbei ist unbedingt zu beachten, dass die Initialisierung und Löschung des Tasks nur einmal ausgeführt werden darf, also außerhalb des Mess-/Schreib-Loops platziert wird. In Bild 11.6 wurde die Systematik bereits veranschaulicht.

11.3.4 Task löschen

Nachdem eine Messung abgeschlossen wurde und alle Daten geschrieben/gelesen wurden, muss die erstellte Taskreferenz gelöscht werden (Bild 11.11). Ein etwaig vorhandener Fehler kann sofort, oder aber mit anderen Error-Leitungen zusammengefasst und später behandelt werden.

Bild 11.11 DAQmx Clear Task

> **Aufgabe 11.2: Datenerfassung mit Low-Level-VIs (Hardware benötigt)**

> **Aufgabe 11.3: Datenerfassung mit TDM Streaming (Hardware benötigt)**

11.4 Übungsaufgaben

Aufgabe 11.1: Measurement & Automation Explorer (Hardware benötigt)

Der *Measurement & Automation Explorer* (MAX) ist ein Tool zur Überprüfung und Konfiguration aller Softwareprodukte von National Instruments sowie angeschlossener Hardware. Als Hilfsmittel eignet er sich besonders, um die korrekte Einbindung und Funktion von Datenerfassungsgeräten zu überprüfen.

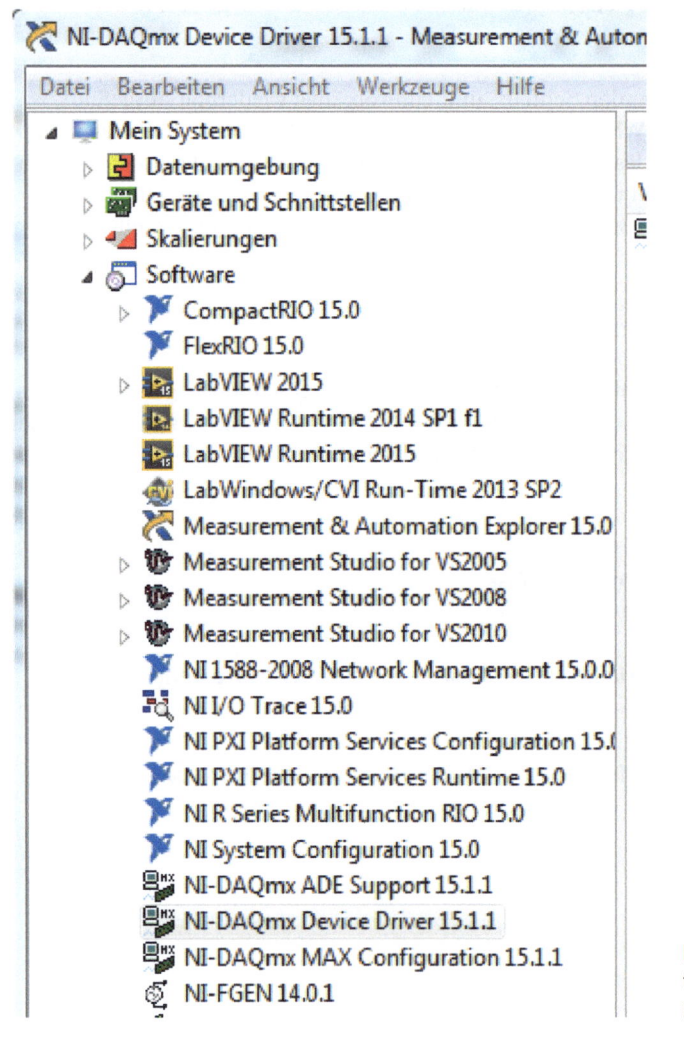

Bild 11.12 Liste der installierten NI-Software im MAX

a) Öffnen Sie den MAX und kontrollieren Sie unter *Software* (Bild 11.12), ob das *NI-DAQmx Device Driver* Paket bereits installiert ist. Falls nicht, laden Sie das Paket (gleiche oder höhere Version wie ihre LabVIEW-Version) herunter und installieren Sie es. Danach erscheint es in Ihrer Softwareumgebung.

b) Schließen Sie ihr DAQ-Device (wenn vorhanden) an und überprüfen Sie, ob das Gerät korrekt installiert wird und in der Liste der Geräte innerhalb des MAX auftaucht. Geben Sie ihrem Gerät einen eindeutigen Namen.

c) Danach führen Sie einen Selbsttest durch und testen mittels Testpanels und Multimeter die Funktion des Geräts.

Aufgabe 11.2: Datenerfassung mit Low-Level-VIs (Hardware benötigt)

Erstellen Sie ein Programm zur Generierung und Erfassung von Steuer- bzw. Messdaten mittels der Measurement-Palette und den darin enthaltenen Low-Level-VIs. Benutzen Sie hierzu ein NI USB-Gerät mit analogen und digitalen Ein- und Ausgängen. Verbinden Sie je einen analogen Eingang mit einem Ausgang und einen digitalen Eingang mit einem digitalen Ausgang (z. B. AI0 mit AO0, P0.0 mit P0.1).

Für die Erzeugung von digitalen Daten verwenden Sie ein boolesches Bedienelement sowie ein numerisches Bedienelement für die Erzeugung einer Ausgangsspannung (Bild 11.13).

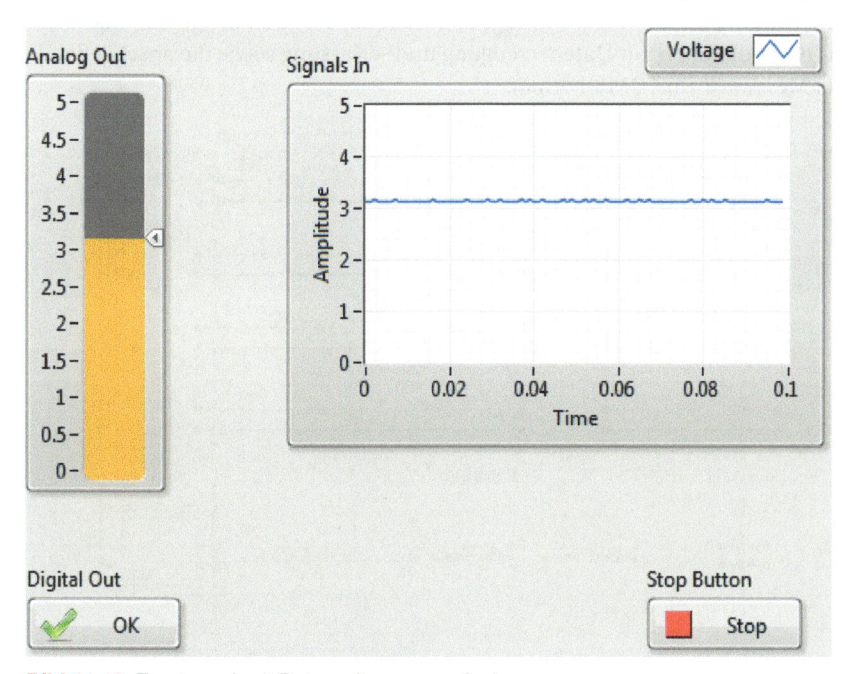

Bild 11.13 Frontpanel mit Datenerfassungsaufgabe

a) Erstellen Sie vier Tasks, je einen für jeden Ein- und Ausgang. Platzieren Sie alle nötigen VIs für die Datenerzeugungs- bzw. Erfassungsstränge (ohne Start/Stop-VIs). Sorgen Sie bei der Kanalerstellung für die korrekten (nötigen) Parameter. Welche sind optional und welche benötigen Sie zwingend?

b) Programmieren Sie ein GUI gemäß Abbildung, mit dem Sie den analogen Ausgang per numerischem Kontrollelement (gemäß Slider *Analog Out*) einstellen können, und einen Schalter (hier: *Digital Out*), der als Digitalausgang dienen soll.

c) Stellen Sie die Ausgänge der beiden Low-Level-Read-VIs (je eines für das analoge sowie das digitale Eingangssignal) miteinander auf einem Chart aus. Dazu müssen Sie den digital gelesenen Wert von Boolean in einen numerischen Datentyp umwandeln.

d) Platzieren Sie eine Schleife mit sinnvollem Timing und der Abbruchbedingung durch den *Stop*-Button. Danach schließen Sie alle Tasks, fassen Sie die Errors zusammen und geben Sie diese mittels *Error Handler* aus.

Aufgabe 11.3: Datenerfassung mit TDM Streaming (Hardware benötigt)

In der Aufgabe 11.2 haben Sie die Erfassung von Messdaten über ein USB DAQ-Device realisiert. Nun erweitern Sie dieses Programm mit einer Datensicherung per TDMS. Auf der Vorlage der Datei *TDM Streaming mir Hardware Vorlage.vi* basierend, erstellen Sie gemäß Bild 11.14 alle benötigten I/O-Funktionen zur Datenerzeugung und -erfassung sowie die anschließende Speicherung der Messwerte im TDMS-Format.

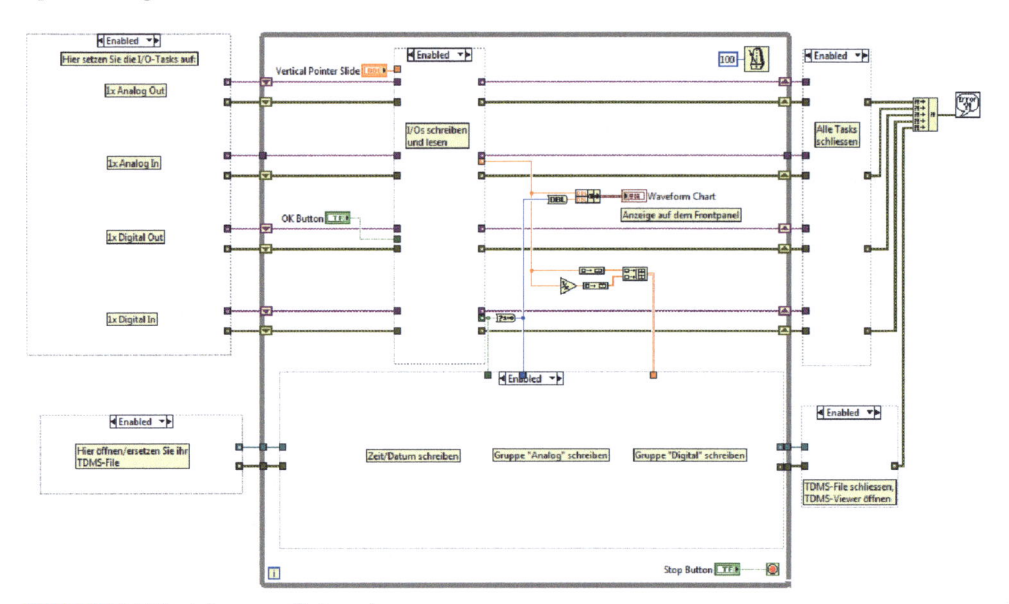

Bild 11.14 Hilfestellung zur Datenerfassung

11.4 Übungsaufgaben

a) Implementieren Sie in ihrer Lösung (oder der Musterlösung) der Aufgabe 11.2 eine Dateisicherung via TDMS. Definieren Sie als erstes einen geeigneten Speicherort und einen Namen für die später generierte Datei.

b) Platzieren Sie die nötigen VIs aus der Palette *File I/O* und konfigurieren Sie die Ausgabe so, dass bei jedem Start eine bereits vorhandene TDMS-Datei überschrieben wird.

c) Sie sollten für die TDMS-Struktur die beiden Input-Signale in je eine analoge und eine digitale Gruppe aufteilen. Benennen Sie auch jeden Kanal eindeutig.

d) Erstellen Sie eine weitere Gruppe, in der Sie die Zeit mitprotokollieren. Tipp: Wandeln Sie den ermittelten Zeitstempel jeweils in einen String um.

e) Optional: Loggen Sie in der Analog-Gruppe einen weiteren analogen Kanal mit einer beliebigen mathematischen Funktion.

f) Optional: Erstellen Sie einen booleschen Zufallsgenerator und eine logische ODER-Verknüpfung mit ihrem gemessenen Signal an P1.0. Loggen Sie beide Kanäle in der digitalen Gruppe.

Sie können ihre Ergebnisse jederzeit mit dem *TDMS-Viewer* prüfen (Bild 11.15).

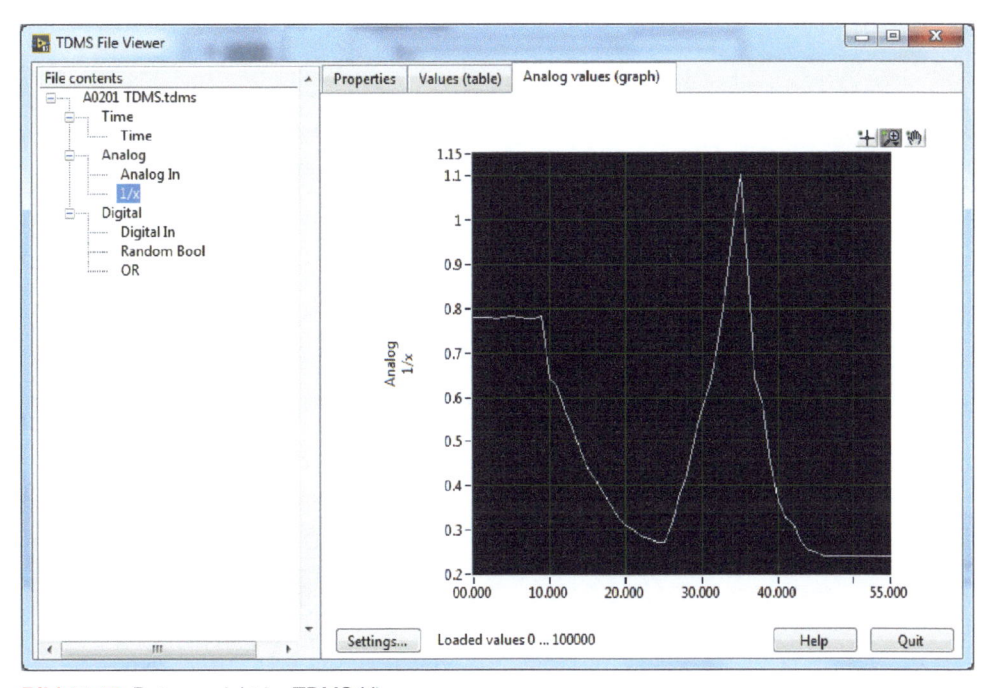

Bild 11.15 Datenansicht im TDMS-Viewer

12 Synchronisation von Prozessen

Wie in Kapitel 3 erwähnt, ist gemäß Datenflussgesetz ohne Sequenzierung von Funktionen nicht definiert, welche davon zuerst ausgeführt wird. Dies heißt im Umkehrschluss, dass es möglich ist, ganze Abläufe unabhängig voneinander parallel auszuführen.

Dies kann z. B. bei Loops der Fall sein, welche völlig losgelöst voneinander unterschiedliche Aufgaben erledigen. In Bild 12.1 links hält sich zwar die Sinnhaftigkeit der Funktion in engen Grenzen, stellt aber ein einfaches Beispiel zur Veranschaulichung dar. Wird die Funktion nach rund 10 s beendet, wird *Numeric 1* einen Wert von 40 anzeigen (10 s * 4 Iterationen/s = 40), *Numeric 2* einen Wert von 10. Dies zeigt, dass die Loops unterschiedlich oft und quasi parallel ausgeführt wurden. Ein Prozessor kann natürlich nicht mehr als eine Operation gleichzeitig durchführen, folglich ist echte Parallelität bei Systemen mit nur einem Prozessorkern nicht möglich. Allerdings werden die Aufgaben in Tasks aufgeteilt, welche immer nur ganz wenig Zeit des Prozessors in Anspruch nehmen und ihn danach sofort wieder für andere Aufgaben freigeben. Der Entwickler kann dies als parallele Ausführung interpretieren und muss sich in

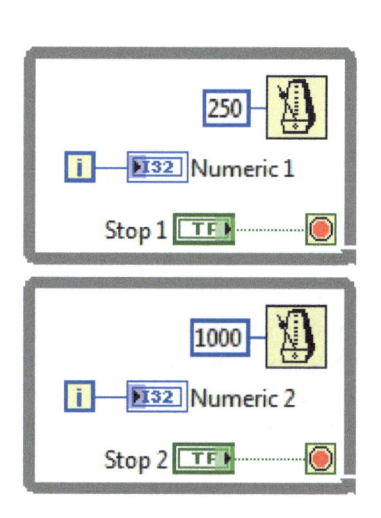

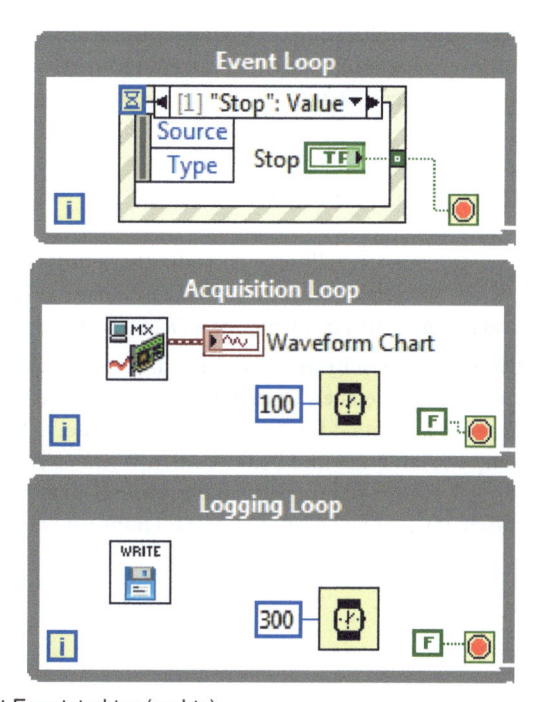

Bild 12.1 Parallele Loops ohne (links) und mit Eventstruktur (rechts)

der Regel keine Gedanken um die Zuteilung der Prozessor-Ressourcen machen. Er kann sich die Vorteile der Quasiparallelität zunutze machen. Dies kann z. B. in einer Mess-Applikation die Trennung von Benutzersteuerung, der Datenakquisition und des Loggings sein wie symbolisch in Bild 12.1 rechts. Auf der einen Seite wird der *Event-Loop* nur ausgeführt, wenn eine Benutzeraktion stattfindet, was so gut wie keine Ressourcen benötig, auf der anderen Seite werden der *Acquisition Loop* sowie der *Logging Loop* in regelmäßigen Abständen abgearbeitet. Vielleicht werden nicht alle Messdaten benötigt oder ein berechneter Mittelwert abgespeichert, dann braucht der *Logging Loop* auch nicht in derselben Wiederholrate ausgeführt zu werden wie die Messung selbst. So kann jeder Prozess sein eigenes, optimales Timing besitzen und damit zum schonenden Umgang mit Prozessorleistung beitragen.

Wenn mit parallelen Prozessen gearbeitet wird, wird unweigerlich das Thema Synchronisation eine Rolle spielen. Meist greifen Prozesse auf die gleichen Datensätze zu bzw. stellt ein Prozess einen Datensatz bereit, welcher von einem anderen Prozess verarbeitet wird (z. B. Messung und Logging). Werden die Aktionen völlig losgelöst voneinander und willkürlich ausgeführt, kann dies zu verschiedenen Fehlerbildern führen, etwa dem Verlust von Daten oder Kollisionen beim Zugriff und Auslesen von gemeinsamen Datensätzen. Um dies zu verhindern und Prozesse geordnet parallel ablaufen zu lassen, steht in LabVIEW eine Reihe von Tools zur Verfügung.

■ 12.1 Synchronisation ohne Datenaustausch

Eine Synchronisierung ohne Datenaustausch bedeutet, dass Loops beim Zeitpunkt ihrer Ausführung zwar aufeinander Rücksicht nehmen, aber weder dieselben Daten verwenden noch in einer anderen Art und Weise miteinander kommunizieren.

12.1.1 Occurrence

Eine *Occurrence* stellt eine einfache Wartefunktion dar, welche alle beteiligten Prozesse dazu zwingt, auf den langsamsten Ablauf zu warten. Die Palette besteht lediglich aus drei Elementen und ist unter *Synchronization → Occurrences* zu finden (Bild 12.2).

Die Funktionsweise ist sehr einfach: Ein *Wait On Occurrence* wartet so lange, bis das *Set Occurrence* der gleichen Occurrence gesetzt wurde. In Bild 12.2 heißt das nichts anderes, als dass der obere, an und für sich schnellere Loop bei jeder Ausführung auf den unteren langsameren Loop warten muss und beide somit mit einem Timing von 300 ms arbeiten. In diesem konkreten Fall könnte dann auch auf das 100-ms-Timing des oberen Loops verzichtet werden, da er durch das Timing des langsameren Loops und der Occurrence definiert ausgeführt wird.

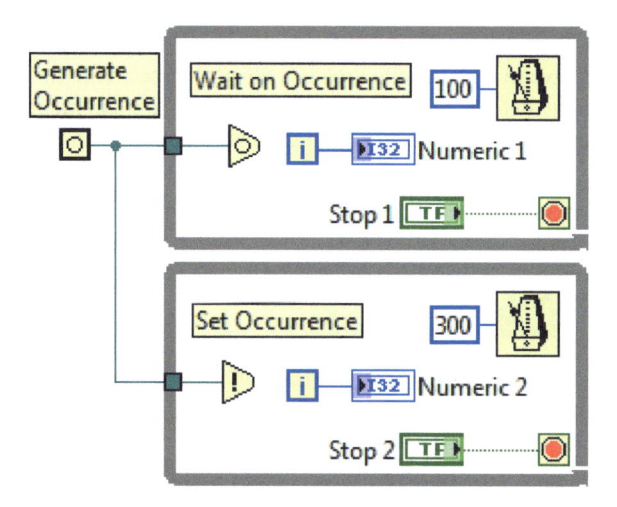

Bild 12.2 Occurrence für parallele While-Loops

Es können für eine Occurrence sowohl mehrere *Set Occurrence* als auch mehrere *Wait on Occurrence* eingesetzt werden. Der Einsatz mehrerer unabhängiger Occurrences ist ebenfalls möglich.

> Eine *Occurrence* synchronisiert parallele Loops, indem sie den schnelleren Prozess dem langsameren anpasst.

12.1.2 Semaphore

Das Prinzip der *Semaphore* (Palette *Synchronization* → *Semaphore*) beruht auf dem *Token-Bucket-Prinzip* und verhindert den gleichzeitigen Zugriff auf gemeinsam genutzte Datensätze. Man kann sich das als ein Korb mit Tickets vorstellen. Jeder Prozess, der auf einen bestimmten Datensatz zugreifen will, benötigt ein Ticket. Ist keines mehr im Korb, muss er warten, bis wieder eines durch einen anderen Prozess hinterlegt wurde. Als Standard befindet sich nur ein einziges Ticket im Korb. Dies lässt sich bei der Erstellung der Semaphore bei Bedarf anpassen.

Am Beispiel einer Messapplikation lässt sich das wie in Bild 12.3 veranschaulichen. Während der *Acquisition Loop* die Messdaten einholt (Ticket gezogen), kann kein Schreibvorgang erfolgen. Erst wenn alle Daten gesammelt sind und komplett vorliegen, wird das Ticket wieder zurückgegeben und der *Logging Loop* darf das Ticket für sich beanspruchen und den Datensatz schreiben. Umgekehrt kann der *Acquisition Loop* keine neuen Daten zur Verfügung stellen, solange noch gespeichert wird usw.

Die Referenz der Semaphore muss bei Beendigung wieder gelöscht werden. Hier ist darauf zu achten, dass dies erst dann geschieht, wenn wirklich alle Prozesse abgeschlossen sind. Ansonsten kann es zu Zugriffen auf Semaphor-Referenzen kommen, welche dann gar nicht mehr existieren. Mit der Sequenzierung mittels Error-Wire lässt sich dies meist unkompliziert bewerkstelligen.

An Semaphore können beliebig viele Teilnehmer beteiligt sein und auch mehrere Tickets bereitgestellt werden.

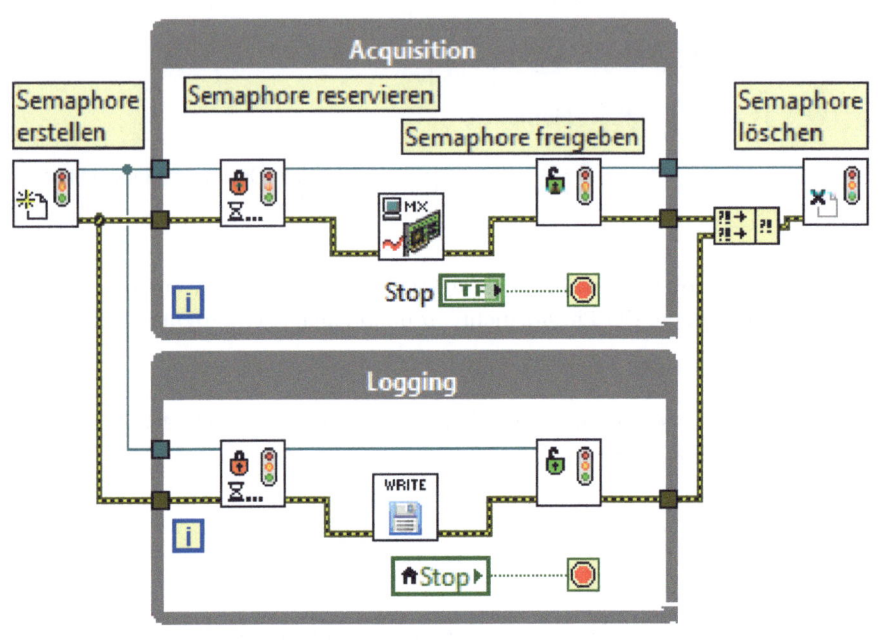

Bild 12.3 Semaphore für parallele While-Loops

Semaphore eignen sich, um gleichzeitigen Zugriff verschiedener Prozesse auf den gleichen Datensatz zu verhindern.

12.1.3 Rendezvous

Das *Rendezvous* stellt eine echte Synchronisierung von Prozessen dar. Die Ausführung innerhalb eines Prozesses kann an einem beliebigen Punkt gestoppt werden und wird erst zu dem Zeitpunkt weitergeführt, wenn ein anderer Prozess ebenfalls einen definierten Ausführungsschritt erreicht hat. Dies kann dann nützlich sein, wenn nicht vorhersehbare Verzögerungen in gewissen Programmteilen auftreten können (etwa Messungen, die mehrmals wiederholt werden müssen, Schreibvorgang etc.), man aber die anderen Programmteile nicht ohne die Daten dieses verzögerten Vorgangs fortführen möchte.

Der in Bild 12.4 gezeigte beispielhafte Codeabschnitt ist wie folgt zu interpretieren: Sowohl die Messung als auch die Vorbereitung zum Schreiben der Daten müssen abgeschlossen sein, bevor die Speicherung vollzogen wird.

Grundsätzlich können beliebig viele Teilnehmer mit derselben Rendezvous-Referenz verbunden werden. Dann muss bei der Erstellung definiert werden, wie viele Teilnehmer für die Freigabe der Programmfortführung benötigt werden.

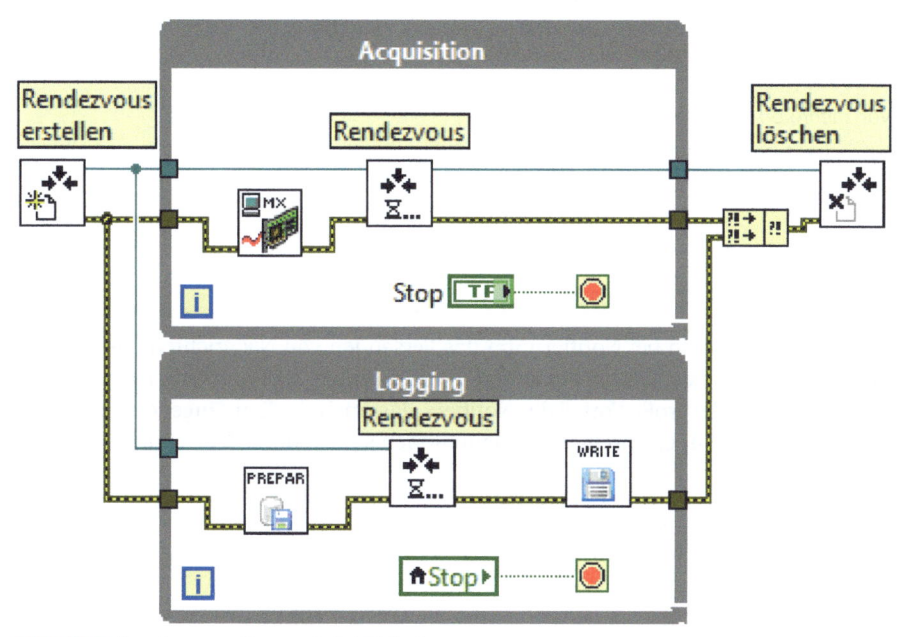

Bild 12.4 Rendezvous für parallele While-Loops

> Mit *Rendezvous* kann der Ausführungszeitpunkt an beliebig vielen Stellen innerhalb des Blockdiagramms synchronisiert werden.

■ 12.2 Synchronisation mit Datenaustausch

In vielen Fällen ist es hilfreich, wenn zwei oder mehr Prozesse miteinander kommunizieren können, also nicht ohne Informationen einfach parallel funktionieren und zu bestimmten Zeitpunkten synchron verlaufen, sondern im ständigen Austausch mit Informationen zueinander stehen.

Zu diesem Zweck bietet LabVIEW zwei Konzepte der Datenübertragung zwischen Prozessen an, sogenannte *Notifier* (Melder) und *Queues*. Beide haben zwar den gleichen Aufgabenbereich, unterscheiden sich aber grundsätzlich in ihren Fähigkeiten im Datenhandling. Beiden ist allerdings gemein, dass sie in der Lage sind, die Ausführung von Loops zeitweilig anzuhalten.

In Tabelle 12.1 sind die Unterschiede der beiden Übertragungsmöglichkeiten aufgelistet. Was dies im Detail bedeutet, wird in den nachfolgenden Abschnitten erläutert.

Tabelle 12.1 Unterschied zwischen Notifiern und Queues

	Notifier	Queue
Kann Prozess anhalten	Ja	Ja
Puffern von mehreren Datensätzen	Nein	Ja
Verteilung an mehrere Empfänger	Ja	Nein

12.2.1 Notifier

Grundsätzlich handelt es sich bei Notifiern um das Versenden von Nachrichten. Ein Prozess verschickt eine Nachricht oder Daten, ein anderer Prozess erhält die Daten und kann sie weiterverarbeiten. Dabei ist der große Vorteil des Notifiers, dass mehrere Empfänger die Nachricht lesen können, ohne sie zu überschreiben. Die Funktionen sind in der Palette *Synchronization* → *Notifier* zu finden.

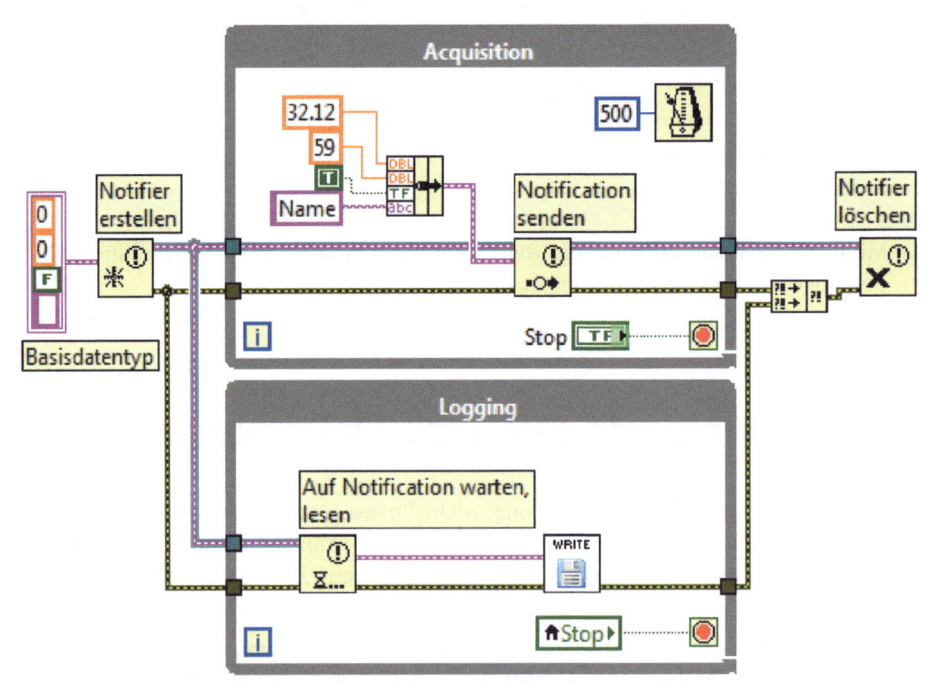

Bild 12.5 Muster einer Schleifensteuerung mit Notifier

12.2 Synchronisation mit Datenaustausch

Wie in der einfachen Anwendung in Bild 12.5 zu sehen ist, werden für eine Synchronisation mit Datenübergabe nicht mehr Funktionen benötigt, als wenn keine Daten übergeben werden. Der *Logging-Loop* wird nur dann durchgeführt, wenn eine *Notification*, also eine Nachricht vom oberen Loop gesendet wurde. Diese beinhaltet in unserem Fall ein statisches Cluster mit zwei DBL-Elementen sowie je einem Boolean und einem String. Unmittelbar nachdem die *Notification* gesendet wurde, wird sie unten ausgelesen und die Daten weiter an das *Write-VI* übergeben. Welcher Datentyp die Nachricht haben soll, muss immer bei der Erstellung eines Notifiers mittels Konstante definiert werden. Je nach Datentyp kann das Notifier-Wire eine andere Farbe annehmen. Ein Loop, der wie in Bild 12.5 mittels *Wait on Notifier Funktion* auf Nachrichten eines Senders wartet, benötigt kein eigenes Timing mehr, da die Wiederholungsrate der Ausführung alleine von der Häufigkeit der Nachrichten abhängt.

Die in Tabelle 12.2 aufgelisteten Funktionen werden mit Ausnahme der Funktion *Get Notifier Status* für jede Anwendung benötigt, in der eine Datenübertragung per Notifier stattfinden soll. Sie stellen quasi die Minimalpalette für die Verwendung von Notifiern dar.

Tabelle 12.2 Häufig gebrauchte Notifier-Funktionen

Symbol	Beschreibung
Obtain Notifier name (unnamed), element data type, create if not found? (T), error in (no error) → notifier out, created new?, error out	Eröffnet einen neuen Notifier mit dem Datentyp, der an *element data type* angeschlossen ist.
Send Notification notifier, notification, error in (no error) → notifier out, error out	Sendet eine Notification an alle Empfänger. Der Datentyp der Nachricht muss mit dem bei der Erstellung des Notifiers definierten Datentyp übereinstimmen. Die Nachricht bleibt so lange auf dem Notifier, bis eine neue gesendet wird.
Wait on Notification notifier, ignore previous (F), timeout in ms (-1), error in (no error) → notifier out, notification, timed out?, error out	Wartet auf eine neue Nachricht des Notifiers. Trifft eine Nachricht ein, wird die Nachricht am Ausgang notification ausgegeben. Kann mit einem *Timeout (ms)* abgebrochen werden, wobei der boolesche Ausgang *timed out?* aktiv wird.
Get Notifier Status notifier, error in (no error) → notifier name, notifier out, latest notification, # waiting, error out	Zum zeitlich unabhängigen Lesen einer Nachricht auf dem Notifier. Liest die letzte Nachricht sofort aus.

Tabelle 12.2 Häufig gebrauchte Notifier-Funktionen (Fortsetzung)

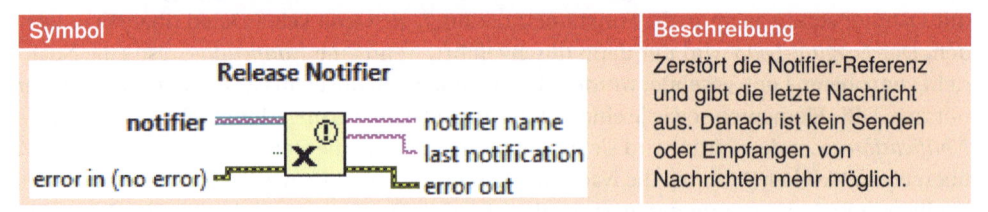

Symbol	Beschreibung
Release Notifier — notifier, error in (no error) → notifier name, last notification, error out	Zerstört die Notifier-Referenz und gibt die letzte Nachricht aus. Danach ist kein Senden oder Empfangen von Nachrichten mehr möglich.

Selbstverständlich sind Systeme mit mehreren Notifiern bzw. mehreren Sendern und Empfängern möglich, ja manchmal explizit nötig, um komplexere Funktionen und Applikationen zu realisieren. In Bild 12.6 ist als Beispiel eine einfache Applikation mit zwei Notifiern zu sehen. Der eine Notifier ist für die Übertragung von Messdaten (hier DBL als Dummy) zuständig, der andere überträgt die Abbruchbedingung für den unteren While Loop.

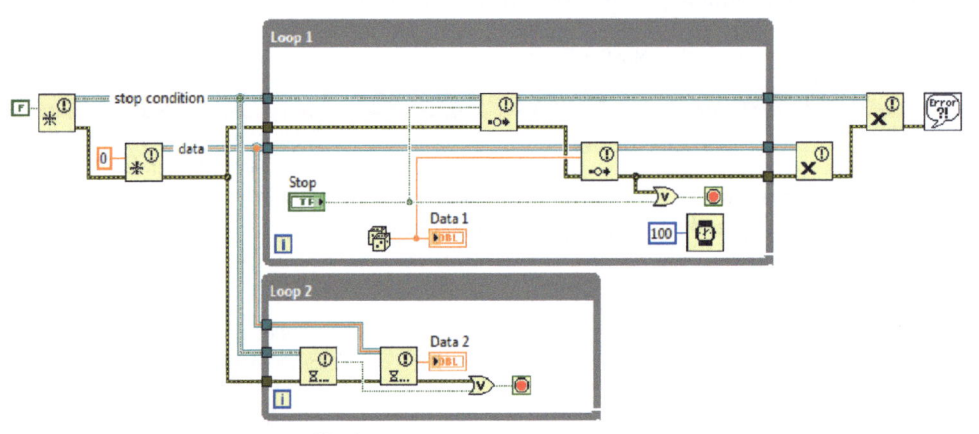

Bild 12.6 System mit mehreren Notifiern

> Ein *Notifier* kann mehrere Empfänger haben. Eine *Notification* ist nur solange lesbar, bis eine neue Nachricht die alte überschreibt.

Aufgabe 12.1: Datenübergabe mit Notifier

12.2.2 Queues

Queues funktionieren sehr ähnlich wie Notifier. Allerdings sind sie in der Lage, mehrere Nachrichten bzw. Werte zu puffern und stellen damit eine Art Zwischenspeicher dar. Anders als bei Notifiern werden alte Nachrichten nicht einfach überschrieben, sondern der schon bestehenden Reihe von Nachrichten angehängt. Der Empfänger entfernt die Nachrichten beim Lesevorgang aus der Queue. Daher ist es nicht möglich, eine Nachricht mit mehreren Empfängern zu lesen.

Der Ablauf (Bild 12.7) entspricht genau demjenigen bei der Verwendung von Notifiern: Als erstes wird eine Queue mit einem Basisdatentyp eröffnet, hier ein Cluster mit zwei DBL-Elementen, einem Boolean und einem String. Im *Acquisition Loop* werden periodisch Daten an die Queue übergeben (*enqueue*), welche vom entsprechenden Empfänger im *Logging Loop* umgehend ausgelesen (*dequeue*) und weiterverarbeitet werden.

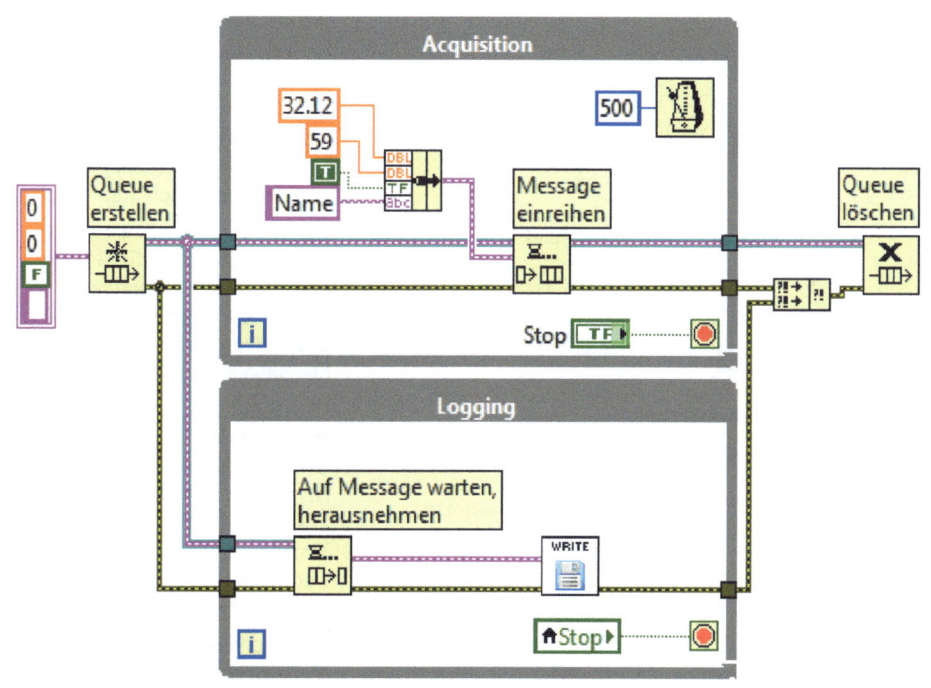

Bild 12.7 Muster einer Schleifensteuerung mit Queues

Es kann vorkommen, dass der Verarbeitungsprozess nach dem *dequeue* länger dauert und somit nicht jede Nachricht sofort nach Eingang aus der Queue entfernt werden kann. Würde dies bei der Operation mit Notifiern passieren, würde die alte Nachricht einfach von der neuen überschrieben, obwohl sie noch gar nicht verarbeitet wurde. Sprich: Es gehen Daten verloren. Die Queue hingegen erlaubt das Senden von mehreren Nachrichten, wobei bei der *dequeue*-Operation immer die älteste Nachricht ausgelesen wird. Somit arbeitet der Puffer nach dem FIFO-Prinzip (first-in-first-out).

Analog zu den Basis-Funktionen eines Notifiers, gehört auch bei der Queue ein Set an Funktionen zum Umfang, welcher in fast jeder Applikation mit Queues zum Einsatz kommt. In Tabelle 12.3 sind allerdings noch weitere, manchmal sehr nützliche Funktionen kurz beschrieben, z. B. zum Leeren einer Queue oder zum Senden einer Nachricht, die vor allen anderen gelesen werden muss.

Tabelle 12.3 Häufig gebrauchte Queue-Funktionen

Symbol	Beschreibung
Obtain Queue — max queue size (-1, unlimited), name (unnamed), element data type, create if not found? (T), error in (no error) → queue out, created new?, error out	Eröffnet eine neue Queue mit dem Datentyp, der an *element data type* angeschlossen ist. Die maximale Queue Size kann beschränkt werden.
Enqueue Element — queue, element, timeout in ms (-1), error in (no error) → queue out, timed out?, error out	Schiebt ein Element in die Queue, welches dem Empfänger sofort zur Verfügung steht. Sind bereits mehrere Elemente in der Queue, wird das Element hinten angehängt.
Enqueue Element At Opposite End — queue [0], element [1], timeout in ms (-1) [2], error in (no error) [3] → [4] queue out, [5] timed out?, [6] error out	Schiebt ein Element am entgegengesetzten Ende in die Queue. Wird bei mehreren Elementen als erstes wieder ausgelesen, kann als Priority Message angesehen werden.
Dequeue Element — queue, timeout in ms (-1), error in (no error) → queue out, element, timed out?, error out	Wartet auf eine neue Nachricht in der Queue. Trifft eine Nachricht ein, wird die Nachricht am Ausgang *element* ausgegeben. Kann mit einem Timeout (ms) abgebrochen werden, wobei der boolesche Ausgang *timed out?* aktiv wird.
Preview Queue Element — queue [0], timeout in ms (-1) [1], error in (no error) [2] → [3] queue out, [4] element, [5] timed out?, [6] error out	Kann verwendet werden, um das nächste Element einer Queue auszugeben, ohne es aus der Queue zu entfernen.
Flush Queue — queue, error in (no error) → queue out, remaining elements, error out	Entnimmt alle verbliebenen Elemente aus der Queue.
Release Queue — queue, error in (no error) → queue name, remaining elements, error out	Zerstört die Queue-Referenz und gibt die verbliebenen Nachrichten aus. Danach ist kein Senden oder Empfangen von Nachrichten mehr möglich.

Werden mehr als nur ein Sender und ein Empfänger eingesetzt, werden normalerweise auch mehrere Queues eingesetzt. Ebenfalls mehrere Queues werden bei unterschiedlichen zu übertragenden Signalen verwendet, wie in Bild 12.8 ersichtlich ist. Zwar könnte der Boolean mit dem DBL in einem Cluster zusammengefasst und damit in einer einzigen Queue zusammen verschickt werden, jedoch macht es systematisch keinen Sinn, Messdaten (oder generierte Daten) zusammen mit systemischen Daten, welche den Programmablauf steuern, in eine Einheit zu packen.

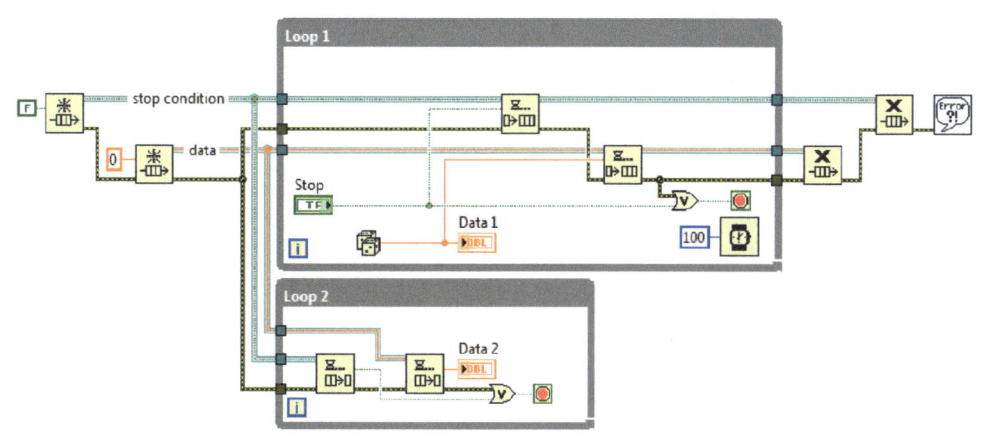

Bild 12.8 System mit mehreren Queues

> Eine *Queue* kann Nachrichten puffern. Wenn eine Nachricht von einem Empfänger zum Lesen aus der Queue entfernt wurde, steht sie nicht mehr für andere zur Verfügung.

Aufgabe 12.2: Datenübergabe mit Queue

12.3 Übungsaufgaben

Aufgabe 12.1: Datenübergabe mit Notifier

Sie simulieren eine Messung von zwei virtuellen Messkanälen und zeigen die Messwerte kontinuierlich in einem Diagramm an. Das Besondere daran ist, dass Sie zwei unabhängig voneinander laufende Schleifen benutzen: eine für die Generierung der Daten und eine für die Anzeige auf dem User Interface. Der Austausch der Daten zwischen den beiden Loops realisieren Sie mit Notifiern.

Erstellen Sie eine Zufallszahl und eine Zufallszahl + Offset (z. B. +1) und übergeben Sie diese beiden Werte in der Mess-Schleife als Cluster einem Notifier mit dem entsprechenden Basisdatentyp. In der Anzeigeschleife entnehmen Sie die Daten dem Notifier und zeigen diese auf einem Waveform Chart an.

a) Öffnen Sie das VI *Datenübergabe mit Notifier Vorlage.vi* und platzieren Sie die Notifier-Elemente. Verwenden Sie als Basisdatentyp eine Konstante des erstellten Clusters, das ihre beiden virtuellen Messwerte beinhaltet.

b) Verwenden Sie für das Auslesen des Notifiers das VI *Wait On Notification*, um den Display Loop nur dann auszuführen, wenn der Notifier eine neue Meldung beinhaltet.

c) Lassen Sie das Programm laufen und beobachten Sie das Verhalten des Diagramms. Was passiert, wenn Sie den *Stop*-Button betätigen und warum tritt dieses Verhalten auf? Wie können Sie das beheben?

d) Anstatt *Wait On Notification* verwenden Sie nun *Get Notifier Status*, um die Meldung auszulesen. Wie verhält sich nun das Diagramm und was ist der Unterschied zum voherigen Verhalten?

e) Integrieren Sie im Acquisition Loop ein Textfeld auf dem User Interface, mit welchem Sie die Beschriftung der y-Achse zur Laufzeit ändern können (Property Node). Ihr Cluster, das Sie dem Notifier übergeben, umfasst nun ein DBL-Array mit 2 Elementen sowie ein String-Element.

Aufgabe 12.2: Datenübergabe mit Queue

Verwenden Sie ihre Lösung aus Aufgabe 12.1 als Start zu dieser Übung. Sie haben schon virtuelle Messdaten erzeugt und möchten diese jetzt anstatt mit einem Notifier mit einer Queue übertragen.

a) Ersetzen Sie die Notifier-Elemente durch die entsprechenden Queue-VIs und überprüfen Sie die korrekte Funktionsweise des Programms.

b) Platzieren Sie ein numerisches Anzeigeelement im Display Loop und verbinden Sie es mit dem *Number of Elements waiting*-Output des VIs *Get Queue Status*. Die Zahl zeigt Ihnen an, wie viele Elemente darauf warten, aus der Queue entfernt zu werden. Platzieren Sie ein Timing innerhalb des Display Loops und lassen Sie diesen zuerst schneller laufen, als den Acquisition Loop. Es wird sich nichts verändern, und die Anzahl der Elemente in der Queue wird 0 bleiben (ein Element, das im Acquisition Loop hineingeschoben wird, wird sofort wieder durch den Display Loop entfernt). Erhöhen Sie nun die Wartezeit im Display Loop auf ca. das Doppelte des Acquisition Loops und beobachten Sie den Element-Zähler. Was kann passieren, wenn die Queue sehr lang wird, warum ist das zu vermeiden und was kann man dagegen tun?

c) Die *Stop*-Funktion für beide Schleifen ist aktuell mit einem Eigenschaftsknoten gelöst. Erstellen Sie eine weitere Queue mit dem Basisdatentyp Boolean und senden Sie die Eingabe des *Stop*-Buttons über diese Queue zum Acquisition Loop, wo der Wert ausgelesen und ebenfalls zur Beendigung des Loops verwendet wird. Welchen Unterschied sehen Sie zwischen den beiden Queues in ihrem System?

d) Sie werden anhand des Element-Zählers erkennen, dass das Programm nicht sofort beendet wird, wenn Sie den *Stop*-Button betätigen, sondern erst alle Elemente aus der Queue ausgelesen werden, bevor sich der Display Loop ebenfalls beendet. Warum ist das so? Nehmen Sie an ihrer *Stop*-Queue eine einzige kleine Änderung vor, um das Problem zu beheben.

13 Entwurfsmuster (Design Patterns)

Nahezu jede umfangreichere Applikation in LabVIEW wird auf der Basis eines bestimmten Entwurfsmusters oder der Kombination mehrerer solcher sogenannter Frameworks erstellt. Je nach Anwendung eignet sich das eine oder andere besonders. In diesem Kapitel werden zwei gebräuchliche *Design Patterns* behandelt: die *State Machine* und der *Queued Message Handler*.

■ 13.1 State Machine

Als *State Machine* (Zustandsautomat) wird eine Programmstruktur bezeichnet, welche verschiedene statische Zustände einnehmen kann. Jeder Zustand bearbeitet einen spezifischen Teil der Applikation. Übergänge in andere Zustände können automatisch nach abgearbeitetem Programmcode erfolgen oder im Zuge von Events, z. B. durch Benutzereingaben.

Jede endliche State Machine kann in einem Zustandsdiagramm abgebildet werden, wo sowohl die *States*, also die ausgeführten Prozesse innerhalb eines Zustands, als auch die Ursachen für die Zustandsänderung *(Transitions)* dargestellt sind.

Zur Veranschaulichung, wie eine State Machine aufgebaut sein kann, ist in Bild 13.1 ein beschreibendes Zustandsdiagramm für eine Kaffeemaschine abgebildet. Aus den Zuständen und den Bedingungen für die Transitions kann man auf einfache Art und Weise die grobe Funktion herauslesen.

Die State Machine als Programmstruktur wird auch in anderen Programmiersprachen gerne benutzt und lässt sich mit wenigen Handgriffen in LabVIEW selbst bauen. Hierzu ist lediglich eine Case-Struktur für die States, sowie ein While-Loop als repetierende Komponente notwendig.

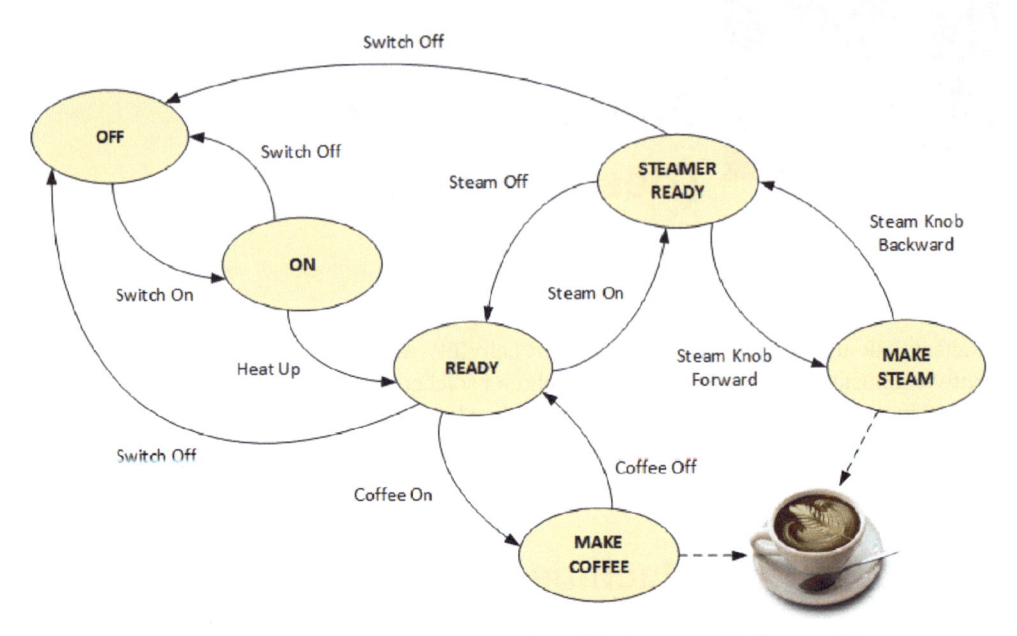

Bild 13.1 Zustandsdiagramm für die exemplarische State Machine einer Kaffeemaschine

Für jeden Zustand und den darin zu verarbeitenden Code wird ein eigener Case erstellt. Durch den While-Loop ist es möglich, nach Bearbeitung eines States einen nächsten Zustand zu definieren und diesen mittels Schieberegister an die nächste Iteration des While-Loops zu übergeben. Bild 13.2 zeigt die Grundstruktur einer einfachen State Machine in LabVIEW mit einem Enum als Selektor.

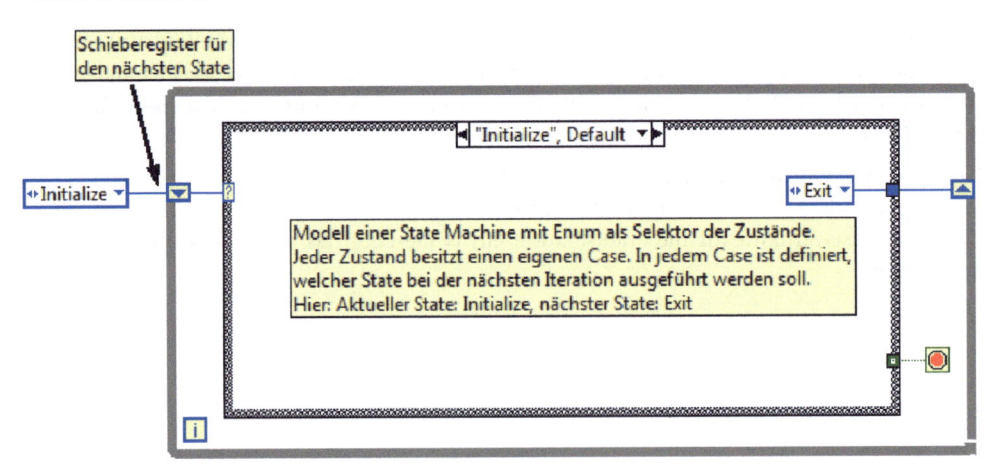

Bild 13.2 Basisstruktur einer State Machine mit Enum

Wie bereits in Kapitel 7 beschrieben, kann anstatt eines Enums für die Definition der Case-Struktur bzw. der States auch ein String verwendet werden. Sowohl Enum als auch String bringen gewisse Vor- und Nachteile mit sich, auf welche in der Folge eingegangen wird.

13.1.1 State Machine mit Enum

Wird ein Enum zum Betrieb einer State Machine benutzt, bedeutet jedes Element des Enums ein State bzw. einen Case. Dabei sollte der Enum zwingend immer als Typdefinition gespeichert werden. Die State-Konstante wird man innerhalb des Blockdiagramms meist mehrfach benötigen. Wenn jede Änderung des Enums einzeln in allen platzierten Instanzen nachgetragen werden muss, werden zwangsweise Fehler entstehen. Einmal als Typdefinition ausgeführt, werden Änderungen des Enums immer auf alle Instanzen kopiert.

Im Gegensatz zu einer Case-Struktur, die von einem String selektiert wird, hat man beim Enum die Möglichkeit, bei Rechtsklick auf den Case-Rahmen die Option *Add Case for every value* zu wählen. Damit ist sichergestellt, dass kein State vergessen geht oder unbearbeitet bleibt. Es kann zu keinen ungültigen Zuständen kommen.

Das Schieberegister zur Bestimmung des States muss natürlich vor Beginn der Ausführung definiert sein, um den ersten State bestimmen zu können. Andere Schieberegister dürfen im Gegensatz zu den meisten anderen Situationen, in denen Schieberegister zum Einsatz kommen, zu Beginn der Ausführung uninitialisiert bleiben. Dies jedoch nur, wenn sie vor der ersten Benutzung initialisiert werden (Task-Wire, Error-Wire).

In Bild 13.3 ist ein Ablauf mittels State Machine mit drei States abgebildet.

Initialize: Dieser State wird als erstes aufgerufen, da das State-Schieberegister mit dem Enum-Wert *Initialize* initialisiert wird. In diesem Beispiel werden hier die Hardware und der Bezug der Messung definiert. Als nächster State wird der Wert *Measure* in das Schieberegister für die nächste Ausführung des Loops geschoben.

Measure: Hier findet die Messung statt. Da *Task-* und *Error-Wire* im State Initialize initialisiert wurden, können sie jetzt normal verwendet werden. Solange kein Fehler beim Lesevorgang auftritt oder der Button *User Stop* betätigt wird, wird auch für den nächsten Durchlauf der State *Measure* ins Schieberegister geschrieben. Dies hat zur Folge, dass dieser State sich quasi immer wieder selbst aufruft. Nur wenn ein Fehler auftritt, oder der Benutzer *User Stop* betätigt, wird der Enum-Wert *Exit* in das Schieberegister für die nächste Ausführung des Loops geschrieben.

Exit: Wird dieser State aufgerufen, wird die Hardware-Ressource geschlossen und mittels Konstante auch der While-Loop bzw. damit die gesamte State Machine beendet. Der nächste State ist unwichtig, da es keine weitere Ausführung mehr geben wird.

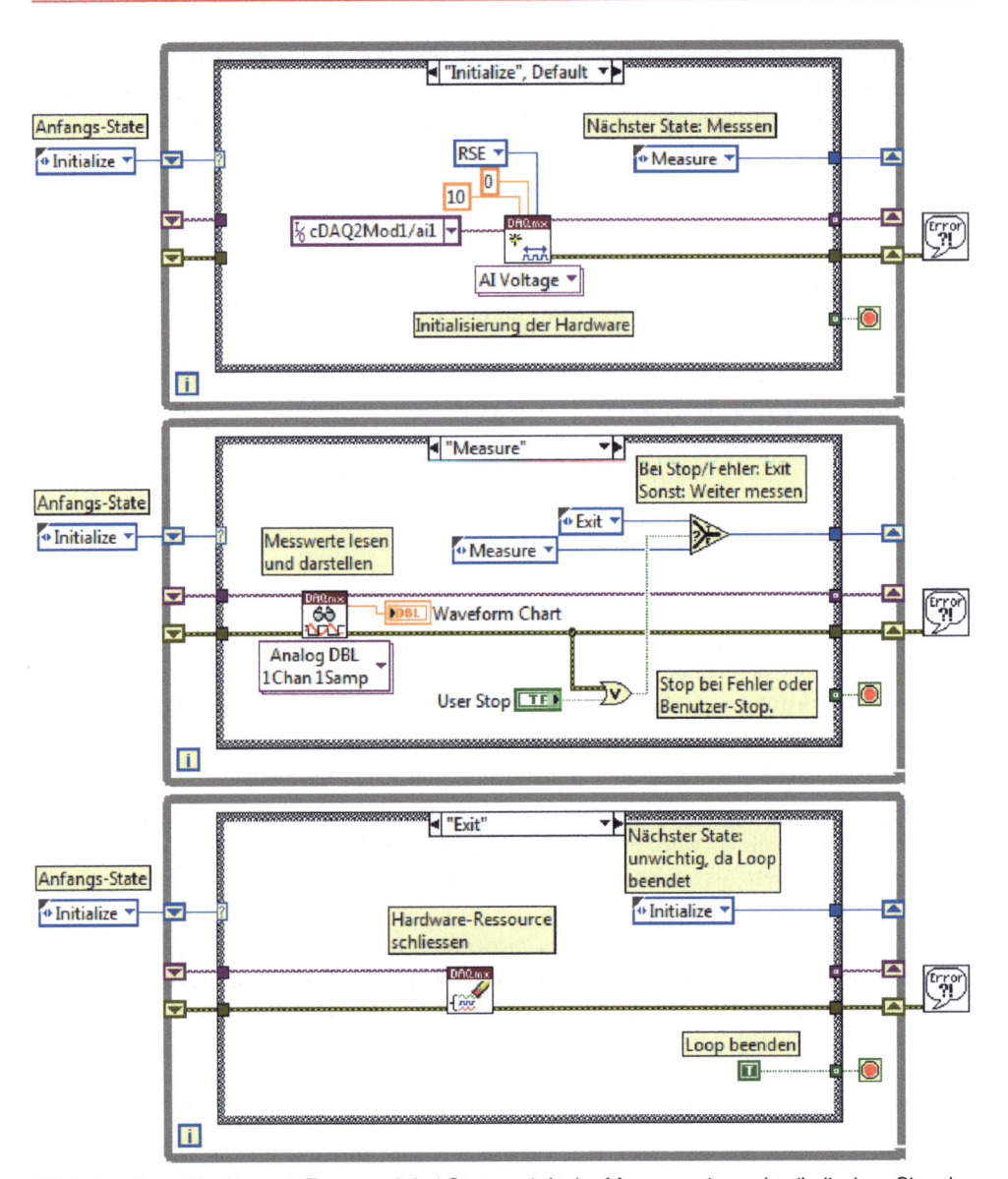

Bild 13.3 State Machine mit Enum und drei States, einfache Messung eines physikalischen Signals

In Bild 13.4 ist die Funktion von Bild 13.3 in einem State-Diagramm dargestellt.

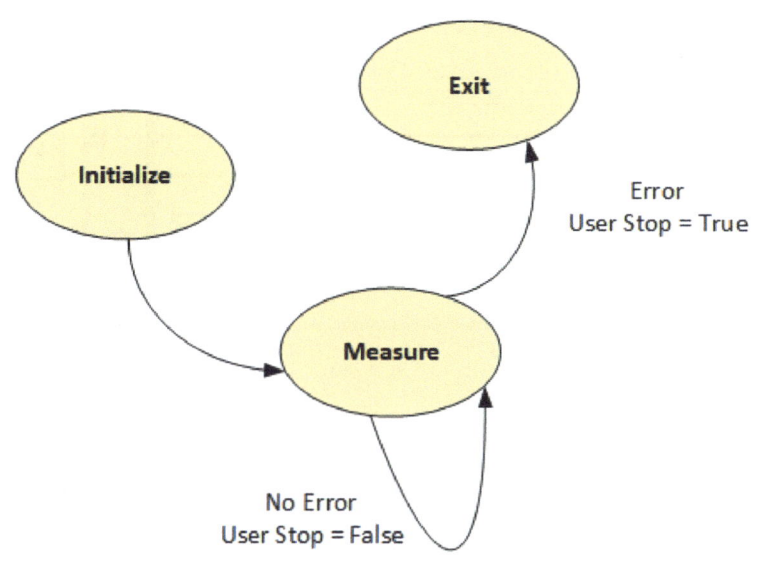

Bild 13.4 State Diagramm des vorherigen Beispiels

Es kann bequem sein, für verschiedene Tunnel am Ausgang des Cases die Option *Use Default if unwired* zu wählen (Bild 13.3: Abbruchbedingung, Task-Wire). Für die Abbruchbedingung ist das durchaus akzeptabel, da der Standardwert FALSE ist und somit der Loop nicht abgebrochen wird, sollte man den Anschluss einmal unabsichtlich offen lassen. Hingegen darf der Tunnel des State-bestimmenden Elements (Enum) nie auf *Use Default if unwired* gesetzt werden, da dies bei vergessenem Anschluss zur Folge hat, dass der nächste Durchlauf wieder mit dem Standardwert (der erste Wert des Enums) fortgesetzt ist, was in den allerwenigsten Fällen gewollt ist. Deshalb ist die Definition des nächsten States auch beim letzten State vor Beendigung der State Machine sinnvoll.

13.1.2 State Machine mit String

Anstatt die States einer State Machine mit einem typdefinierten Enum zu definieren, kann dafür auch ein String verwendet werden. Im Gegensatz zur Enum-Variante ergibt sich dadurch eine etwas höhere Flexibilität, was die Erweiterung und Anpassung der Programmstruktur betrifft (Bild 13.5).

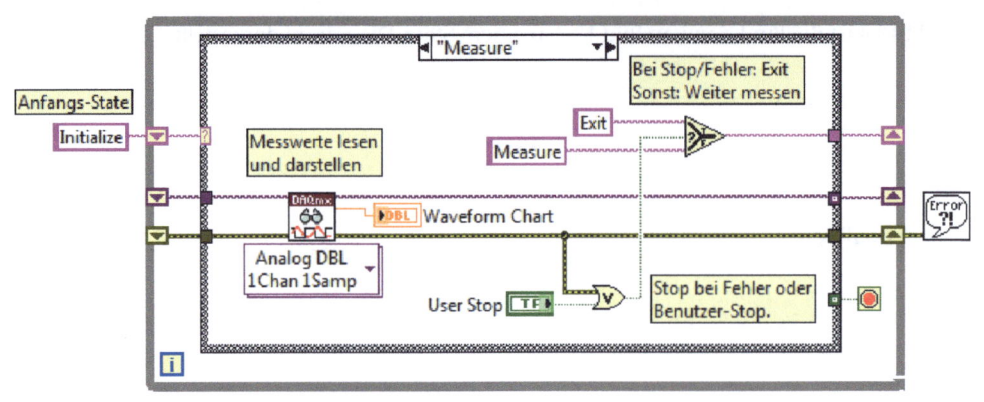

Bild 13.5 State Machine mit String als Selektor

Allerdings bringt die String-Variante einen gewichtigen Nachteil mit sich. Da eine Case-Struktur nicht kontrollieren kann, ob in der Schreibweise der Strings etwaige Fehler vorliegen, kann es in solchen Fällen zu unerwartetem Verhalten (Standard-Case wird ausgeführt anstatt der eigentlich gewollte Case) kommen. Wird also im Beispiel von Bild 13.5 statt des Strings *Measure* aus Versehen *Measur* geschrieben, wird bei der nächsten Ausführung anstatt des richtigen *Measure-Cases* der als Standard definierte Case aufgerufen.

Dieses Fehlverhalten kann mit der Erstellung eines Cases, welcher ausschließlich den Standard-Case bearbeitet, abgefangen und zurückgemeldet werden. Dies bedeutet allerdings einen zusätzlichen Aufwand für den Entwickler.

> 1) *State Machines* sind mit Enums und Strings realisierbar.
> 2) Der Ausgang aus der Case-Struktur für die Wahl des Cases darf nicht auf *use default if unwired* gesetzt sein.

Aufgabe 13.1: State Machine mit DAQ (Hardware benötigt)

■ 13.2 Queued Message Handler

Eine Erweiterung der State Machine stellt der sogenannte *Queued Message Handler* (QMH) dar. Er wird meist mit zwei oder mehr parallelen While-Loops ausgeführt und eignet sich sehr gut, um Benutzerinteraktionen eventgesteuert abzufangen und unnötiges Polling, also eine periodisch wiederholte Ausführung zu vermeiden. Zusätzlich zur reinen State Machine besteht der Queued Message Handler aus einem zusätzlichen Loop mit einer Eventstruktur, welche die Reaktion auf Events, z. B. vom Benutzer betätigte Frontpanel-Elemente, erlaubt.

In der Regel ist der Event-verarbeitende Teil im obersten While-Loop untergebracht und sendet mittels Queue (damit keine Nachricht verloren geht) von Events ausgelöste Nachrichten an die untergeordneten Loops, welche entsprechend auf die Nachrichten reagieren. In Bild 13.6

ist anhand eines simplen Beispiels die Funktionsweise eines QMH zu erkennen. Eine Queue leitet Nachrichten von einer Eventstruktur (oberer Loop) zur eigentlichen State Machine (unterer Loop), wobei die übermittelten Nachrichten jeweils die aufzurufenden States darstellen. Wird also, wie abgebildet, die Taste *Start* gedrückt, wird die Nachricht *Acquire* in die Queue geschrieben. Der untere Loop entnimmt die Nachricht aus der Queue und benutzt sie für den *Selector-Input* der Case-Struktur. Danach schreibt der *Acquire-State* wieder Acquire in die Queue, was bei der nächsten Schleifeniteration zur Folge hat, dass wieder die Nachricht Acquire ausgelesen und wieder der Acquire-State ausgeführt wird usw. Dies kann jederzeit durch den Benutzer z. B. durch eine *Stop-Taste* (nicht abgebildet, da in einem anderen Eventrahmen) unterbrochen werden.

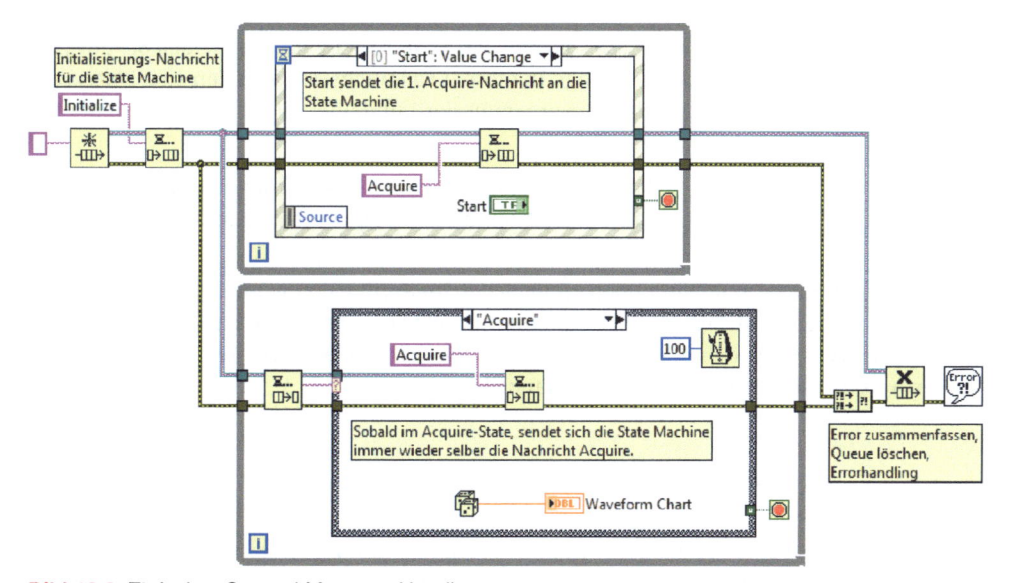

Bild 13.6 Einfacher Queued Message Handler

Der Queued Message Handler ist also nichts anderes als eine erweiterte State Machine mit zusätzlichen Möglichkeiten zur Eventverarbeitung. In der Praxis wird dieses Design Pattern sehr häufig für einfache bis mittlere Anwendungen verwendet. Dieses Beispiel ist als Demo im Softwarepaket zu Kapitel 13 abgelegt.

Aufgabe 13.2: Flugpreis-Rechner

13.3 Übungsaufgaben

Aufgabe 13.1: State Machine mit DAQ (Hardware benötigt)

Eine Messung soll mittels Zustandsautomat durchgeführt werden. Hierzu verwenden Sie ihre cDAQ oder USB-Hardware und einen beliebigen analogen Eingang. Die Vorlage *A0401 State*

Machine mit DAQ Vorlage.lvprj ist ein LabView-Projekt mit vorbereitetem Main-VI sowie einem leeren virtuellen Ordner.

a) Definieren Sie einen Enum mit den 3 Elementen *Start*, *Acquire* und *Exit*, erstellen Sie daraus eine Typdefinition und speichern Sie diese ab. Innerhalb des Projekt Explorers schieben Sie die erstellte Typdefinition in den virtuellen Ordner *Controls*, um eine saubere Projektstruktur zu bewahren.

b) Verbinden Sie den Enum mit dem Selector-Anschluss der Case-Struktur und sorgen Sie dafür, dass *Start* als Default-Case definiert ist. Selbstverständlich müssen Sie den Enum mittels Schieberegister bei der nächsten Iteration des While-Loops wieder zur Verfügung haben.

c) Wechseln Sie nach dem *Start*-Case sofort in den *Acquire*-State und verbleiben Sie dort, bis der Benutzer den *Stop*-Button betätigt. In diesem Fall wechseln Sie in den *Exit*-State. Dieser beendet den DAQ-Task (schon ausprogrammiert) und übermittelt ein TRUE an die Abbruchbedingung des While-Loops.

Tipp: Sobald Sie einen Enum an den Selector-Anschluss einer Case-Struktur gelegt haben, können Sie mit *Add case for every value* Rahmen für alle im Enum enthaltenen Ausdrücke erzeugen.

Warum Typdefinition? Typdefinitionen ermöglichen Ihnen, den Enum nur an einem Ort (nämlich in der Typdefinition selbst) zu ändern und für alle aus diesem Typ erzeugten Enums zu übernehmen. Ohne Typdefinition müssten Sie die Elemente jedes einzelnen Enums gleich anpassen, was eine erhebliche Fehlerquelle darstellt.

Aufgabe 13.2: Flugpreis-Rechner

Sie programmieren eine Applikation, mit welcher ein Reisebüromitarbeiter die Distanzen zwischen zwei Städten bzw. Flughäfen berechnen kann und automatisch der dafür anfallende Flugpreis ermittelt wird. Die Distanz zwischen Abflugort und Zielflughafen wird aufgrund der Koordinaten der beiden Orte berechnet. Der Flugpreis richtet sich nach einer fixen Rate pro geflogenem Kilometer sowie den beiden Flughafentaxen der unterschiedlichen Flughäfen.

Die Liste der möglichen Zielflughäfen inklusive Koordinaten und Flughafentaxen kann durch den Benutzer verändert werden. Das Hinzufügen von neuen Flughäfen mit Koordinaten und Flughafentaxen ist ebenso möglich wie das Löschen von Destinationen. Die Bearbeitung soll nur nach Bedarf mittels Button eingeschaltet werden können und zu Beginn immer ausgeschaltet und ausgegraut sein.

Für diese Aufgabe ist die Vorlage *13.2 Flugpreis-Rechner* des Softwarepakets zu laden und an einem geeigneten Ort zu entpacken.

Voraussetzung

Das LabVIEW-Projekt, die Struktur mit SubVIs und Controls, ist bereits wie in Bild 13.8 gegeben. Das Frontpanel ist ebenfalls schon fertig ausgestaltet (Bild 13.7). Das Blockdiagramm ist bis auf die platzierten Controls und Indicators noch leer und wird nun Schritt für Schritt aufgebaut.

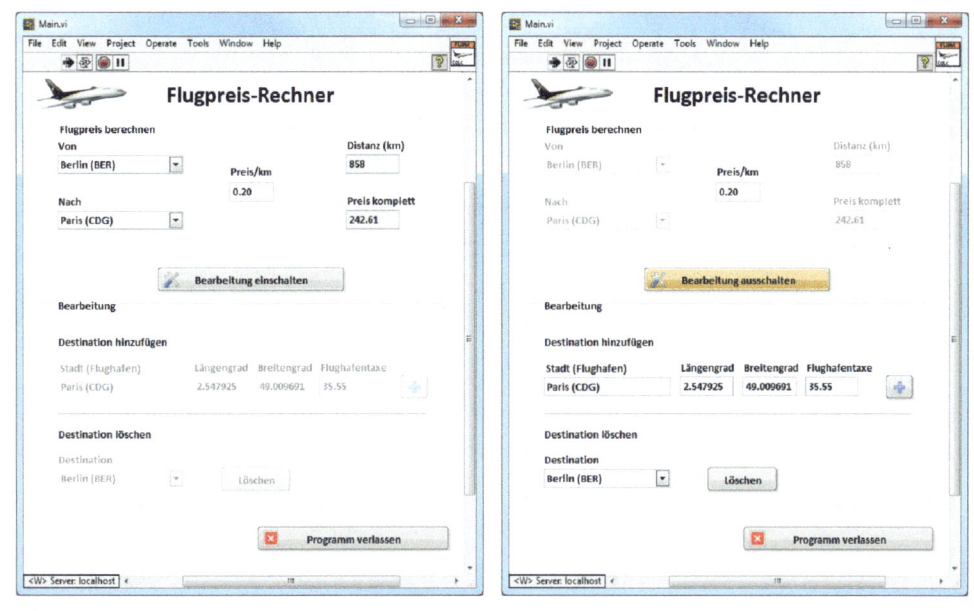

Bild 13.7 Applikation im Berechnungsmodus (links) und im Bearbeitungsmodus (rechts)

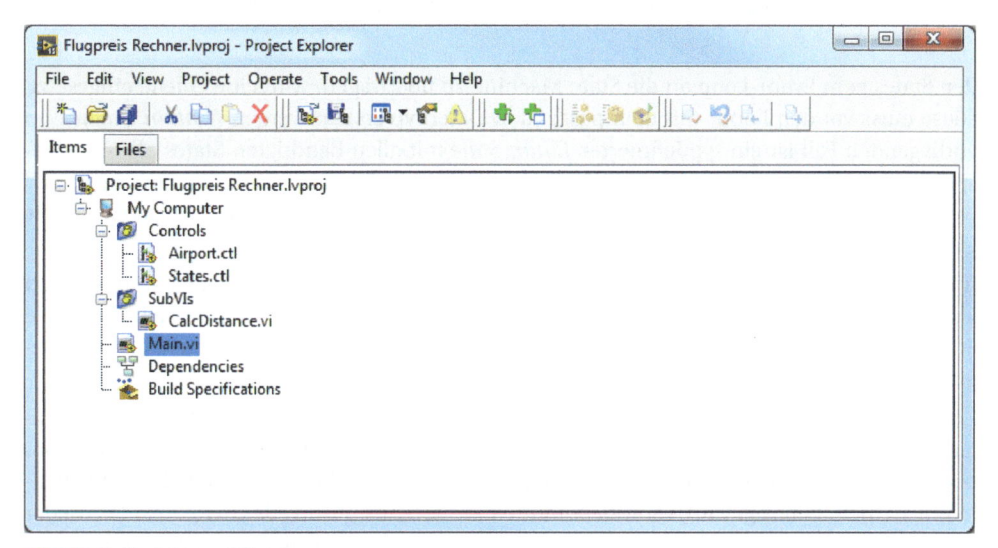

Bild 13.8 Projekt und Dateien

Architektur

Da es sich durch die Interaktion mit dem Benutzer um eine klassische, ereignisgesteuerte Architektur mit verschiedenen Aktionen und States handelt, bietet sich hierfür ein *Queued Message Handler* mit zwei Loops an. Der Event-Loop reagiert auf die Benutzereingaben und ruft die verschiedenen States bzw. die zu bearbeitenden Aktionen des unteren State-Loops aus.

Hierzu sind zuerst wie in Bild 13.9 zwei While-Loops zu generieren: ein kleinerer mit einer Eventstruktur und ein großer mit einer Case-Struktur als State Machine. Um die aufzurufen-

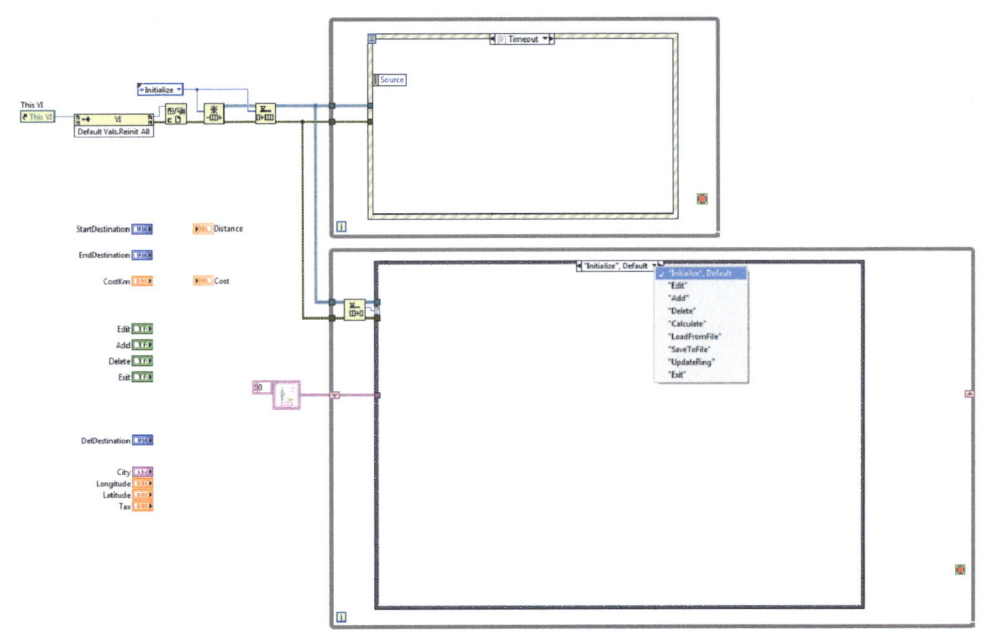

Bild 13.9 Zwei While-Loops mit Eventstruktur und als Statemachine, über Queue gelöst

den States vom Event-Loop an die State Machine zu übertragen, wird eine Queue eingesetzt. Diese muss vor den Loops mit dem passenden Datentyp erstellt werden *(Obtain Queue)*. Im vorliegenden Fall ist ein typdefinierter *Enum State* mit allen benötigten States als *.ctl* abgespeichert und kann aus dem Projekt Explorer per Drag & Drop ins Blockdiagramm gezogen werden. Zusätzlich zum Erstellen der Queue wird sofort eine erste Nachricht *Initialize* in die Queue geschoben *(Enqueue Element)*.

Im State-Loop werden alle Nachrichten aus der Queue gelesen *(Dequeue Element)* und direkt als *Case Selector* verwendet. Wenn *Add case for every value* gewählt wird, entsteht für jeden State im Enum wie abgebildet ein Case. Damit sind schon sämtliche benötigten States zu Beginn erstellt.

Zusätzlich wird ganz zu Beginn ein Invoke Node und die Referenz *This VI* platziert (beides Palette *Application Control*), die dafür sorgt, dass beim Start der Applikation die Werte aller Controls und Indicators auf ihren Standardwert gesetzt werden. Da die Referenz auf dieses VI nachher nicht mehr benötigt wird, kann sie unmittelbar nach Ausführung des Invoke Nodes wieder geschlossen werden *(Close Reference)*. Das Error-Wire wird von Beginn weg mitverdrahtet.

State Initialize

Als erstes wird ersichtlich, dass es nicht nur möglich ist, Nachrichten bzw. States aus dem Event-Loop heraus an den State-Loop zu schicken, sondern auch der State-Loop kann selbst seine nächsten States in die eigene Queue schreiben. Im aktuellen Initialize-State werden nacheinander die States Edit *LoadFromFile* und *UpdateRing* in die Queue geschrieben. Da die Queue einen Datenpuffer besitzt und beim Lesen jeweils nur das älteste Element aus der Queue entfernt wird, werden diese drei States in den nächsten drei Schleifendurchläufen nacheinander in dieser Reihenfolge ausgeführt (Bild 13.10).

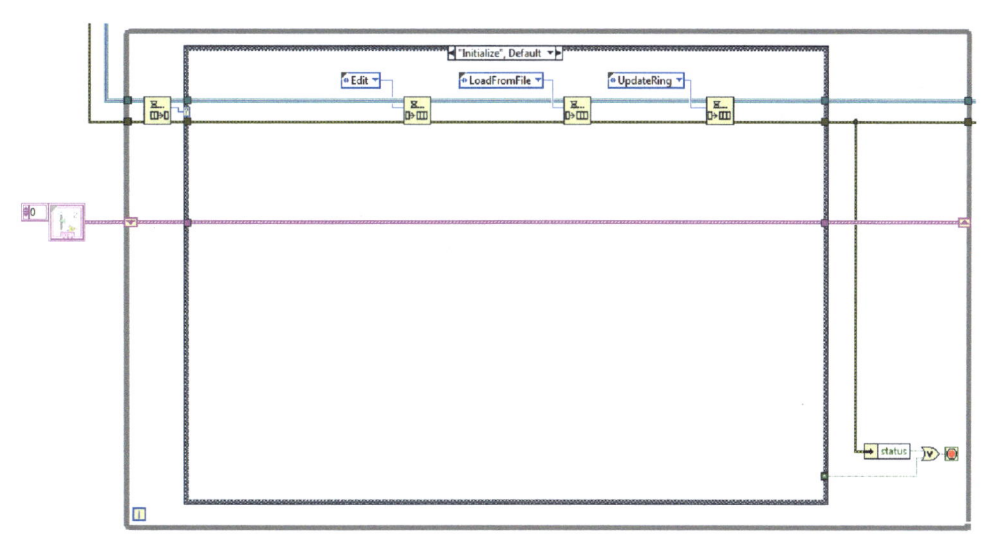

Bild 13.10 Initialisierungs-State

Für ein funktionierendes Error-Handling wird die Abbruchbedingung des State Loops (siehe State Exit) mit dem Status des Error-Wire OR-verknüpft. Der Loop wird also bei einem auftretenden Error automatisch abgebrochen.

Während der Ausführung der Applikation arbeitet der Benutzer mit einer Liste von Flughäfen mit zugehörigen Koordinaten und Flughafentaxen. Ein solches Cluster mit den benötigten vier Elementen ist schon vordefiniert und als *Airport.ctl* im Projekt abgelegt. Da diese Liste 1 – n Flughäfen enthalten kann, wird zum Programmstart ein Array dieses Clusters angelegt, nachfolgend Arbeitsarray genannt. Dieses Array beinhaltet zur Programmausführung immer die aktuelle Liste aller zur Auswahl befindlichen Städte/Flughäfen (Bild 13.11).

Mittels Symbol (oder aus dem Projekt Explorer) kann das Cluster ins Blockdiagramm gezogen und in eine Array Konstante (*Palette Array → Array Constant*) integriert werden. Mit einem Schieberegister versehen, kann das Array durch alle States hindurch verwendet werden.

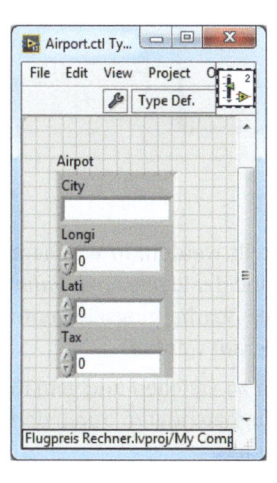

Bild 13.11 Airport-Cluster (Airport.ctl)

Event und State Edit

Als erstes wird für den Button Edit ein *Value Change Event* erstellt (Rechtsklick auf den *Rahmen der Eventstruktur* → *Add Event Case* und *Eventsource* sowie Event wählen). Der Button soll später dafür sorgen, dass zwischen der Benutzung des Flugpreisrechners und dem Bearbeitungsmodus für die Flughäfen umgeschaltet werden kann. Für diesen Zweck ist der Button auf *Switch when released* eingestellt, bleibt also in der gedrückten Position, bis er ein weiteres Mal betätigt wird.

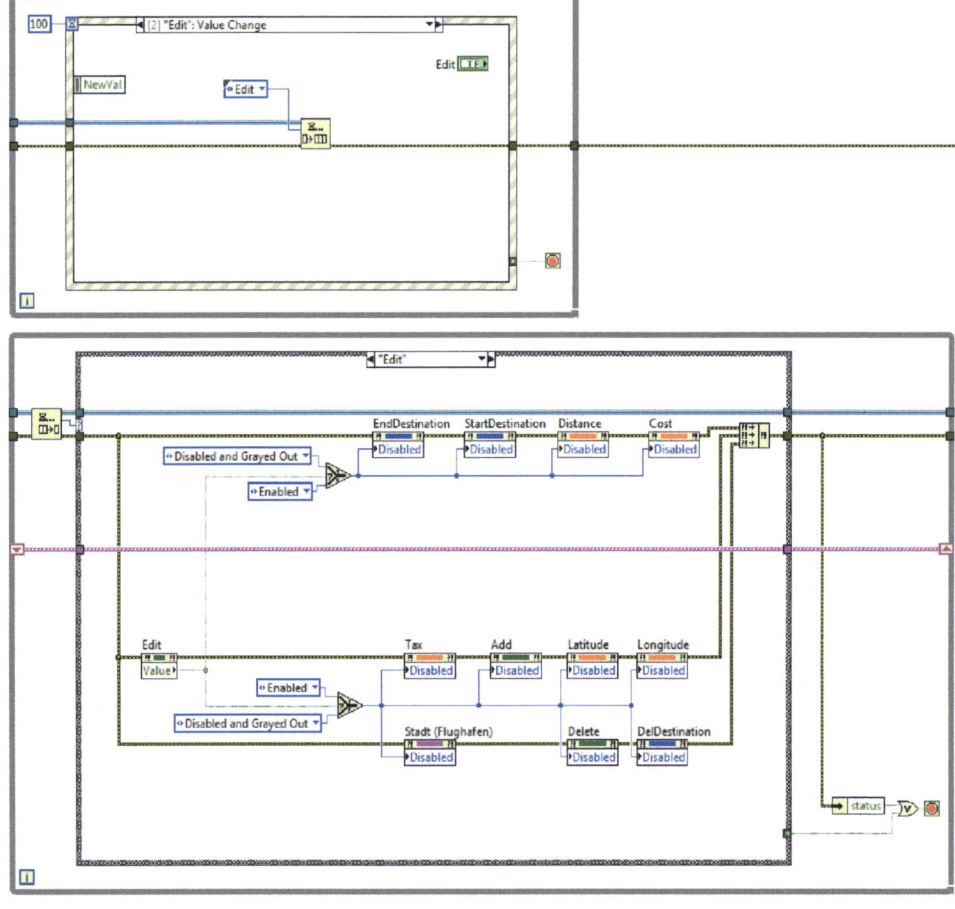

Bild 13.12 Edit-State

Wenn der Button durch den Benutzer gedrückt wird, muss festgestellt werden, in welchem Zustand er sich gerade befindet. Dies wird mit einem Property Node und der Eigenschaft *Value* realisiert. Je nachdem, ob der Wert TRUE oder FALSE ist, müssen alle Bearbeitungselemente (unten) oder die Berechnungselemente (oben) deaktiviert und ausgegraut werden.

Für jedes Element ist ein Property Node mit der Eigenschaft *Disabled* zu erstellen und gemäß Bild 13.12 zu verdrahten. Ebenfalls muss das Arbeitsarray mit den Flughafendaten durch den Case gezogen werden, da sich in diesem State nichts an den Daten ändert.

Im Initialize-State vorher wird der Edit-State aufgerufen, um den Enable-Status aller Elemente auf den Defaultwert zurückzusetzen und damit korrekt zu initialisieren.

State LoadFromFile

Nach der Initialisierung und Aktivierung der richtigen Controls und Indicators wird die Liste der Flughäfen mit ihren Koordinaten und Flughafentaxen geladen. Dieser Case überträgt die Daten in das vorher erstellte Arbeitsarray aus Airport-Clustern.

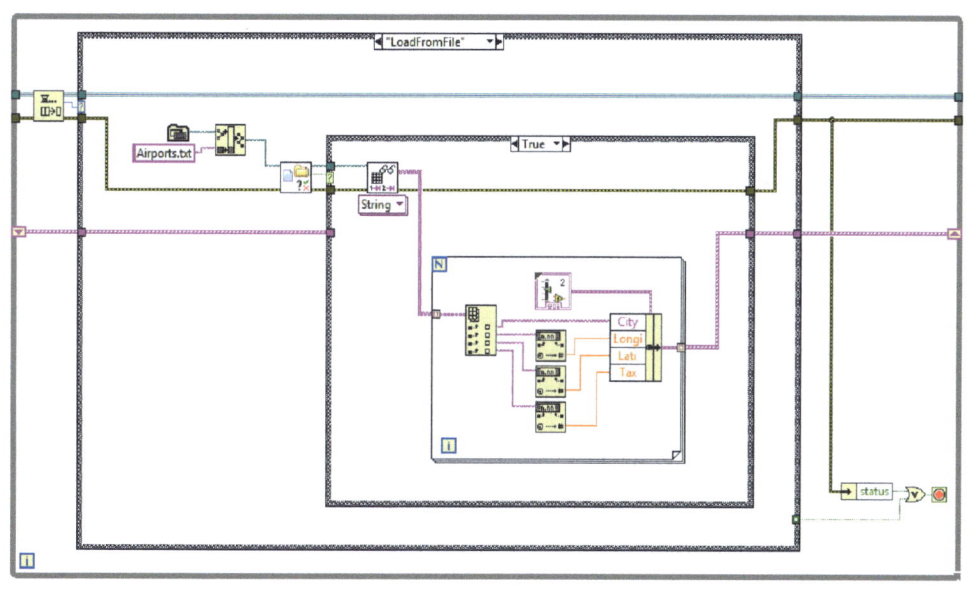

Bild 13.13 LoadFromFile-State

Zuerst wird der korrekte Dateipfad (Konstante *App Directory* und File *Airports.txt*) zusammengesetzt. Es folgt eine Prüfung, ob das angegebene File auch wirklich existiert (Palette *File I/O → Adv File Funcs → Check if File or Folder exists.vi*) und falls dies der Fall ist (True-Case), wird mit der polymorphen Funktion *Read delimited Spreadsheet* ein 2D-Array aus Strings aus dem angegebenen Dateipfad ausgelesen. Dieses Array wird mittels For-Loop und indexiertem Eingang zuerst in einzelne Zeilen aufgeteilt. Danach können mit *Index Array* die Werte an den Positionen 0 bis 3 ausgelesen werden. An erster Stelle befindet sich der Stadtname, welcher unverändert in das Airport-Cluster nach Name gebündelt werden kann. Die Koordinaten und Flughafentaxen müssen erst noch von String in DBL-Werte umgewandelt werden (Palette *String → Number/String Conversion → Fract/Exp String To Number*).

So werden sämtliche Zeilen der Datei und somit sämtliche Flughäfen mit ihren Werten aus einer Datei in das temporäre Array aus Airport-Clustern geladen. Mit diesem Array kann nun innerhalb der Applikation gearbeitet werden. In Bild 13.13 ist der ausprogrammierte State zu sehen.

Falls die Datei nicht existieren sollte (False-Case), wird wie in Bild 13.14 einfach eine solche erstellt und gleich wieder geschlossen. Das Array bleibt in diesem Fall leer, aber beim nächsten Speichern von neuen Flughäfen wird es keine Probleme aufgrund einer nicht vorhandenen Datei geben.

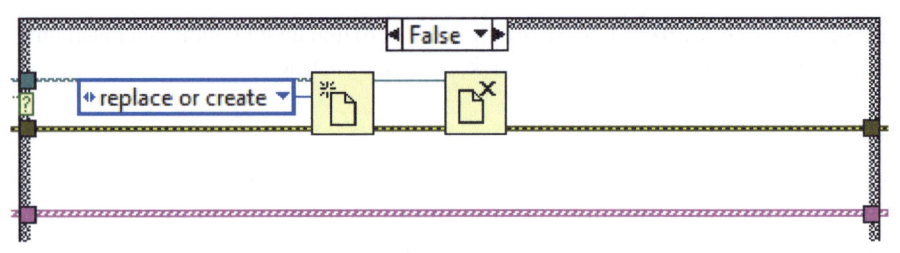

Bild 13.14 Datei Airports.txt existiert noch nicht

State UpdateRing

Die auf dem Frontpanel befindlichen Ring-Elemente *StartDestination*, *EndDestination* und *DelDestination* müssen selbstverständlich beim Start und nach jeder Bearbeitung die aktuell in der Liste befindlichen Städtenamen bzw. Flughäfen enthalten. Für diesen Fall wird ein Update-State benötigt, welcher nicht durch eine Benutzeraktion direkt aufgerufen wird, sondern automatisch nach einer Manipulation der Daten.

Hierzu werden die Städtenamen per For-Loop und *Unbundle by name* aus dem Arbeitsarray extrahiert und per Property Node (Eigenschaft: *Strings[]*) gemäß Bild 13.15 in die Ring-Elemente gefüllt. Danach sind die Dropdown-Menüs wieder aktuell. Aus dem *UpdateRing-State* muss kein weiterer State automatisiert aufgerufen werden.

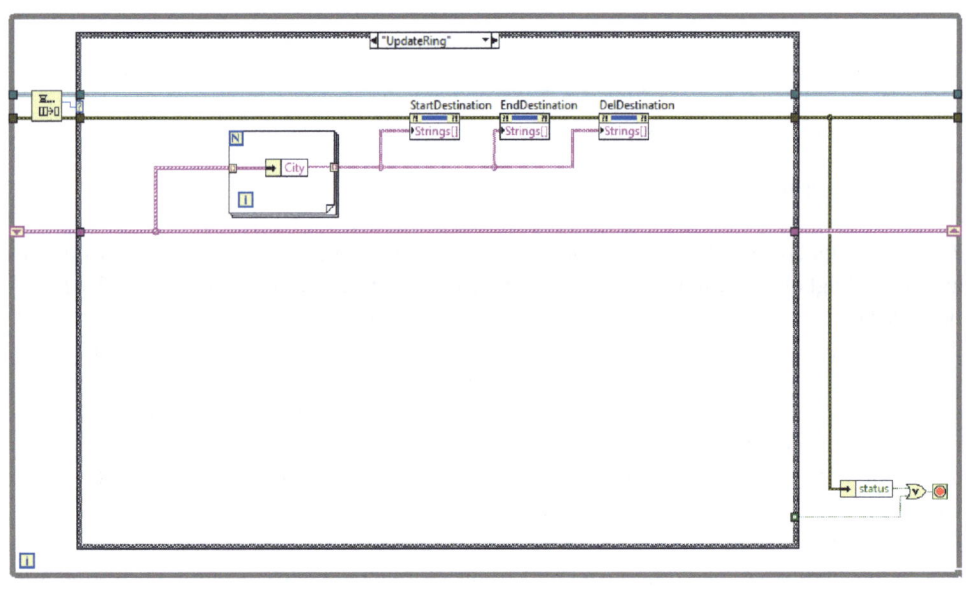

Bild 13.15 State UpdateRing

State SaveToFile

Nach einer Änderung des Benutzers im Editiermodus (Hinzufügen oder Löschen von Städten/Flughäfen), muss die Liste abgespeichert werden. Beim Neustart der Applikation soll schließlich immer der aktuellste Stand geladen werden. Der *SaveToFile*-State wird demzufolge immer automatisiert nach einer Änderung der Daten aufgerufen und muss nicht per Eventstruktur vom Benutzer manuell ausgelöst werden.

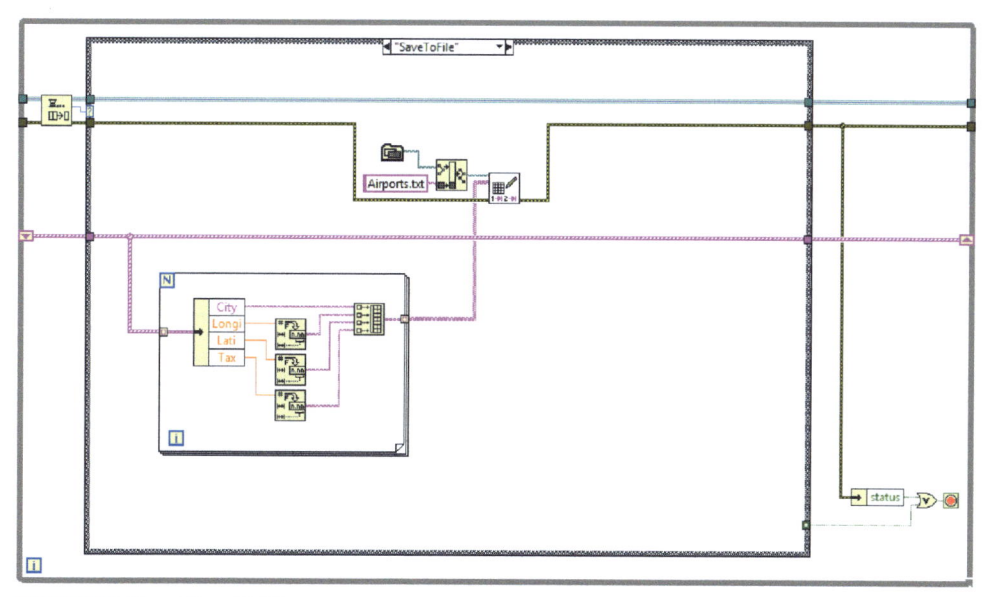

Bild 13.16 Event SaveToFile

Als Pfad wird die Konstante des Applikationsverzeichnisses mit dem Dateinamen *Airports.txt* verknüpft und mit der Funktion *Write to Spreadsheet.vi* (Palette File-I/O) geöffnet. Der Pfad muss an dieser Stelle nicht mehr auf seine Gültigkeit oder die Existenz der Datei geprüft werden, da dies bereits im State *LoadFromFile* behandelt wurde. Da *LoadFromFile* bereits in der Initialisierungsphase zum ersten Mal aufgerufen wird, ist der Pfad im State *SaveToFile* sicher gültig.

Das Arbeitsarray mit den aktuellen Flughafendaten wird per For-Loop auf seine Bestandteile aufgeschlüsselt *(Unbundle by name)*, und die numerischen Werte werden in Strings konvertiert (Palette *String → Number/String Conversion → Number To Fractional String*). Dies ist nötig, da die Funktion *Write to Spreadsheet* mit 2D-Arrays arbeitet. Demzufolge werden die vier Elemente in ein Array gepackt, und der Ausgang des For-Loops ergibt mit der Indexierung die zweite Dimension des Arrays. Die daraus entstehende Tabelle aus Strings wird direkt in die Datei geschrieben. Bild 13.16 zeigt den ausprogrammierten State.

Event und State Delete

Für die Löschung einer Destination wird wieder ein Event generiert, der auf die Wertänderung *(Value Change)* des Delete-Buttons reagiert. In diesem Event wird über die Queue der State *Delete* im State Loop aufgerufen (Bild 13.17).

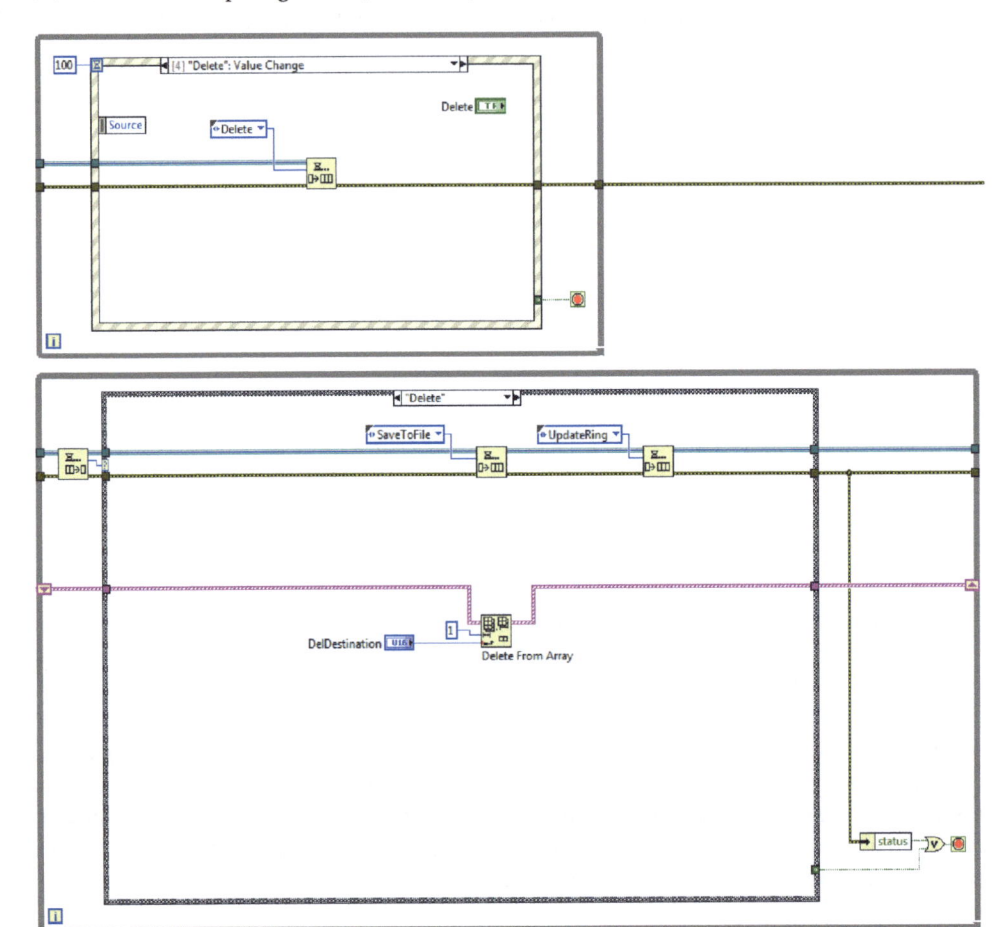

Bild 13.17 Event und State Delete

Im Delete-State wird direkt das Control *DelDestination* platziert. Mit der Funktion *Delete From Array* aus der Palette Array wird ein einzelnes Element (Eingang *Length* mit Konstante 1) gelöscht. Der Index des zu löschenden Elements ist gleich dem Wert der aktuell auf dem Frontpanel ausgewählten Destination.

Nachdem der Eintrag aus dem Arbeitsarray gelöscht wurde, muss die Änderung natürlich auch noch im Textfile gespeichert sowie die Ring-Elemente auf dem Frontpanel angepasst werden. Demzufolge werden die States *SaveToFile* und *UpdateRing* nacheinander in die Queue geschoben und unmittelbar nach Beendigung des Delete-States automatisch abgearbeitet.

Der rote Typumwandlungspunkt kommt von der Umwandlung von U16 (Ring) nach I32 (Eingang der *Delete From Array* Funktion) und ist erlaubt, da kein Überlauf stattfinden kann.

Event und State Add

Genau gleich wie für das Entfernen von bestimmten Städten/Flughäfen wird beim Hinzufügen vorgegangen. Ein *Value Change Event* wird für das Betätigen des *Add*-Buttons generiert, der State *Add* wird aus dem Event-Loop über die Queue an den State-Loop gesendet.

Der Add-State sammelt mittels *Bundle by Name* (die *Airports.ctl*-Konstante wird für die Bundle by Name-Funktion als Eingang benötigt) die Controls *City*, *Longitude*, *Latitude* und *Tax*. Die besagten Controls werden direkt in diesem State platziert und die Werte an die Bundle-Funktion übergeben. Das Cluster wird an das bestehende Array aus Clustern angehängt. Danach erfolgt eine Sortierung (alphabetisch nach Name des ersten Elements innerhalb der Cluster) mittels *Array → Sort 1D Array*.

Ist das Arbeitsarray aktualisiert, müssen wie beim Delete-State zuvor noch die Speicherung ins Textfile sowie das Update der Ringelemente auf dem Frontpanel erfolgen, um die neue Destination auch auswählbar zu machen. Dies geschieht mittels der States *SaveToFile* und *UpdateRing*, die zur Abarbeitung in die Queue geschoben werden. Bild 13.18 zeigt die beiden ausprogrammierten Loops.

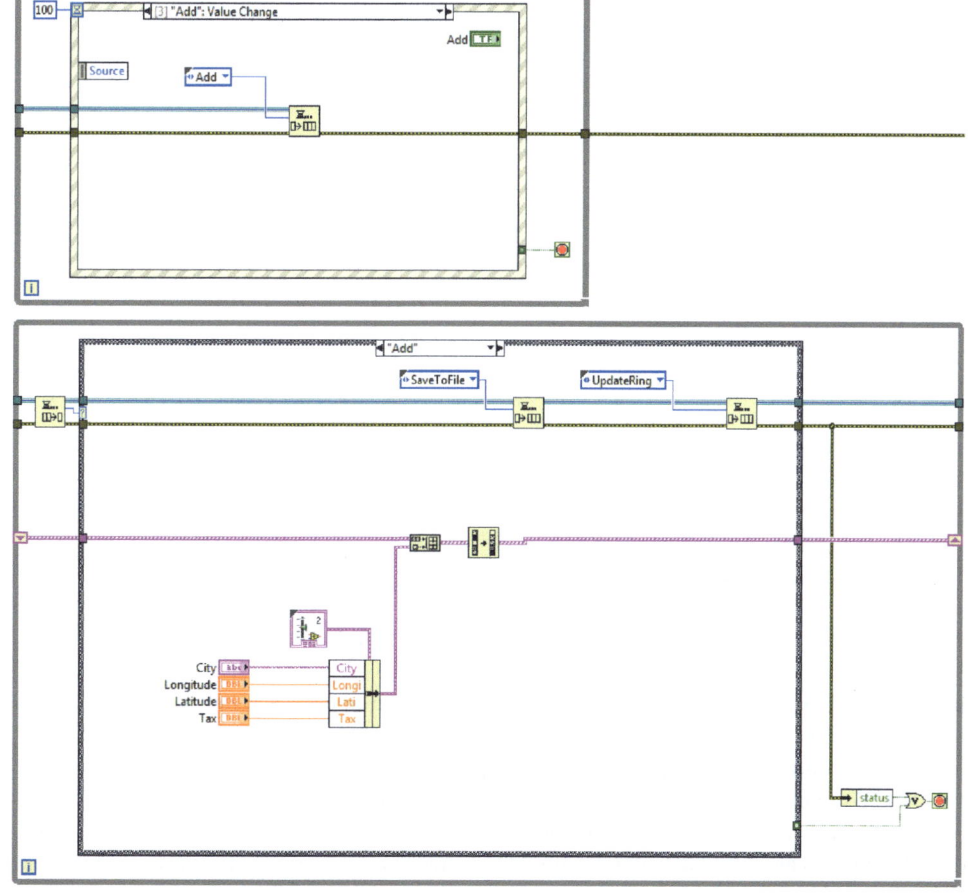

Bild 13.18 Event und State Add

Event StartDestination, EndDestination, State Calculate

Als letzter State folgt die eigentliche Kalkulation der Distanzen und Preise zwischen zwei Destinationen. Dem Benutzer soll der Preis bei jeder Änderung durch die beiden Dropdown-Elemente *StartDestionation* und *EndDestination* neu berechnet werden, ohne dass er dafür einen zusätzlichen Button betätigen muss. Dementsprechend ist ein Event zu erzeugen, welcher auf *Value Change* der beiden erwähnten Elemente reagiert und darauf dem State Loop den State *Calculate* per Queue gemäß Bild 13.19 übergibt.

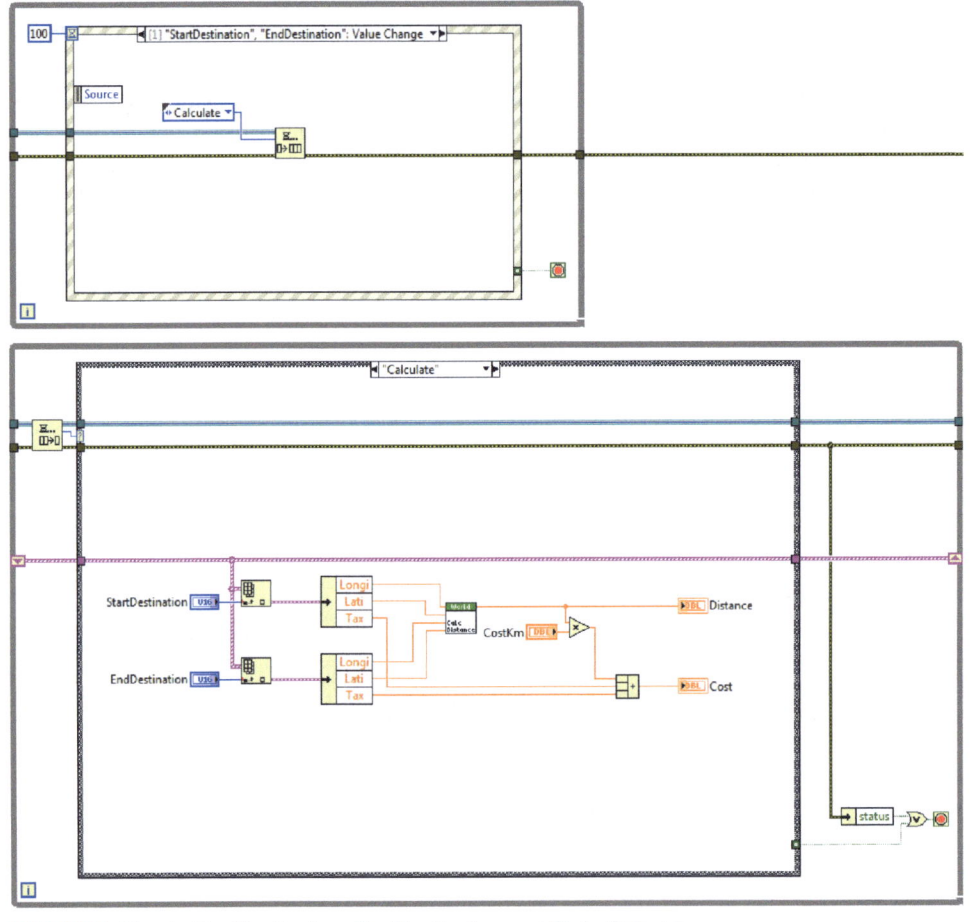

Bild 13.19 Events StartDestination, EndDestination und State Calculate

Im State *Calculate* werden die beiden Elemente direkt mit den Werten der Ring Controls aus dem Array gelesen und nach dem Namen aufgeschlüsselt. Das SubVI *CalcDistance.vi* berechnet aus den Werten *Longi* (Longitude, Längengrad) und *Lati* (Latitude, Breitengrad) mittels Winkelfunktionen die effektive Distanz zwischen den beiden Orten und gibt diese in km zurück an den Indicator *Distance*. Multipliziert mit dem Control *CostKm* und addiert mit den beiden Flughafentaxen ergibt dies den Endpreis *Cost* des Flugs. Der rote Typumwandlungspunkt kommt von der Umwandlung von U16 (Ring) nach I32 (Eingang der Index Array Funktion) und ist erlaubt, da kein Überlauf stattfinden kann.

State Exit

Als Ausstieg aus der Applikation existiert ein *Exit*-Button auf dem Frontpanel. Die Erzeugung eines Events auf die Wertänderung des *Exit*-Buttons ist die Voraussetzung für das Abarbeiten des *Exit*-Events. Hier wird der State *Exit* per Queue vom Event-Loop an den State-Loop übergeben.

Im Normalfall sorgt der Exit-State einer State Machine dafür, dass alles aufgeräumt wird, temporäre Daten gespeichert werden und Referenzen gelöscht sind. Im aktuellen Fall gibt es wie in Bild 13.20 keine Aktionen, die der Exit-State ausführen muss. Einzig, die TRUE-Konstante zur Beendigung des gesamten State-Loops muss gesetzt werden.

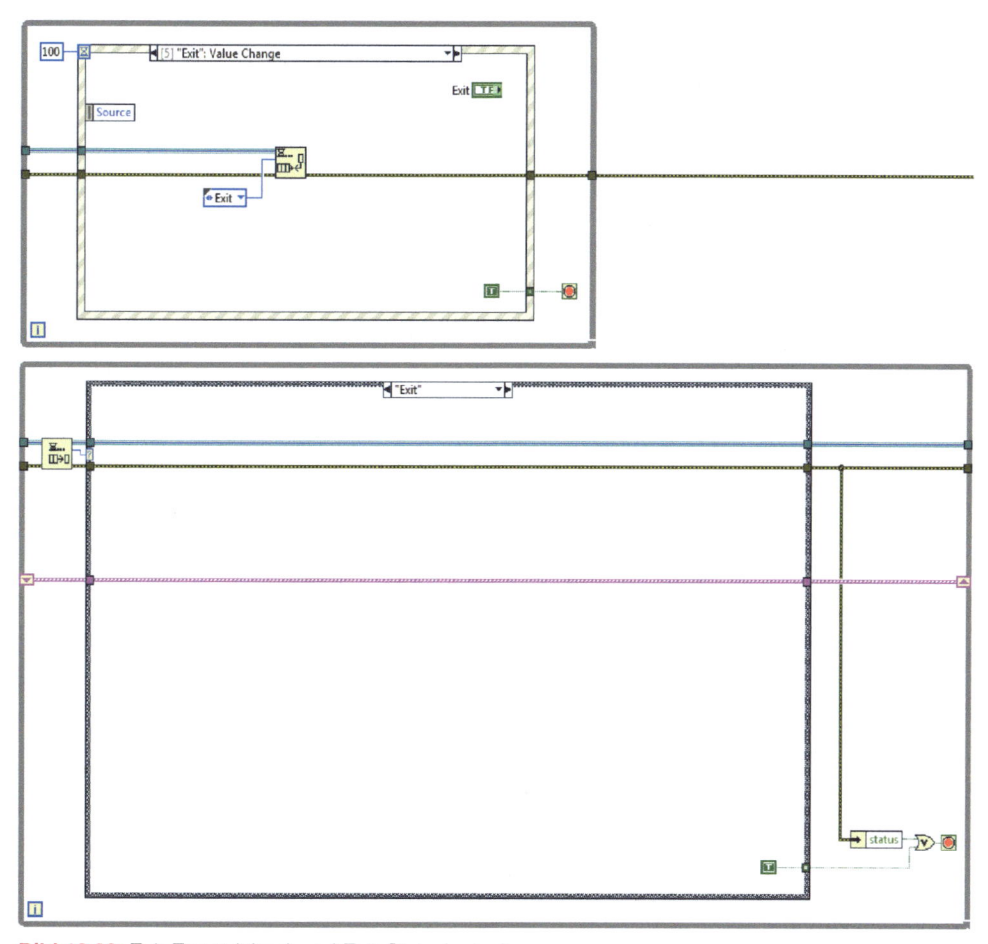

Bild 13.20 Exit-Event (oben) und Exit-State (unten)

Error-Handling

Das Error-Handling ist im State-Loop erfüllt, da sich der Loop im Fall eines auftretenden Fehlers selbst beendet. Allerdings beendet dies nicht automatisch auch den Event-Loop. Deshalb wird dafür gesorgt, dass gleich nach dem beendeten State-Loop die Queue gelöscht wird. Gleichzeitig wird im Event-Loop ein Timeout-Event erzeugt (hier alle 100 ms) und die Queue periodisch überprüft (*Get Queue Status*). Wird die Queue aufgrund eines Fehlers im State-Loop gelöscht, wird bei der Überprüfung im Event-Loop ebenfalls ein Fehler auftreten, da die Queue nicht mehr vorhanden ist. Dieser Fehler wird zur Terminierung des Event-Loops verwendet. Der im Event-Loop auftretende Fehler muss allerdings gelöscht werden, da es sich nur um einen Folgefehler handelt und bei der Zusammenführung vor dem Error-Handler keine Rolle spielen soll. Nachdem der State wie in Bild 13.21 ausprogrammiert wurde, sollte die Applikation einsatzbereit sein.

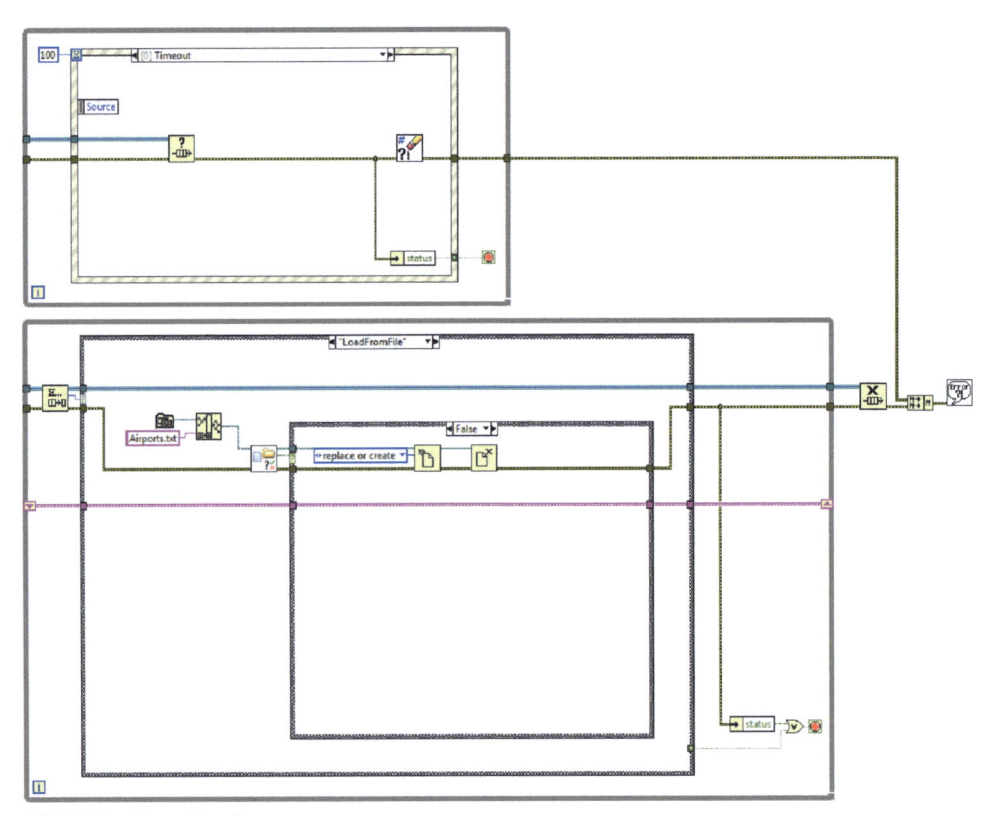

Bild 13.21 Error-Handling

Index

1D-Array 111, 113
2D-Array 112, 113, 141

A

Abbruchbedingung 89
Abort Execution 71
Add Case for every value 213
Anschlussblock 13, 19, 21, 79
Anschlussblock eines VIs 20
Anzeigeelemente (→ Indicators) 14, 16, 18, 60, 63
Array 64, 93, 111–114, 143
Array-Funktionen 114
Attribute 129
Aufschlüsseln (→ Unbundle) 119
Autopopulating 30

B

Bedienelemente (→ Controls) 14, 16, 18, 126
Benutzeroberfläche 167
Blockdiagramm 12, 13, 17, 18, 25, 58, 63, 73
Boolean 57, 101
boolesche Controls 58
boolescher Datentyp 16
Breakpoints 72
Build Path 152
Build-Spezifikation 34
Bundle (Bündeln) 119
Bundle by Name 120

C

Calling VIs 75
Case-Struktur 101, 216
cDAQ 186
Channels 153
Chart History 139
Chart Properties 136, 137
Cluster 64, 117
Conditional Terminal 90
Config File 158
Container 111
Controls (→ Bedienelemente) 14, 16, 18, 126
cRIO 186

D

DAQmx 187
Datalogging 147
Dateipfad 60
Datenaustausch 200
Datenerfassung mit NI-Hardware 185
Datenfluss 20, 49–51
Datentypen 51
Debugging-Funktionen 17, 69
Debugging-Methoden 70
dequeue 207
Design Patterns (→ Entwurfsmuster) 211
Disabled 171
Disabled and Grayed Out 171
Dokumentation 82, 83

E

Eigenschaften (→ Properties) 136, 156
Einbettung von SubVIs 80
enqueue 207
Entscheidungsstrukturen 101
Entwurfsmuster (→ Design Patterns) 211
Enum 62, 102, 125, 216
Ereignisgesteuerte Programmierung 103
Error-Cluster 102, 121
Error-Code 122
Error-Handler 123
Error-Leitung 89
Event 104
Eventstruktur 103, 104, 106, 199
Explizite Property Nodes 170

F

Fehlerliste 70
File I/O 147
Filter-Event 106
Fixed-Point-Zahlen 53
Fixkommazahlen 51
Fließkommazahlen 51, 53
For-Loop 90, 91, 94
Free Text 84
Frontpanel 13–16, 23, 24, 54, 57, 58, 60, 62, 63
Funktionen des Error-Handlings 123

G

Ganzzahlige Datentypen 53
Generic 168
GObject 168
Groups 153
Guided User Interface (GUI) 167

H

Highlight Execution 71

I

Indexing Tunnel 93, 94
Indicators (→ Anzeigeelemente) 14, 16, 18, 60, 63
Integer 51, 52, 101
Invoke Nodes (→ Methodenknoten) 172
Iterationszähler 89

K

Keys 158
Klasse 167
Komplexe Zahlen 51, 53
Konfigurationsfiles 157
Kontexthilfe 21, 82, 115, 129, 151, 152
Kontexthilfe im Blockdiagramm 22
Kontextmenü 118

L

Logging 124, 149
Loops (→ Schleifen) 89

M

Measurement & Automation Explorer (MAX) 186, 187
Melder-Event 106
Messdaten 185
Methodenknoten (→ Invoke Nodes) 172
Modularität 75

N

NI-DAQmx 186
NI-USB 185
Notifier 203, 204
numerische Datentypen 16, 51–55

O

Occurrence 200, 201
Open Type Def 125

P

Paletten 22, 23
Path (→ Pfad) 60, 152
Pause 71
PCI/PCI-E 185
Pfad (→ Path) 60, 152
physical channels 190
Plot 137
Polymorphie 115, 116
Probes 72, 73
Programmierstil 51
Projekt Explorer 28, 29, 31, 126
Properties (→ Eigenschaften) 136, 156
Property Nodes 169
PXI 186

Q

Queue 203, 204, 206
Queued Message Handler (QMH) 211, 216
Queue-Funktionen 208

R

Read Delimited Spreadsheet 150, 151
Referenz 147, 170

Rendezvous 202, 203
Reorder Controls 118
Retain Wire Values 71
Ring 62
Run 69

S

Schieberegister (→ Shift Register) 95
Schleifen (→ Loops) 89
Sections 158
Semaphore 201
Sequenzierung 124
Shift Register (→ Schieberegister) 95
Signed Integer 52
Skalar 115
Slider 66
Sonde 72
Spreadsheets 150
State Machine (→ Zustandsmaschine) 211
State Machine mit Enum 213
State Machine mit String 215
Step-Funktionen 71, 72
Stepping 71
Strict Type Def 126
String 16, 58, 102, 216
String-Funktionen 59, 60
Strip Path 152
Strukturen 101
strukturierte Daten 111
Subdiagram Label 84
SubVIs 69, 75
Symbol 13, 19
Symbolleiste 14, 15, 17
Synchronisation 199
Synchronisation mit Datenaustausch 203
Synchronisation ohne Datenaustausch 200

T

Task Read 192
TDMS Viewer 155
TDMS-Funktionen 157
Technical Data Management Streaming (TDMS) 153
Testpanels 187
Timeout 103
Timeout-Event 103

Timing 91
Tip Strip 83
To Variant 128
Transitions 211
Tunnel 69, 92
Typdefinitionen 124
Typkonvertierung 54

U

Überlauf 53
Unbundle (→ Aufschlüsseln) 119
Unbundle by name 119
Unsigned Integer 52
Use Default If Unwired 103

V

Variant 128
Virtual Folder 29
VIs 11, 13, 14, 17, 19, 50
VI-Server 167
vorzeichenlose Datentypen 52

W

Wait 92
Wait until next ms multiple 92
Wait-Funktionen 92
Waveform 138
Waveform Chart 135, 138
Waveform Graph 135, 140
Werkzeuge der Tools Palette 28
While-Loop 89, 92, 106, 201
Wire 73
Wiring 50
Write Delimited Spreadsheet 150

X

XY-Graph 142

Z

Zählanschluss 90
Zustandsdiagramm 212
Zustandsmaschine (→ State Machine) 211

Virtuelle Experimente mit Modelica

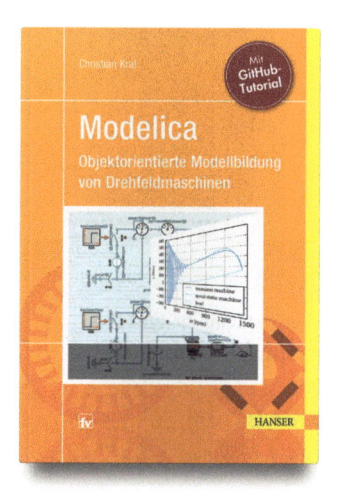

Kral
Modelica – Objektorientierte Modellbildung von Drehfeldmaschinen
347 Seiten. 162 Abb. 28 Tab.
€ 25,–. ISBN 978-3-446-45551-1

Auch einzeln als E-Book erhältlich

- Vermittelt praxisnah die grundlegenden Aspekte der Modellbildung mit Modelica unter Berücksichtigung rotierender elektrischer Drehfeldmaschinen
- Modellierungssprache als Open Source für jedermann zugänglich
- Simulationsbeispiele zum Buch werden als Open-Source auf www.github.com zur Verfügung gestellt
- Mit GitHub-Tutorial für Einsteiger
- Ausgewählte Simulationsexperimente sind Teil der quelloffen zur Verfügung stehenden Software OpenModelica
- Geeignet für Studierende der Elektrotechnik, in der Praxis arbeitende Ingenieure und Informatiker

Mehr Informationen finden Sie unter **www.hanser-fachbuch.de**

Fit für Industrie 4.0!

Schmertosch, Krabbes
Automatisierung 4.0
Objektorientierte Entwicklung modularer Maschinen für die digitale Produktion
280 Seiten. 120 Abb.
€ 29,–. ISBN 978-3-446-45220-6

Auch einzeln als E-Book erhältlich

- Klärt Anforderungen und Perspektiven von Automatisierungsprozessen heute und in Zukunft
- Stellt die modulare, funktionsorientierte Gestaltung von individuellen Maschinen und Anlagen vor
- Zeigt den Zusammenhang zwischen der Modularisierung nach Funktionseinheiten und einer Effizienzsteigerung im gesamten Lebenszyklus
- Bietet Antworten auf die Frage, wie sich automatisierte Serienproduktion, individuelle Anforderungen und Rentabilität miteinander verbinden lassen
- Mit vielen Praxisbeispielen

Mehr Informationen finden Sie unter **www.hanser-fachbuch.de**

MATLAB für Einsteiger

Bosl
Einführung in MATLAB/Simulink
Berechnung, Programmierung, Simulation
2., neu bearbeitete Auflage
331 Seiten
€ 25,–. ISBN 978-3-446-44269-6

Auch einzeln als E-Book erhältlich

- Einfacher Einstieg in das Standardprogramm an Hochschulen und in der Industrie
- Zeigt, wie sich mit Simulink und der Control-Toolbox simulations- und regelungstechnische Probleme lösen und die Ergebnisse darstellen lassen
- Sehr anschaulich durch zahlreiche Beispiele mit Screenshots sowie Ein- und Ausgabetexte im MATLAB-Befehlsfenster
- Neu in dieser Auflage: Aktualisierte Abbildungen und neue Themen, z. B. GUI
- Im Internet verfügbar: Beispiele, Programme, Simulationen

Mehr Informationen finden Sie unter **www.hanser-fachbuch.de**

HANSER

Alles geregelt?

Mann, Schiffelgen, Froriep, Webers
Einführung in die Regelungstechnik
Analoge und digitale Regelung, Fuzzy-Regler,
Regel-Realisierung, Software
12., neu bearbeitete Auflage
416 Seiten
€ 34,–. ISBN 978-3-446-45002-8

Auch einzeln als E-Book erhältlich

Dieses Buch gibt Ihnen einen umfassenden Einstieg in die Regelungstechnik. Es enthält zahlreiche Abbildungen und Beispiele, die Sie Schritt für Schritt nachvollziehen können.

Behandelt werden Einstellregeln und modellgestützte Berechnungsverfahren von analogen und digitalen PID-, Zweipunkt- und FuzzyRegelungen. Die Autoren gehen außerdem auf elektronische Baueinheiten zur technischen Realisierung von Regeleinrichtungen, einschließlich Prozessrechner und Softwaretechnik, ein. Abschließend wird das Rapid Control Prototyping als eine rechnergestützte Entwurfsmethode zur Regelungs- und Steuerungsentwicklung vorgestellt. Formelzeichen und Begriffe sind auf DIN 19226 abgestimmt.

Mehr Informationen finden Sie unter **www.hanser-fachbuch.de**

HANSER

Vom Sensor bis zum Rechner

Beier, Mederer
Messdatenverarbeitung mit LabVIEW
259 Seiten. 265 Abb. 27 Tab.
€ 29,99. ISBN 978-3-446-44265-8

Auch einzeln als E-Book erhältlich

Dieses praxisorientierte Lehrbuch behandelt die wichtigsten Themen der Messdatenverarbeitung. Die gesamte Messkette vom Sensor über die Signalkonditionierung, die Abtastung und Digitalisierung bis zum Rechner wird beschrieben.

Darüber hinaus wird der Weg vom digitalen zum analogen Signal behandelt. Die Verarbeitung der Signale im Rechner wird anhand von einfachen Filterentwürfen erläutert. Im Rahmen der PC-Messtechnik wird die Programmierung verschiedenster Messaufgaben unter Einsatz von Messgeräten und USB-Messmodulen mit LabVIEW gezeigt. Das Buch enthält zahlreiche Übungen und Beispiele. Es werden keine mathematischen Kenntnisse vorausgesetzt.

Mehr Informationen finden Sie unter **www.hanser-fachbuch.de**

HANSER

Steuerungen sicher im Griff

Seitz
**Speicherprogrammierbare Steuerungen für die Fabrik- und Prozessautomation
Strukturierte und objektorientierte SPS-Programmierung, Motion Control, Sicherheit, vertikale Integration**
4., überarbeitete und erweiterte Auflage
356 Seiten. 231 Abb. 29 Tab.
€ 29,99. ISBN 978-3-446-44273-3

Auch einzeln als E-Book erhältlich

Das Lehrbuch behandelt Aufbau und Strukturen integrierter Systeme mit speicherprogrammierbaren Steuerungen (SPS). Der Bogen spannt sich dabei von den ersten Schritten der Programmierung über Entwurfsverfahren für kompliziertere Anwendungen bis hin zur Projektierung industrieller Automatisierungssysteme. Zahlreiche Beispielanwendungen, Übungsaufgaben und Wiederholungsfragen unterstützen den Leser beim Lernen.

Auf einer Website zum Buch befindet sich das SPS-Programmiersystem CoDeSys V3, Lösungen zu den Aufgaben, Programme zu den Beispielen, ein Frage-Antwortspiel, Flash-Filme als Bedienungsanleitung sowie Bibliotheken wichtiger Funktionsbausteine.

Mehr Informationen finden Sie unter **www.hanser-fachbuch.de**